U0943584

中国特色社会主义政治经济学名家论丛（第二辑）

王立胜 主编

建设中国特色社会主义政治经济学话语体系

JIANSHE ZHONGGUO TESE SHEHUIZHUYI ZHENGZHI JINGJIXUE HUAYU TIXI

胡家勇 著

山东城市出版传媒集团·济南出版社

图书在版编目（CIP）数据

建设中国特色社会主义政治经济学话语体系/胡家勇著.
—济南：济南出版社，2019.1
（中国特色社会主义政治经济学名家论丛/王立胜
主编. 第二辑）
ISBN 978-7-5488-3543-1

Ⅰ. ①建… Ⅱ. ①胡… Ⅲ. ①中国特色社会主义—
社会主义政治经济学—研究 Ⅳ. ①F120.2

中国版本图书馆 CIP 数据核字（2019）第 025218 号

出 版 人 崔 刚
责任编辑 朱 琦 李诗璇
封面设计 侯文英

出版发行 济南出版社
地　　址 山东省济南市二环南路 1 号（250002）
编辑热线 0531-86131712
发行热线 0531- 86131728 86922073 86131701
印　　刷 济南新科印务有限公司
版　　次 2019 年 1 月第 1 版
印　　次 2019 年 5 月第 1 次印刷
成品尺寸 170mm×240mm 16 开
印　　张 18
字　　数 260 千
定　　价 79.00 元

中国特色社会主义政治经济学名家论丛（第二辑）

中国社会科学院　胡家勇

胡家勇简介

胡家勇，河南省罗山县人，经济学博士，研究员（二级），博士生导师，博士后合作导师。《经济学动态》常务副主编。中国《资本论》研究会秘书长，中国社会科学院当代中国马克思主义政治经济学创新智库秘书长，中国特色社会主义政治经济学论坛秘书长。享受国务院特殊津贴专家。中央马克思主义理论研究和建设工程重点教材《马克思主义政治经济学概论》课题组首席专家。

主要兼职包括：孙冶方经济科学基金会评奖委员会委员、评奖委员会副秘书长，国家社会科学基金理论经济学评审专家，全国科学技术名词审定委员会委员。

主要研究领域为政治经济学、中国特色社会主义政治经济学、中国经济改革和经济发展。

总 序

中国社会科学院 王立胜

习近平总书记在2016年哲学社会科学工作座谈会“5·17”讲话中指出：“这是一个需要理论而且一定能够产生理论的时代，这是一个需要思想而且一定能够产生思想的时代。我们不能辜负了这个时代。”[①]中国特色社会主义政治经济学就是习近平总书记结合时代要求倡导的重要学说，其主要使命就是以政治经济学总结中国经验、创建中国理论。他指出：“坚持和发展中国特色社会主义政治经济学，要以马克思主义政治经济学为指导，总结和提炼我国改革开放和社会主义现代化建设的伟大实践经验。”[②] 在2017年省部级主要领导干部“学习习近平总书记重要讲话精神，迎接党的十九大”专题研讨班“7·26”讲话中，习近平总书记提出当前的时代变迁是发展阶段的变化，指出“我国发展站到了新的历史起点上，中国特色社会主义进入了新的发展阶段”[③]，强调“时代是思想之母，实践是理论之源”[④]，要求总结实践经验，推进理论创新。在经济学领域，实现从实践到理论的提升，就是要贯彻习近平总书记在中央政治局第二十八次集体学习时提出的重要指示，“提炼和总

① 习近平：《在哲学社会科学工作座谈会上的讲话》，《人民日报》2016年5月19日。

② 新华社：《坚定信心增强定力 坚定不移推进供给侧结构性改革》，《人民日报》2016年7月9日。

③ ④新华社：《高举中国特色社会主义伟大旗帜 为决胜全面小康社会实现中国梦而奋斗》，《人民日报》2017年7月28日。

结我国经济发展实践的规律性成果，把实践经验上升为系统化的经济学说"[①]——这就是"坚持和发展中国特色社会主义政治经济学"的历史使命和时代要求。

当前中国特色社会主义政治经济学的提出和发展也是六十余年理论积淀的结果。1955年苏联政治经济学教科书中文版[②]在国内出版，当时于光远[③]、林子力和马家驹等[④]学者就开始着手探讨政治经济学的体系构建问题。从1958年到1961年，毛泽东四次提倡领导干部学习政治经济学[⑤]，建议中央各部门党组和各省（市、自治区）党委的第一书记组织读书小组读政治经济学。他与刘少奇、周恩来分别组织了读书小组。在组织读书小组在杭州读书期间，他在信中说"读的是经济学。我下决心要搞通这门学问"[⑥]。在毛泽东的倡导下，20世纪50年代中后期我国出现了第一次社会主义经济理论研究高潮——正是在这次研究高潮中，总结中国经验、构建中国版的社会主义经济理论体系被确定为中国政治经济学研究的方向和目标，并被一直坚持下来。这次研究高潮因"文革"而中断。"文革"结束后的80年代，在邓小平的倡导和亲自参与下，我国出现了第二次社会主义经济理论的研究高潮。很多学者在"文革"前积累的理论成果也在这一时期集中发表。在这次研究高潮中，我国确立了社会主义公有制与市场经济相结合的发展方向，形成了社会主义市场经济理论，为改革开放以来近40年的经济繁荣提供了理论支撑。当前在习近平总书记的倡导下，从2016年年初开始，我国出现了研究

① 新华社：《立足我国国情和我国发展实践　发展当代中国马克思主义政治经济学》，《人民日报》2015年11月25日。

② 苏联科学院经济研究所：《政治经济学教科书》，北京：人民出版社1955年版。

③ 仲津（于光远）：《政治经济学社会主义部分研究什么?》，《学习》1956年第8期；《最大限度地满足社会需要是政治经济学社会主义部分的一个中心问题》，《学习》1956年第11期。

④ 林子力、马家驹、戴钟珩、朱声绂：《对社会主义经济的分析从哪里着手?》，《经济研究》1957年第4期。

⑤ 戚义明：《"大跃进"后毛泽东四次提倡领导干部学政治经济学》，《党的文献》2008年第3期。

⑥《建国以来毛泽东文稿》第8册，北京：中央文献出版社1993年版，第637页。（此次学习期间毛泽东读苏联政治经济学教科书的批注和谈话成为我国政治经济学研究的重要文献资料。）

中国特色社会主义政治经济学的新高潮，形成了中国社会主义政治经济学的第三次研究高潮。经历了六十余年的理论积淀，在中国特色社会主义新的发展阶段，中国特色社会主义政治经济学的发展正逐步汇成一股理论潮流，伴随中国特色社会主义建设事业的蓬勃发展滚滚而来！

纵观六十余年积淀与三次研究高潮，中国特色社会主义政治经济学的发展既继往开来又任重道远。

一方面，所谓“继往开来”，是指中国社会主义经济建设事业的蓬勃发展为中国版社会主义政治经济学的形成开创了越来越成熟的现实条件。20 世纪 50 年代，毛泽东感叹“社会主义社会的历史，至今还不过四十多年，社会主义社会的发展还不成熟，离共产主义的高级阶段还很远。现在就要写出一本成熟的社会主义、共产主义政治经济学教科书，还受到社会实践的一定限制”①。80 年代，邓小平高度评价中共十二届三中全会《中共中央关于经济体制改革的决定》提出的“在公有制基础上有计划的商品经济”，认为是“写出了一个政治经济学的初稿，是马克思主义基本原理和中国社会主义实践相结合的政治经济学”②。当前，习近平总书记指出，“中国特色社会主义是全面发展的社会主义”③，“中国特色社会主义进入了新的发展阶段”④，要“提炼和总结我国经济发展实践的规律性成果，把实践经验上升为系统化的经济学说”⑤。从毛泽东认为写出成熟的教科书“受到社会实践的一定限制”，到邓小平认为“写出了一个政治经济学的初稿”，再到习近平提出“把实践经验上升为系统化的经济学说”，历代领导人关于理论发展现实条件的不同判断表

① 中华人民共和国国史学会：《毛泽东读社会主义政治经济学批注和谈话》（简本），内部资料，第 804 页。

②《邓小平文选》第 3 卷，北京：人民出版社 1993 年版，第 83 页。

③ 新华社：《准确把握和抓好我国发展战略重点　扎实把“十三五”发展蓝图变为现实》，《人民日报》2016 年 1 月 31 日。

④ 新华社：《高举中国特色社会主义伟大旗帜　为决胜全面小康社会实现中国梦而奋斗》，《人民日报》2017 年 7 月 28 日。

⑤ 新华社：《立足我国国情和我国发展实践　发展当代中国马克思三义政治经济学》，《人民日报》2015 年 11 月 25 日。

明，随着社会主义建设进入不同历史阶段，政治经济学理论发展的现实条件日益成熟，实践推动理论创新。正如习近平总书记所言："中国特色社会主义不断取得的重大成就，意味着近代以来久经磨难的中华民族实现了从站起来、富起来到强起来的历史性飞跃……意味着中国特色社会主义拓展了发展中国家走向现代化的途径，为解决人类问题贡献了中国智慧、提供了中国方案。"① 在实践的推动下，中国特色社会主义政治经济学在继往开来中不断发展。

另一方面，所谓"任重道远"，是指中国特色社会主义政治经济学从提出到成熟尚需经历曲折的探索过程。当前中国特色社会主义政治经济学的发展至少面临两个方面的艰难探索：第一，理论构建面临诸多悬而未解的学术难题。从 20 世纪 50 年代开始，国内围绕体系构建的"起点论""红线论"等问题就形成了诸多争论，同时，社会主义条件下"剩余价值规律"和"经济危机周期性"的适用性等一些原则性的问题未能获得解决，甚至在某些问题上的分歧出现了日益扩大的趋势。这在很大程度上限制了中国特色社会主义政治经济学的理论化水平，使政治经济学经典理论中的价值理论、分配理论、剩余价值理论和危机理论未能充分体现在中国社会主义政治经济学中，从而导致中国实践中涌现出的一系列具有中国特色的经济思想未能获得经典的理论化表述。破解这一难题，需要直面六十余年来形成的一系列争论，加速对政治经济学经典理论的创新应用，在中国特色社会主义经济思想理论化的道路上不断探索。第二，时代变革形成的新问题和新挑战倒逼理论探索。50 年代中后期，既是中国社会主义政治经济学的第一次研究高潮，也是我国社会主义初级阶段的起始时期。当前中国社会主义经济建设在经历了六十余年的巨变后，迎来了中国特色社会主义新的发展阶段。中国特色社会主

① 新华社：《高举中国特色社会主义伟大旗帜　为决胜全面小康社会实现中国梦而奋斗》，《人民日报》2017年7月28日。

义政治经济学也需要适应新时期新阶段，加速理论创新。正如习近平总书记在“7·26”讲话中所强调的：“我们要在迅速变化的时代中赢得主动，要在新的伟大斗争中赢得胜利，就要在坚持马克思主义基本原理的基础上，以更宽广的视野、更长远的眼光来思考和把握国家未来发展面临的一系列重大战略问题，在理论上不断拓展新视野、做出新概括。”① 值得注意的是，实践中的新问题与历史累积的学术难题，都将理论探索指向中国特色社会主义政治经济学理论化水平的提升：在实践方面，要形成解释社会主义初级阶段不同时期的理论体系，为新时期的经济实践指明方向，必须提升理论高度；而提高理论高度就需要在理论方面破解体系构建面临的学术难题，创新政治经济学经典理论使之适应当前现实，从而实现中国特色社会主义经济建设经验的理论化重构。理论水平的提升必须遵循学术发展的客观规律，注定是一个任重道远的探索过程，要求政治经济学研究者群策群力、积极进取、砥砺前行。

编写出版《中国特色社会主义政治经济学名家论丛》就是为了响应习近平总书记推进理论创新的时代要求，服务中国特色社会主义政治经济学的发展。纵观中国社会主义政治经济学六十余年的发展历程不难发现：政治经济学学者承担着理论创新的历史使命，学术交流质量决定理论发展水平。当前中国政治经济学界存在着一支高水平的政治经济学理论队伍，他们既是六十余年理论积淀的承载者，也是当前理论创新的承担者。及时把握这些学者的研究动态，加快其理论成果的普及推广，不仅有助于推动政治经济学界的学术交流，也有助于扩大中国特色社会主义政治经济学的社会反响，同时为后来的研究提供一批记录当代学者理论发展印迹的历史文献。“名家论丛”选取的名家学者都亲历过20世纪80年代和当前两次研究高潮，部分学者甚至是三次理论高潮的亲历者。

---

① 新华社：《高举中国特色社会主义伟大旗帜　为决胜全面小康社会实现中国梦而奋斗》，《人民日报》2017年7月28日。

这些学者熟悉中国社会主义政治经济学的理论传承，知晓历次研究高潮中的学术焦点与理论分歧，也对中国特色社会主义经济建设经验具有深刻的理论洞察。在本次研究高潮中，他们的理论积淀和实践观察集中迸发，围绕中国经验的理论升华和中国特色社会主义政治经济学的体系构建集中著述，在中国特色社会主义政治经济学的发展中起到学术引领和理论中坚的作用，其研究成果值得高度关注和广泛推广。同时，从2015年年底习近平总书记提出“中国特色社会主义政治经济学”算起，当前这次研究高潮从形成到发展，尚不足两年，还处于起步阶段，需要学界同仁的共同参与、群策群力，使之形成更大的理论潮流。中国社会科学院经济研究所是我国重要的经济学研究机构，也是中国社会主义政治经济学六十余年发展历程和三次理论高潮的重要参与者。在20世纪50年代和80年代两次理论高潮中，经济研究所的张闻天、孙冶方、刘国光和董辅礽等老一辈学者是重要的学术领袖。在本轮研究高潮中，经济研究所高度重视、积极参与中国特色社会主义政治经济学的发展，决心依托现有资源平台积极服务学界同仁。策划出版《中国特色社会主义政治经济学名家论丛》的目的就在于服务学术创新，为当前的理论发展略尽绵薄之力，也是为笔者所承担的国家社科规划重大项目“中国特色社会主义政治经济学探索”积累资料。

同时，为了更加全面地展示中国特色社会主义政治经济学的理论发展动态，我们还将依据理论发展状况适时推出“青年论丛”和“专题论丛”，就青年学者的学术观点和重要专题的学术成果进行及时梳理与推广，以期及时反映理论发展全貌，推动学术交流，服务理论创新。当然，三个系列论丛的策划与出版，完全依托当前的理论发展潮流，仰赖专家学者对经济研究所工作的认可与鼎力支持。在此我们代表经济研究所和论丛编写团队，对政治经济学界同仁的支持表示衷心的感谢！同时也希望各位大家积极参与论丛的编写和出版，为我们推荐更多的高水平研究成果，提高论丛的编写质量。

目 录

上卷 中国特色社会主义政治经济学基本理论问题

中卷 中国经济体制改革问题

下卷 中国经济发展问题

上卷

中国特色社会主义政治经济学基本理论问题

建设中国特色社会主义政治经济学话语体系

习近平总书记2016年5月17日《在哲学社会科学工作座谈会上的讲话》是繁荣中国哲学社会科学的纲领性文献。在这篇讲话中，习近平总书记多次强调构建中国特色哲学社会科学话语体系的重要性，指出，“发挥我国哲学社会科学作用，要注意加强话语体系建设”；“要善于提炼标识性概念，打造易于为国际社会所理解和接受的新概念、新范畴、新表述，引导国际学术界展开研究和讨论”；“只有以我国实际为研究起点，提出具有主体性、原创性的理论观点，构建具有自身特质的学科体系、学术体系、话语体系，我国哲学社会科学才能形成自己的特色和优势”。[①] 习近平总书记这些讲话具有很强的针对性，为建设系统化、科学化的中国特色哲学社会科学体系提供了基本遵循。中国特色社会主义政治经济学是中国特色社会主义理论体系的重要组成部分，用建设中国特色社会主义政治经济学话语体系来凝结改革开放近四十年的实践和理论创新成果，具有重要的理论和现实意义。

一、 建设中国特色社会主义政治经济学话语体系条件日趋成熟

一个国家的话语权，包括这个国家学者提出的概念、分析框架、理论

① 习近平：《在哲学社会科学工作座谈会上的讲话》，《人民日报》2016年5月19日。

体系和基本理念的国际影响力，很大程度上取决于这个国家的经济实力和国际地位。17 世纪后半期至 20 世纪初期，大英帝国领土跨越全球，是当时世界上最强大的国家。这一时期，英国学者执国际学术界之牛耳，在经济学领域，产生了以威廉·配第、亚当·斯密、大卫·李嘉图为代表的古典经济学流派，这一流派所主张的自由放任等思想成为当时经济学的主流，对经济政策产生了重大影响，成为马克思主义的三个重要来源之一。19 世纪中期以后，边际革命兴起，以英国经济学家阿尔弗雷德·马歇尔为代表的经济学家构建了以边际革命为核心的新古典经济学，成为当时经济理论的主流。1936 年，英国经济学家约翰·梅纳德·凯恩斯出版了《就业、利息和货币通论》，做出了划时代的学术贡献，打破了此前一百余年间占统治地位的古典均衡理论，提出了宏观经济学的基本分析框架，并对许多国家的宏观经济政策产生了深远而持久的影响。

20 世纪初期，特别是第二次世界大战以后，英国国际地位衰落，而美国的全球影响力随之兴起，国际话语权开始转移到美国人手中。在经济学领域，涌现出诸如保罗·萨缪尔森、米尔顿·弗里德曼、詹姆斯·布坎南、罗伯特·默顿·索洛、罗纳德·哈里·科斯、加里·贝克尔、道格拉斯·诺思等一批具有国际影响力的美国经济学家。他们提出的思想和分析方法频繁出现在学术论文、教科书和政策分析报告中，影响着人们的经济学思维和政府政策。2014 年由国际货币基金组织出版的《金融与发展》所统计的 25 位 45 岁以下未来最具影响力的经济学家中，美国籍经济学家仍占绝大多数，共 16 人，这些人有可能接过西方世界经济学的话语权。

纵观中国，20 世纪 70 年代后期以来，随着改革开放进程的不断推进，中国的综合国力和国际影响力不断提升。1978 年以来的 30 多年间，中国经济以年均近 10% 的高速度持续增长，2010 年超过日本成为仅次于美国的第二大经济体，2013 年货物进出口总额跃居世界第一，拥有巨额外汇储备。据世界银行预测，在 2030 年以前，中国将成功迈入高收入国家行列。我们现在比任何时期都更接近中华民族伟大复兴的目标。与此相应，“中国模式”“中国道路”在国际上的影响力日益增大，成为学术界探讨的热点问题。中国学者提出的概念、分析范式和理论观点逐渐得到国际学术界的重视，影响力日益扩大，学术话语权不断提升。

社会主义市场经济体制的日趋成熟和定型为中国理论和思想的成熟提供了现实基础。20 世纪末中国已经初步建立起了社会主义市场经济体制的基本框架，新一轮改革正在向纵深推进，社会主义市场经济体制将不断完善和成熟。1992 年，邓小平同志在南方谈话中指出，“恐怕再有三十年的时间，我们才会在各方面形成一整套更加成熟、更加定型的制度”①。2013 年召开的党的十八届三中全会全面布置了深化改革的任务，明确提出到 2020 年“形成系统完备、科学规范、运行有序的制度体系，使各方面制度更加成熟更加定型”②。到那时，社会主义市场经济体制就会比较成熟，市场在资源配置中的决定性作用和政府的作用将会得到比较充分的发挥，中国特色社会主义和社会主义市场经济的优势将会得到比较充分的展现，构建中国特色社会主义政治经济学话语体系的现实经济基础就会比较厚实。

然而，中国特色社会主义政治经济学话语体系建设与中国的综合国力和发展阶段并不相称，还存在滞后问题，中国学术思想和学术范式的影响力没有达到应有的高度，主要表现在以下两点：

第一，虽然“中国模式”“中国道路”已经成为国际学术界探讨的热点问题，但对中国问题的分析主要是在西方经济学的框架内进行的，国内学者对经济问题的分析，也有一部分是采用西方经济学的分析范式，中国特色社会主义政治经济学范畴和分析方法运用得不是很充分。

第二，中国特色社会主义政治经济学体系尚没有形成。从政治经济学教材体系来看，社会主义部分还没有严密和稳定的理论体系，缺乏核心概

---

①《邓小平文选》第 3 卷，人民出版社 2005 年版，第 372 页。

②《中共中央关于全面深化改革若干重大问题的决定》，人民出版社 2013 年版，第 7 页。

念和基本范畴，对现实问题还缺乏足够的分析解释能力。

二、 如何构建中国特色社会主义政治经济学话语体系

中国特色社会主义政治经济学是马克思主义政治经济学的中国化、时代化，蕴含着经济制度、经济发展、经济运行的一般规律，完全可以形成科学、规范的话语体系，对此应有高度的理论自信和理论自觉。

构建中国特色社会主义政治经济学话语体系应把握以下四方面。

第一，中国特色社会主义政治经济学话语体系要植根于中国改革开放和经济发展的丰厚土壤，系统展示中国特色社会主义发展道路和发展经验，并上升到理论高度。马克思认为，经济学研究应当“从当前的国民经济的事实出发”①。实践的逻辑和历史的逻辑应该是理论逻辑的基础。亚当·斯密的《国民财富的性质和原因的研究》、托马斯·罗伯特·马尔萨斯的《人口原理》、约翰·梅纳德·凯恩斯的《就业、利息和货币通论》、约瑟夫·熊彼特的《经济发展理论》、保罗·萨缪尔森的《经济学》、米尔顿·弗里德曼的《资本主义与自由》、西蒙·库兹涅茨的《各国的经济增长》等著作都是时代的产物，都是思考和研究当时当地社会突出矛盾和问题的结果。

中国的改革开放和快速经济发展是20世纪后半期以来的世界重大事件，我们选择了一条适合中国国情的改革开放道路和经济发展道路，取得了举世公认的成功，为中国特色社会主义政治经济学话语体系的形成提供了丰富的营养和坚实的基础。基于中国经验，我们既可以对传统政治经济学进行系统反思，也可以对西方经济学进行系统检视；消除其中的不合理、不科学的概念，分析范式和意识形态或制度偏见，提出新的分析概念和框架；将其上升到经济学理论的高度，形成新的经济学思维和经济政策思维。

---

①《马克思恩格斯全集》第42卷，人民出版社1979年版，第90页。

第二，系统提炼、归纳改革开放以来党的重要文献和经济学界提出的一系列重大理论创新，它们形成了基本理论命题。实践创新推动着理论创新，理论创新又引导着实践创新。实践创新和理论创新的互动是中国特色社会主义发展的一个重要特点，其结晶是中国特色社会主义理论体系的形成和发展。

从经济学领域看，改革开放以来的重大理论创新主要是提出了“四个重大理论”，构成中国特色社会主义政治经济学的内核。

一是社会主义市场经济理论。无论是传统政治经济学还是西方主流经济学，都认为社会主义与市场经济不能相容，社会主义市场经济是不能成立的命题。例如，路德维希·冯·米塞斯认为，社会主义不可能有合理的经济核算，这是因为社会主义不可能有真正的市场，因而不可能有用于经济核算的合理的价格。① 但中国的实践表明，社会主义与市场经济能够很好地融合起来，并发挥好各自的比较优势，形成新的体制优势。社会主义市场经济是迄今为止的一个重大理论和实践创新。

二是社会主义基本经济制度理论。所有制是经济运行的基础，社会主义基本经济制度是社会主义市场经济运行的制度基础。党的十五大首次提出“公有制为主体、多种所有制经济共同发展，是我国社会主义初级阶段的一项基本经济制度”，实现了所有制理论的重大突破。在随后的党的重要文献中，又提出了一些重要命题，包括“公有制实现形式可以而且应当多样化”“两个‘毫不动摇’”“混合所有制经济是基本经济制度的重要实现形式”等，形成了比较系统的社会主义基本经济制度理论。

三是科学发展理论。马克思主义经典作家提出未来社会人的全面而自

---

①［奥］路德维希·冯·米塞斯：《自由与繁荣的国度》，韩光明译，中国社会科学出版社 1995 年版。

由的发展、人类经济活动与自然界之间的协调等经济发展方面的基本思想[①②③④]。改革开放以来，我们党在经济发展目的、经济发展动力、经济发展道路等方面提出了一系列重要思想。在经济发展目的方面，提出社会主义的根本任务是发展生产力，发展要以人为本，发展的成果由人民共享，让人民群众有实实在在的“获得感”；在发展动力方面，提出科学技术是第一生产力，转变经济发展方式，改革创新是促进中国经济社会发展的动力；在经济发展道路方面，提出注重经济发展的质量和效益，建设资源节约型、环境友好型社会，绿水青山就是金山银山，实现经济社会的可持续发展。这些经济发展思想具有普遍借鉴价值。

四是对外开放理论。在马克思所构想的政治经济学体系中，无论是“五篇结构计划”[⑤] 还是“六册结构计划”[⑥]，都包括国际经济关系内容（国际贸易、国际市场），说明经典作家当时已经意识到资源的国际配置和利益的国际分配的重要性。改革开放以来，面临着经济全球化的趋势，我们提出建立互利共赢、多元平衡、安全高效的开放型经济体系，形成全球化条件下参与经济合作和竞争新优势的理论和政策思想，使中国经济逐步融入国际经济体系之中。

第三，形成基本的概念和理论假设。思想、认识是通过概念、范畴来凝结的，没有比较成熟的核心范畴、逻辑体系和思想体系，就很难有成熟的话语体系。中国特色社会主义政治经济学要有自己的概念、范畴、逻辑体系和基本理论观点，这是从具体到抽象的跨越，是获得国际影响力和话语权的前提条件。

---

①《马克思恩格斯文集》第 5 卷，人民出版社 2009 年版，第 683 页。

②《马克思恩格斯文集》第 7 卷，人民出版社 2009 年版，第 928—929 页。

③《马克思恩格斯文集》第 1 卷，人民出版社 2009 年版，第 689 页。

④《马克思恩格斯文集》第 9 卷，人民出版社 2009 年版，第 559—560 页。

⑤《马克思恩格斯全集》第 46 卷（上），人民出版社 1979 年版，第 46 页。

⑥《马克思恩格斯全集》第 29 卷，人民出版社 1972 年版，第 531 页。

在西方经济学中，有一系列核心范畴，如效用、无差异曲线、有效需求等；提出了一系列基本理论观点，如“经济人”假设、边际递减规律、有效需求不足、私有制富有效率等。经济学者依据这些假设构建理论模型，分析经济主体的行为，模拟现实经济运行，在此基础上提出学术观点和政策建议。同样，中国特色社会主义政治经济学也要形成一系列重要范畴和基本理论假设。这些核心范畴可以是新提出的，也可以是依据实践的发展对已有范畴的内涵进行重新界定而形成的。具体说，中国特色社会主义政治经济学重要范畴的形成有以下三种途径：一是对马克思主义政治经济学中重要范畴的内涵进行丰富和发展，如劳动、剩余劳动、剩余价值、资本、所有制、股份制、按劳分配、竞争、价值规律等，这些概念和范畴经过丰富和发展，完全可以用来分析社会主义市场经济；二是基于实践的发展提出新的范畴，或对已使用的范畴进行规范化和科学化，如产权、混合所有制经济、公有制实现形式、公平、效率、共同富裕等，这些概念的形成、发展和内涵的清晰与中国特色社会主义经济发展过程密切相连，对现实具有很强的解释力；三是从西方经济学中借鉴一些概念范畴，这些范畴反映现代市场经济的一般规律，可以借鉴、利用。

除了形成一系列的核心范畴外，还要提出一系列的重要理论命题，作为中国特色社会主义政治经济学的骨架。这就需要把一些理论突破和重要理论共识上升为理论命题。诸如社会主义可以与现代市场经济有机融合、计划与市场都是资源配置的手段、市场在资源配置中起决定性作用和更好地发挥政府作用、社会主义基本经济制度、按劳分配和按生产要素分配相结合以及创新、协调、绿色、开放、共享五大发展理念等，都应该上升为中国特色社会主义政治经济学的基本理论命题。

第四，构建中国特色社会主义政治经济学话语体系需要借鉴现代经济学中的科学成分。构建中国特色社会主义政治经济学话语体系需要处理好两个重要问题。一是马克思主义政治经济学的中国化和时代化。这需要依据中国实践和当代资本主义新特征对马克思主义政治经济学中的一些理论论断进行创新和发展，与时俱进。二是吸收、借鉴现代经济学（主要是指西方经济学）中科学的范畴、概念和分析范式。习近平总书记指出，“对人类创造的有益的理论观点和学术成果，我们应该吸收借鉴”；“国外哲学社会科学的资源，包括世界所有国家哲学社会科学取得的积极成果，这可以成为中国特色哲学社会科学的有益滋养”。[①] 政治经济学研究经济规律，而经济规律又分为两大类：在所有社会形态或几个社会形态中起作用的共有经济规律；在某一特定社会形态中起作用的特有经济规律。现代经济学对现代市场经济运行规律做了比较系统的分析，提出了一系列的概念、分析范式和理论观点。有些是科学的，中国特色社会主义政治经济学可以借鉴和利用。这是因为社会主义市场经济也是现代市场经济，在市场经济中起作用的共有经济规律，在社会主义市场经济中也会发挥作用。同时，中国特色社会主义政治经济学要讲国际社会能够听懂的“普通话”，这也是借鉴现代经济学中科学范畴和分析范式的价值之所在。

（原载于《学习与探索》，2016 年第 7 期）

① 习近平：《在哲学社会科学工作座谈会上的讲话》，《人民日报》2016 年 5 月 19 日。

建构基于创新实践的政治经济学

马克思在 1843 年开始研究政治经济学时就强调“从当前的国民经济的事实出发”的重要性。新中国的经济建设已走过 60 多年的历程，改革开放已走过 30 多年的历程。我国经济发展的成功实践既得益于政治经济学研究丰硕成果的支撑，同时也不断对政治经济学研究提出新的课题。

一、 继续发展和完善社会主义市场经济理论

社会主义市场经济理论是中国特色社会主义理论体系的重要组成部分，是科学社会主义的伟大创新，是马克思主义政治经济学的重大发展。过去，无论是传统政治经济学还是西方主流经济学，都认为社会主义与市场经济不能相容。但我国经济体制改革的成功实践表明，社会主义与市场经济能够很好地融合起来，并发挥好各自的优势，形成新的制度体制优势。

我们已经提出社会主义市场经济理论的一些基本论断，但社会主义市场经济理论还不完善，还没有形成系统的中国特色经济学的话语体系，一些重要理论问题还需要基于新的实践进行深入探讨。

政府与市场的关系就是一个需要深入探讨的基本理论问题。党的十八届三中全会《中共中央关于全面深化改革若干重大问题的决定》指出，经济体制改革的核心问题是“处理好政府和市场的关系”。需要明确，社会主

义市场经济要遵循市场经济的一般规律，如供求规律、竞争规律、价格规律等。这些规律调节资源配置，具有提高经济发展质量和效益的作用。应相信市场的力量和群众的聪明才智，相信市场主体识别经济机会和承受风险的能力。也应明确，社会主义市场经济中政府的作用是不可或缺的，它提供市场赖以发挥作用的制度框架、生产力框架和社会福利框架，以弥补市场失灵，但不干预具体的资源配置活动。还应明确，政府与市场的作用不是板块式结合的，而是相互渗透、有机统一的。

邓小平同志1984年评价《中共中央关于经济体制改革的决定》，“写出了一个政治经济学的初稿”。以习近平同志为核心的党中央开启了改革开放和经济发展新征程，不断在重要领域和关键环节取得突破，到2020年将形成系统完备、科学规范、运行有效的制度体系。社会主义市场经济的理论和实践脉络会越来越清晰，写出一部比较系统的社会主义政治经济学的条件也会越来越成熟。

二、 深入探索坚持和完善基本经济制度的路径

生产资料所有制是经济运行的基础，基本经济制度是社会主义市场经济的根基。党的十五大报告提出“公有制为主体、多种所有制经济共同发展，是我国社会主义初级阶段的一项基本经济制度”，实现了所有制理论的重大突破。随后，党的文献又提出“公有制实现形式可以而且应当多样化”“两个毫不动摇”等重要论断。党的十八大以来，中央提出“混合所有制经济是基本经济制度的重要实现形式”“公有制经济财产权不可侵犯，非公有制经济财产权同样不可侵犯”等论断，实现了所有制理论的新发展。

在新的时代条件下，推动所有制理论发展和基本经济制度完善涉及的重要理论和实践问题包括：科学把握所有制在生产力和生产关系中的地位，尤其是人力资本对于现代市场经济的重要价值；完善产权保护制度，健全

市场经济基本激励机制；发展混合所有制经济，实现各类资本的有机融合和协同运作，生成新的生产力和公有制经济新形式；坚持公有制经济主体地位，完善国有资本管理体制，使国有资本布局合理，功能优化，并处于政府和公众的有效监督之下；建立健全非公有制经济平等参与竞争的体制机制，最大限度地释放其活力和潜力，使之成为我国经济持续增长的重要源泉；等等。

三、 适应发展阶段变化研究社会主义经济发展新规律

新阶段的经济发展应更多关注增长的质量和效益，经济结构优化，居民福利改善以及发展的可持续性。2014 年 5 月，习近平同志首次以“新常态”来描述中国经济发展的阶段性转换和新特征；之后，他又提出认识新常态、适应新常态、引领新常态是当前和今后一个时期我国经济发展的大逻辑。

适应新常态、剖析新规律是时代赋予政治经济学的新课题。美国经济学家华尔特·惠特曼·罗斯托在《经济成长的阶段》中把一个国家的经济发展划分为 5 个阶段，即传统社会阶段、准备起飞阶段、起飞阶段、走向成熟阶段和大众消费阶段。目前，我国已进入中等收入国家行列，开始出现罗斯托所谓“走向成熟阶段”和“大众消费阶段”的某些特征，如生产者和消费者开始大量利用高科技成果，人们的休闲、教育、保健消费增加等。面对新常态，政治经济学需要进行新探索，包括研究经济增长动力转换、新常态的制度基础等。新常态下，创新和居民消费成为经济发展的重要驱动力，经济结构更加复杂化和精细化，政府与市场的边界会动态调整，政府职能会相应调整。在这些问题的研究上，政治经济学是可以大有作为的。

（原载于《人民日报》，2015 年 4 月 13 日）

中国特色社会主义政治经济学的若干基本原则

习近平总书记关于社会主义经济建设的重要论述蕴含着一系列中国特色社会主义政治经济学的重要原则，开拓了当代中国马克思主义政治经济学新境界。沿着这一思路，我谈一谈学习《习近平关于社会主义经济建设论述摘编》的体会。

首先，关于中国特色社会主义政治经济学的核心。党的十八大以来，以习近平同志为核心的党中央提出了构建中国特色社会主义政治经济学的任务。对于如何构建中国特色社会主义经济学，学术界展开了热烈的讨论，涉及中国特色社会主义政治经济学的研究对象、逻辑主线、基本框架等。习近平总书记关于中国特色社会主义政治经济学核心的论述为我们提供了基本理论遵循，他指出，“邓小平同志讲：‘社会主义阶段的最根本任务就是发展生产力，社会主义的优越性归根到底要体现在它的生产力比资本主义发展得更快一些、更高一些，并且在发展生产力的基础上不断改善人民的物质文化生活。’这就点明了中国特色社会主义政治经济学的核心”①。

习近平总书记的这一段话很重要。第一，这段话表明中国特色社会主义政治经济学的根本任务是系统探讨如何解放、发展和保护社会生产力，如何在生产力不断发展的基础上满足人民日益增长的物质文化和生态环境需要，解决社会主义社会的主要矛盾。第二，对于科学界定中国特色社会

---

①《习近平关于社会主义经济建设论述摘编》，中央文献出版社 2017 年版，第 10 页。（邓小平的这一段话是他在 1984 年 6 月 30 日会见第二次中日民间人士会议日方委员会代表团时谈的。）

主义政治经济学的研究对象有重要的理论启迪。众所周知，我国现有大多数政治经济学教材和相关论述都把政治经济学研究对象界定为生产关系。现在看来，拘泥于这一认识是不够的，中国特色社会主义政治经济学不能是原有的政治经济学社会主义部分的翻版，它的研究对象需要随着实践的发展和实践的需要而发展。中国特色社会主义政治经济学需要深入而系统地研究生产关系，目的是为了建设一个“新世界”，即研究如何通过变革原有生产关系和建设新的生产关系来实现“更高质量、更有效率、更加公平、更可持续的发展，不断满足人民日益增长的物质文化需求”①；同时需要把生产力直接纳入到中国特色社会主义政治经济学的研究视野之中，特别是要探讨如何促进现代生产力发展，跨越“中等收入陷阱”，迈向高收入国家行列，进而实现现代化。中国特色社会主义政治经济学还需要将上层建筑直接纳入自身的研究视野之中，这涉及国家作用、国家治理、国家与企业、市场和社会的关系等诸多重要内容，关系到国家治理能力和治理体系的现代化。

其次，以人民为中心的发展思想。以人民为中心，是中国特色社会主义政治经济学的一个重要原则。习近平总书记指出，“发展为了人民，这是马克思主义政治经济学的根本立场。”② 人的主体性和能动性，人的需要和人的自由而全面的发展在马克思主义经典作家对未来的设想中占据着核心位置。马克思和恩格斯在描绘未来社会时指出，“在那里，每个人的自由发展是一切人的自由发展的条件”③。

以人民为中心，内涵极为丰富。首先，以人民为中心，必须坚持人民的主体地位，为各行各业各方面的劳动者、企业家、创新人才、各级干部创造发挥作用的舞台，激发市场主体的积极性和市场蕴藏的内在活力，“让

①《习近平关于社会主义经济建设论述摘编》，中央文献出版社 2017 年版，第 10 页。

②《习近平关于社会主义经济建设论述摘编》，中央文献出版社 2017 年版，第 30 页。

③《马克思恩格斯文集》第 2 卷，人民出版社 2009 年版，第 53 页。

企业和个人有更多活力和更大空间去发展经济，创造财富”①；其次，必须保障社会公平正义，实现权利平等、机会平等、规则公平，建立公平开放透明的市场规则，“阻断贫困代际传递”。这是与现代市场经济和现代经济发展高度契合的社会主义公平观；最后，由人民共享发展成果，通过有效的制度安排，使全体人民朝着共同富裕的方向稳步前进。

再次，解放、发展和保护社会生产力。2010 年，我国成为世界第二大经济体，跨入中等偏上收入国家行列，经济社会结构发生了重大变化，综合国力、国际影响力显著提高。在新的历史时期，如何看待我国基本国情和经济发展阶段，对于把握发展大局，进一步推进改革发展具有根本性指导意义。习近平总书记用“三个不变”来概括我国现阶段的基本国情，指出：“我国仍处于并将长期处于社会主义初级阶段的基本国情没有变，人民日益增长的物质文化需要同落后的社会生产之间的矛盾这一社会主要矛盾没有变，我国是世界上最大发展中国家的国际地位没有变。”② 因此，发展仍是执政兴国的第一要务，仍然需要解放、发展和保护社会生产力。

习近平总书记多方面论述了解放、发展和保护社会生产力。他谈到供给侧结构性改革时，指出“供给侧结构性改革，重点是解放和发展社会生产力”；谈到生态文明建设，指出“保护环境就是保护生产力，改善环境就是发展生产力”；针对社会上一些人说目前贫富差距是主要矛盾，因此“分好蛋糕比做大蛋糕更重要”，明确指出“这种说法不符合党对社会主义初级阶段和我国社会主要矛盾的判断”，不能搞“杀富济贫式的再分配”。

同时我们也需要清醒认识到，与改革开放初期相比，我国经济发展的性质发生了深刻变化。从消费侧来看，消费层次开始跃升，人们开始追求消费的档次、个性化、多样化，更加注重产品质量和产品安全，对生态产品的需求越来越旺盛；从供给侧来看，我们正在向形态更高级、分工更优

①《习近平关于社会主义经济建设论述摘编》，中央文献出版社 2017 年版，第 60 页。

②《习近平关于社会主义经济建设论述摘编》，中央文献出版社 2017 年版，第 12 页。

化、结构更合理的方向迈进，创新已成为经济发展的基本驱动力。因此，我们所追求的发展是“更高质量、更有效率、更加公平、更可持续的发展”。

最后，政府与市场关系。党的十八大以来，我们党对政府与市场关系的认识实现了重大突破，提出“使市场在资源配置中起决定性作用和更好发挥政府作用”的论断，这已成为中国特色社会主义政治经济学的一条基本原则。

科学把握政府与市场关系，对于构建中国特色社会主义政治经济学十分重要。首先，对政府与市场关系在总体上要有科学把握。习近平总书记提出要运用辩证法和“两点论”来看待政府与市场的关系，“看不见的手”和“看得见的手”犹如车之双轮、鸟之两翼，都要用好，形成市场作用和政府作用有机统一、相互补充、相互协调、相互促进的格局。其次，科学理解市场的“决定性作用”。“使市场在资源配置中起决定性作用，是我们党对中国特色社会主义建设规律认识的一个新突破，是马克思主义中国化的一个新成果，标志着社会主义市场经济发展进入了一个新阶段。”① 我们必须达到这种理论和实践高度。对于新常态下市场的决定性作用，我们需要深化认识。在经济关系日趋复杂，分工日趋深化，居民消费、技术和产业创新重要性日益凸现的发展阶段，我们必须达到这种理论和实践高度。因此市场的试错、发现和激励功能显得尤为关键。习近平总书记指出，需要“通过发挥市场机制作用探索未来产业发展方向”，“主要靠市场发现和培育新的增长点”。这些论述具有重要的理论和现实意义。再次，正确理解“更好发挥政府作用”。“更好发挥政府作用”不是“更多发挥政府作用”，政府不能过多地介入到具体资源配置活动中去，要尽可能减少对微观经济的直接干预。在社会主义市场经济条件下，政府职能可以概括为构建“四大框架”。一是市场经济制度框架，包括良好的法治秩序、有效的产权制

①《习近平关于社会主义经济建设论述摘编》，中央文献出版社2017年版，第59页。

度、公正透明的竞争规则和权威的监管制度；二是总体生产力框架，包括资源、能源、交通、通信、信息、数据、生态等领域的大型公共基础设施和骨干网络，形成生产力发展和社会生活的骨架；三是宏观经济稳定框架，通过营造均衡、平稳的经济运行环境，形成稳定的市场和公众生活预期；四是社会福利框架，通过养老、医疗、教育、失业等制度防范社会风险，保障基本民生。

（原载于《中国经济史研究》，2017 年第 5 期）

试论社会主义市场经济理论的创新和发展

中国特色社会主义政治经济学是中国特色社会主义理论体系的重要组成部分，是马克思主义政治经济学中国化、时代化的最新成果。1984 年 10 月，邓小平在评价《中共中央关于经济体制改革的决定》时指出，“写出了一个政治经济学的初稿，是马克思主义基本原理和中国社会主义实践相结合的政治经济学”①。经过近 40 年的改革开放和经济发展实践，中国特色社会主义政治经济学已经提出了一系列重要理论原则和观点，开始形成相对完整的逻辑结构和思想体系。社会主义市场经济理论是中国特色社会主义政治经济学的重要组成部分，蕴含着一系列重要的理论原则和观点，下面试图厘清其发展脉络和基本轮廓。

一、 社会主义市场经济理论是马克思主义政治经济学的重大突破

社会主义市场经济理论的提出是中国特色社会主义政治经济学对马克思主义政治经济学的重大突破，是科学社会主义的重大发展。

在马克思主义经典作家那里，未来社会实现生产资料公有制②，而“一

①《邓小平文选》第 3 卷，人民出版社 1993 年版，第 83 页。

② 在经典作家那里，这种生产资料公有制是建立在社会化生产之上的：“生产资料和生产实质上已经社会化了。”（参见《马克思恩格斯文集》第 9 卷，人民出版社 2009 年版，第 287 页。）

旦社会占有了生产资料，商品生产就将会消除”[①]。在经典作家设想的未来社会里，“直接生产劳动”是一个非常重要的范畴。由于劳动已经成为“直接社会劳动”，劳动时间和生产资料如何在各种用途上分配就“不需要著名的‘价值’插手其间”[②]。十月革命之前，列宁设想“整个社会将成为一个管理处”[③]，实行直接的生产和分配。新经济政策时期，列宁在苏维埃经济中引入商品交换（不同于产品兑换），对商品、货币、私有制经济和物质利益的看法也发生了一些重大变化。但是，对于社会主义商品经济的关系，列宁的看法并没有发生根本性的变化，认为发展商品货币关系只是通向“直接生产和分配”的“渐进主义的、审慎迂回的行动方式”[④]，是一种战略上的“退却”。而且，到了1921年11月，列宁就认为，“现在已经有一些迹象可以使人看到退却的终点了，可以使人看到在不久的将来停止这种退却的可能性了”[⑤]。正因为列宁对商品货币关系的根本看法没有变化，才使得在列宁之后，高度集中的计划经济体制在苏联很快得以建立起来。

在西方主流经济思想中，社会主义与市场经济一直被尖锐地对立起来。路德维希·冯·米塞斯在1922年出版的《社会主义——经济与社会学的分析》中就对社会主义与市场经济的不相容性进行了系统论证，颇具代表性。他认为，“不可能把市场及其价格形成机制同生产资料私有制基础上的社会的功能分离开”[⑥]。这是因为，公有制与生产要素市场不可能并存，公有制下不可能形成合理的价格，也就不可能有合理的经济核算；选择只能是“要么是社会主义，要么是市场经济”[⑦]。与之相应地，在所有制问题上，路

①《马克思恩格斯文集》第9卷，人民出版社2009年版，第300页。

②《马克思恩格斯文集》第9卷，人民出版社2009年版，第327页。

③《列宁专题文集（论社会主义）》，人民出版社2009年版，第41页。

④《列宁专题文集（论社会主义）》，人民出版社2009年版，第288页。

⑤《列宁专题文集（论社会主义）》，人民出版社2009年版，第296页。

⑥［奥］路德维希·冯·米塞斯：《社会主义——经济与社会学的分析》，王建民等译，中国社会科学出版社2008年版，第103页。

⑦［奥］路德维希·冯·米塞斯：《社会主义——经济与社会学的分析》，王建民等译，中国社会科学出版社2008年版，第107页。

德维希·冯·米塞斯也认为只存在互不相容的两种选择，“不是实行生产资料的公有制就是实行生产资料的私有制，二者必居其一”①。弗里德里希·奥古斯特·冯·哈耶克也认为社会主义与市场经济不相容，这是因为，没有私有制就不可能有市场运转所需要的动力和信息。奥斯卡·兰格等人虽然反驳了路德维希·冯·米塞斯和弗里德里希·奥古斯特·冯·哈耶克的观点，认为在社会主义经济中可以模拟市场和价格机制的作用②，但在他们那里社会主义与市场经济仍然是“两张皮”。

改革开放以来，中国特色社会主义政治经济学的一个重大理论贡献是提出了社会主义市场经济理论，其精髓是社会主义作为一种社会制度和市场经济作为一种资源配置机制，可以有机结合起来，同时发挥二者的优势，并生成新的制度优势和体制优势。

社会主义市场经济理论的形成是一个不断突破、不断丰富、不断完善的过程，主线是对社会主义和市场经济认识的不断深化和科学化。对社会主义认识的深化主要体现在邓小平的相关重要论断上。1985 年，邓小平指出“贫穷不是社会主义，社会主义要消灭贫穷”③；同年又指出“社会主义有两个非常重要的方面，一是以公有制为主体，二是不搞两极分化”④；1992 年，邓小平又指出“社会主义的本质，是解放生产力，发展生产力，消灭剥削，消除两极分化，最终达到共同富裕”⑤。如果从这种新的实践高度来认识社会主义，跳出传统思想的桎梏，把解放和发展社会生产力、逐步实现共同富裕作为社会主义的本质，那么社会主义与市场经济就不存在矛盾。因为，从解放和发展社会生产力来看，市场经济通过调动亿万人民

---

①［奥］路德维希·冯·米塞斯：《自由与繁荣的国度》，韩光明等译，中国社会科学出版社 1995 年版，第 118 页。

②［波］奥斯卡·兰格：《社会主义经济理论》，王宏昌译，中国社会科学出版社 1981 年版，第 9—23 页。

③《邓小平文选》第 3 卷，人民出版社 1993 年版，第 116 页。

④《邓小平文选》第 3 卷，人民出版社 1993 年版，第 138 页。

⑤《邓小平文选》第 3 卷，人民出版社 1993 年版，第 373 页。

的聪明才智来创造财富和积累财富，能够极大限度地释放社会生产力发展空间。习近平总书记已经深刻地指出了这一点，“理论和实践都证明，市场配置资源是最有效率的形式”①；从逐步实现共同富裕来看，市场经济通过促进资本积累和投资、激励创新，源源不断地生成新的就业岗位，保障大多数人获取收入的机会，同时通过更好发挥政府的作用，构筑公平竞争的起点，校正市场竞争的结果，帮助处于不利地位和面临风险的人。即使是西方的一些经济学家，也认为社会主义与市场经济具有相容性，社会主义所追求的一些重要目标是可以通过市场机制来实现的。如约翰·麦克米兰就指出：“市场并非天生与社会的目标背道而驰。”②

对市场认识的不断深化是中国特色社会主义政治经济学鲜明的理论特色。开启中国经济改革开放大幕的党的十一届三中全会提出要“重视价值规律的作用”；党的十二届三中全会通过的《中共中央关于经济体制改革的决定》提出，“社会主义经济是公有制基础上有计划的商品经济”；党的十四大报告明确提出“经济体制改革的目标是建立社会主义市场经济体制”，“市场在社会主义国家宏观调控下对资源配置起基础性作用”。市场的“基础性作用”是中国特色社会主义政治经济学对市场认识的一次质的飞跃，标志着社会主义市场经济理论开始形成。以习近平同志为核心的党中央在新的历史条件下把中国特色社会主义政治经济学对市场的认识又大大向前推进了一步，提出了“市场在资源配置中起决定性作用和更好发挥政府作用”的新论断，实现了中国特色社会主义政治经济学又一次质的飞跃。这一论断是对我国改革开放近40年实践经验的科学总结，反映了世界各国在谋求经济发展和国家现代化过程中的成功经验，必将对全面深化改革和完善社会主义市场经济体制起到至关重要的作用。

---

① 习近平：《关于〈中共中央关于全面深化改革若干重大问题的决定〉的说明》，《人民日报》2013年11月16日。

②［美］约翰·麦克米兰：《市场演进的故事》，余江译，中信出版社2006年版，第288页。

二、社会主义市场经济理论蕴含的重要原则和观点

社会主义市场经济理论已凝练出许多重要理论原则和观点，主要涉及政府与市场的关系、经济制度、收入分配制度、社会主义市场经济运行和对外开放等重大理论和实践问题。

（一）政府与市场的关系

政府与市场关系是经济学中历久弥新的问题。无论是马克思主义政治经济学的发展，还是西方主流经济思想的演变，其重要标志之一就是对政府与市场关系的重新认识以及对政府与市场角色的重新定位。我国改革开放是以高度集中的计划经济体制为出发点的，处理好政府与市场的关系尤为重要。党的十四大报告指出，确定经济体制改革目标的核心是“正确认识和处理计划与市场的关系”①；党的十八大报告进一步指出，“经济体制改革的核心问题是处理好政府和市场的关系”；党的十八届三中全会《中共中央关于全面深化改革若干重大问题的决定》重申了这一理论和实践原则，勾画出了建立和完善社会主义市场经济体制的清晰线索。

如何处理好政府与市场的关系？从改革初期的自觉运用价值规律，到党的十二大报告的“计划经济为主，市场调节为辅”，到党的十四大的“市场在社会主义国家宏观调控下对资源配置起基础性作用”，再到党的十八届三中全会的“市场在资源配置中起决定性作用和更好发挥政府作用”，我们的认识一直向纵深推进，而“市场在资源配置中起决定性作用和更好发挥政府作用”已经成为中国特色社会主义政治经济学的一条基本原则。

科学理解市场的决定性作用和如何更好发挥政府作用，是处理好政府与市场关系的关键。首先，需要认真领会“市场决定资源配置是市场经济

①《十四大以来重要文献选编》（上），中央文献出版社2011年版，第15页。

的一般规律”[①]。市场的决定性作用体现在，绝大多数经济资源，无论是消费品（包括重要消费品）还是生产要素，包括劳动力、资本、土地、技术、信息等等，都需要经由市场机制配置到最有效率的领域和环节上去。市场的优势源自于它能够合成错综复杂的社会偏好，将它们转化为简单的价格信号[②]，引导企业、消费者等市场主体做出合理的选择；能够有效地传递和利用无数分散而隐匿的知识和信息，使资源的配置动态优化；能够充分利用人们的内在激励驱动资源不停地流动，使整个经济充满生机和活力；能够不断激励创新和创业，成为不断获取新知识、淘汰旧知识的有机体[③]，从而也是创造新经济和开拓新生产力的有机体。总之，市场经济的优势在于能够调动潜藏在千百万人中的智慧和力量，让一切创造社会财富的源泉充分涌流。当然，市场不是万能的，更不能将市场的决定性作用和市场原则无限制地扩大到公共产品领域、社会领域、政治领域和道德领域，“市场设计并不是要么市场、要么政府的问题，而是市场加上政府才能解决的问题”[④]。其次，科学界定政府作用。资源的配置活动基本交给市场，政府就应该从纷繁复杂的资源配置活动中退出来而专注于自己的应尽职能。政府职能内生于现代市场经济的运行规律和社会主义的制度规定性，可以概括构建为四大框架。一是市场经济制度框架，包括良好的法治秩序、有效的产权制度、公正透明的竞争规则和权威的监管制度；二是总体生产力框架，包括资源、能源、交通、通信、信息、数据、生态等领域的大型公共基础设施和骨干网络，形成生产力发展和社会生活的骨架；三是宏观经济稳定

---

①《中共中央关于全面深化改革若干重大问题的决定》，人民出版社2013年版，第5页。

②［波］奥斯卡·兰格认为：“市场可以看成是求解联立方程的最古老的历史上的装置之一”，计算机诞生以后，“市场过程连同它的繁琐的试验似乎过时了”。可见，兰格把市场的基本功能视为处理复杂信息，但认为计算机可以替代这一功能，又把复杂问题简单化了。（参见《社会主义经济理论》，中国社会科学出版社1981年版，第183—184页。）

③［美］埃德蒙·费尔普斯：《大繁荣：大众创新如何带来国家繁荣》，余江译，中信出版社2013年版，第33页。

④［美］约翰·麦克米兰：《市场演进的故事》，平新乔等译，中信出版社2006年版，第228页。

框架，通过营造均衡、平稳的经济运行环境，形成稳定的市场和公众生活预期；四是社会福利框架，通过养老、医疗、教育、失业等制度防范社会风险，保障基本民生。当然，政府在建构这四大框架的过程中，也可以引进和利用市场的力量，促进资源动员和效率提升。

（二）所有制理论的创新和发展

所有制在马克思主义政治经济学中居于核心地位，也是中国特色社会主义政治经济学的核心理论问题。改革开放以来，我国所有制理论取得了一系列重大突破，核心是对公有制经济、非公有制经济以及二者相互关系的认识不断深化和科学化，并对中国改革开放进程产生了深远影响。

改革开放初期，出于缓解就业压力和活跃城乡市场的目的，先允许个体经济，继而允许私营经济的存在和发展，并把它们定位为公有制经济的补充，同时允许外资的进入，以弥补资金缺口和引进先进生产、管理技术，从而开启了中国所有制结构发展演变的序幕。党的十五大实现了所有制理论质的飞跃，提出“公有制为主体、多种所有制经济共同发展”是社会主义基本经济制度这一基本论断，围绕这一论断，提出了中国特色社会政治经济学关于所有制问题的一些重要原理和原则，主要包括：公有制的主体地位主要体现在公有资产在社会总资产中占优势，国有经济控制国民经济命脉，对经济发展起主导作用；公有制实现形式可以而且应当多样化；股份制是现代企业的一种资本组织形式，社会主义也可以用；建立现代企业制度是国有企业改革的方向；非公有制经济是我国社会主义市场经济的重要组成部分。党的十六大报告又进一步发展了所有制理论，首次提出“两个毫不动摇”的方针；随后“两个毫不动摇”一再被重申，从来没有动摇过，并相继制定出一系列的政策措施。

党的十八大以来，基于全面深化改革和经济发展迈入新常态的新历史条件，所有制理论又有了新的发展。党的十八届三中全会《中共中央关于全面深化改革若干重大问题的决定》指出，公有制经济和非公有制经济都是社会主义市场经济的重要组成部分，都是我国经济社会发展的重要基础；公有制经济财产权不可侵犯，非公有制经济财产权同样不可侵犯；保证各种所有制经济依法平等使用生产要素，公开公平公正参与市场竞争，同等受到法律保护；混合所有制经济是基本经济制度的重要实现形式；完善国有资产管理体制，以管资本为主，加强国有资产监管；等等。2016 年 3 月 4 日，习近平总书记在全国政协、民建、工商联界委员联组会议时的重要讲话，系统阐明了我国基本经济制度的理论与实践原则，澄清了有关基本经济制度，特别是有关非公有制经济的模糊认识，指出“公有制经济、非公有制经济应该相辅相成、相得益彰，而不是相互排斥、相互抵消”①，巩固和发展了已有理论成果。可见，中国特色社会主义政治经济学已经形成了线条较为清晰的所有制理论，为中国特色社会主义和现代市场经济的有机结合奠定了较为坚实的所有制理论基础。

与改革开放初期相比，我国各种所有制经济都得到了长足发展，所有制结构发生了重大变化。公有制经济所占的比重下降了，但主体地位没有变，仍控制着国民经济的重要行业、关键领域、重要环节和优质资产。非公有制经济在产值、投资、就业、税收总量中的比重大幅度提升，成为驱动经济增长和社会进步的重要动力。与此同时，我国经济发展进入新常态：经济结构更加复杂，不确定性增加，创新重要性凸现，消费个性化增强。需要在新的历史条件下进一步推动所有制理论的创新发展，为保持经济中高速增长和落实创新驱动发展战略奠定所有制基础。

第一，科学认识和保持公有制经济的主体地位。从产值、就业、税收等指标看，公有制经济已经不占数量优势，人们因此担心公有制的主体地位。从一定意义上讲，这为我们科学认识公有制主体地位提供了历史机遇。

① 习近平：《毫不动摇坚持我国基本经济制度，推动各种所有制经济健康发展》，《人民日报》2016 年 3 月 9 日。

我们需要从中国特色社会主义的本质规定性和现代市场经济的内在运行规律来科学把握公有制的主体地位，与时俱进。公有制的主体地位需要有量的规定性[①]，但更重要的是质的规定性，即公有制的主体地位应主要体现在公有制经济，特别是国有经济构成国民经济和社会福利的基本框架上。具体来说，就是国有经济和国有资本主要分布于关系国家安全、国民经济命脉和基本民生的重要行业、关键领域和重要环节上，形成经济社会发展的骨架，再通过市场经济的渗透、放大和影响作用，成为覆盖整个经济社会生活的“普照的光”[②]。

第二，科学认识非公有制经济是现代生产力发展的重要组成部分。科学技术飞跃发展，不能再将非公有制经济以及中小企业与落后生产力联系在一起。[③] 在机器大工业时代，生产规模的扩大往往构成生产力发展的基础，而现代生产力的发展趋势不再是向生产大型化的单一方向，而是向大、中、小型化多方向并进。灵活运用现代技术，中、小型企业，甚至微型企业完全可以成为容纳和利用现代生产力的企业组织形式。不仅如此，中小企业甚至成为创新的重要源泉。需要基于“多样性”来理解非公有经济存在的理由。多样性是适应经济复杂性、克服不确定性、激发创新活力和满足个性化需求的基础条件。“现代经济依靠社会的多样性实现繁荣。……经济活力还取决于企业家的多样性[④]。”因为，一个社会的创新意愿和能力都

---

① 需要注意的是，这种量的规定性不是先验的，而是随实践而发展变化的，是由中国特色社会主义制度规定性、经济发展阶段、市场配置资源的决定性作用、市场运行内在机制等因素综合决定的。

② 对于“普照的光”，马克思有这样的论述：“在一切社会形式中都有一种一定的生产决定其他一切生产的地位和影响，因而它的关系也决定其他一切关系的地位和影响。这是一种普照的光，它掩盖了一切其他色彩，改变着它们的特点。”（参见《马克思恩格斯文集》第8卷，人民出版社2004年版，第31页。在社会主义市场经济中，公有制的主体地位和国有经济的主导作用应该更多地从“普照的光”的角度来理解和把握，而不能简单地划出某种数量界限。而且，这种“普照的光”是通过市场机制的运转和经济规律的作用而散发出来的。）

③《政治经济学》教材和一些相关论文在分析非公有制经济和中小企业存在的理由时，一般把它们与生产力落后和经济发展不平衡联系在一起。这一观点需要随现代生产力的发展而改变。

④［美］埃德蒙·费尔普斯：《大繁荣：大众创新如何带来国家繁荣》，余江译，中信出版社2013年版，第41页。

与多样性密切相关，金融家、企业家、生产者、消费者和企业组织形式、社会财产形式的多样性，决定着一个社会的活力和创造力。

第三，进一步认识混合所有制经济的重要作用。各种资本交叉持股、相互融合的混合所有制经济将成为我国经济运行的基础，而股份制是混合所有制经济的重要存在形式。科学认识股份制的性质对于推动混合所有制经济发展非常重要。马克思和恩格斯当年对股份资本的论述可以给我们重要的理论启迪。马克思认为，股份公司的资本“在这里直接取得了社会资本（即那些直接联合起来的个人的资本）的形式，而与私人资本相对立”①。恩格斯则指出：“由股份公司经营的资本主义生产，已经不再是私人生产，而是由许多人联合负责的生产。”② 马克思、恩格斯尚且认为资本主义社会中的股份资本带有“社会资本”和“联合生产”的性质，那么，在以公有制为主体的社会主义市场经济中，股份资本必然会在更大程度上体现“社会资本”和“联合生产”的性质，而成为公有制主体地位的实现形式或与公有制的主体地位相融合。

（三）收入分配理论的创新和发展

中国特色社会主义政治经济学形成了一系列有关收入分配的重要理论原则，涉及个人收入分配制度、生产要素参与分配、公平与效率关系、共同富裕等诸多重要方面。

确立“按劳分配为主体、多种分配方式并存”的社会主义初级阶段收入分配制度，是马克思主义政治经济学分配理论的重大突破，体现了社会主义的本质规定性和现代市场经济的运行规律。改革开放初期，为了克服平均主义，强调按劳分配原则，党的十三大报告提出了“实行以按劳分配为主体的多种分配方式”，党的十四届三中全会明确提出了“按劳分配为主

①《马克思恩格斯文集》第7卷，人民出版社2009年版，第494—495页。

②《马克思恩格斯文集》第4卷，人民出版社2009年版，第410页。

体、多种分配方式并存”的收入分配制度①，实现了收入分配理论和制度的质的飞跃。在随后的发展中，在坚持按劳分配为主体的前提下，逐步明晰多种分配方式的内涵，引入按生产要素分配。党的十五大报告提出把按劳分配和按生产要素分配结合起来，“允许和鼓励资本、技术等生产要素参与收益分配”；党的十六大报告提出“确立劳动、资本、技术和管理等生产要素按贡献参与分配的原则”；党的十八届三中全会提出“健全资本、知识、技术、管理等由要素市场决定的报酬机制”。允许生产要素参与分配，使居民的收入渠道多元化了，财产收入等非劳动收入快速增长，为市场机制运转提供了强劲动力。

“按劳分配为主、多种分配方式并存”的分配制度，与“公有制为主体、多种所有制经济共同发展”的基本经济制度具有内在一致性，符合马克思主义政治经济学收入分配的一般原理，即“消费资料的任何一种分配，都不过是生产条件本身分配的结果”②；它激发了亿万人民创造财富、获取收入和改善自身经济地位的积极性，驱动劳动力、资本、土地、技术、信息等生产要素不停地流动和重新配置，从而奠定了与社会主义市场经济运行相契合的分配制度基础。

收入分配理论和制度还需要进一步完善，一个重要方面是在新的历史条件下处理好公平与效率的关系。2003 年之前，我们处理公平与效率关系的原则是“效率优先，兼顾公平”③，这与我国分配制度改革的起点是“平均主义”大锅饭，同时经济严重缺乏效率和活力密切相关。2004 年开始，特别是党的十八大以来，处理公平与效率关系的原则发生了重要变化，“更加注重社会公平”，“着力提高低收入者收入水平”，“逐步扩大中等收入者比重”，使全体人民有更多的“获得感”等已纳入到处理公平与效率关系的

① 1993 年 11 月，党的十四届三中全会通过《关于建立社会主义市场经济体制若干问题的决定》，参见中共中央文献研究室编：《十四大以来重要文献选编》（上），中央文献出版社 2011 年版，第 452—476 页。

②《马克思恩格斯文集》第 3 卷，人民出版社 2009 年版，第 436 页。

③ 在当时的历史条件下，“公平”更多地被理解为“结果平等”。

原则之中。同时，对“公平”的理解也趋于其本质。党的十八大报告把“权利公平、机会公平、规则公平”作为社会公平的主要内容。这种“公平”观不仅与社会主义的本质规定相一致，也与现代市场经济运行的内在规律相一致，为确立科学的公平与效率关系奠定了基础。

从公平实现的全过程来看，公平包括起点公平、过程公平和结果公平，它们依次继起，相互影响。在现代市场经济中，如果起点和过程都是公平的，那么由此而带来的竞争结果就可以视为符合公平原则，人们也会在很大程度上认可和接受这种结果。[①] 所以，起点公平和过程公平在构筑公平社会的过程中居于核心地位。不过，这种结果可能包含着公平竞争本身所造成的收入和财富的差别，而这正是经济发展的原动力之所在。结果公平需要从两个方面把握：一方面，形成结果的起点和过程必须是公平的，否则它们所带来的结果就不会被社会所认可；另一方面，这种结果所带来的收入和财富不能过于悬殊，不会造成两极分化。结果公平除了依赖于起点公平和过程公平而获得自身价值之外，它本身还具有独立的价值。原因有如下几点：第一，结果的公平性接下来会影响新起点和新过程的公平。具体而言，上一轮竞争或上一辈人竞争的结果往往构成下一轮竞争或下一辈人竞争的条件，从而决定着新一轮竞争的起点和利用机会的能力。第二，相对平等的收入和财富分配更利于社会再生产的顺利进行，特别是消费（尤其是中低收入群体消费）对生产反作用的发挥和劳动力的再生产，影响着人自由而全面的发展和人性的解放。但是，校正公平竞争结果的行为是有限度的，那就是，它不能损害经济发展和市场运转的原动力。因此，在追求公平的努力中，首要任务是构建公平竞争的条件和环境，以充分调动人们创造财富的潜能，然后对竞争的结果进行适当修正，把收入和财富的差距控制在社会所能接受的范围内。

---

① 美国经济学家詹姆斯·M. 布坎南说：“如果初始禀赋和能力的分配的大体公平能够保证，在实际预期意义和规范偏好意义上，对于竞争市场过程的分配结果，我是相对心安理得的。”（参见布坎南：《自由、市场与国家》，平新乔等译，上海三联书店1989年版，第197页。）

“权利公平、机会公平、规则公平”是实现起点公平和过程公平的关键，也是实现结果公平的关键。为了实现社会公平，同时促进经济效率，首先需要保障起点公平和过程公平。对于起点公平，要确保社会各阶层，特别是低收入家庭子女获得公平教育的机会。“对于政府来说，为使国家走上分配较为平等的道路，教育政策是最为可靠的办法”，“教育是而且永远是穷人家庭孩子逃出贫困的一条主要出路”。① 低收入家庭孩子的营养状况、劳动力健康状况、家庭居住条件等也会对起点公平产生重要影响。对于过程公平，则要求竞争规则公正、透明，竞争机会开放，人们有迁徙、择业、投资、交易的自由，拥有平等获取和利用生产要素的权利。因此，开放户籍制度、消除各类进入和退出障碍、发展金融市场和完善信息基础设施等等，都是增进过程公平的重要因素。如果实现了起点公平和过程公平，我们就能够在较大程度上实现社会认可的结果公平。以此为基础，社会保障、低收入群体补贴、消除贫困等措施对竞争结果加以适当校正，实现更高程度的结果公平。同时，为了缓解收入差距和财富差距造成的消费差距，我们还需要通过完善产权保护制度和发展金融市场等措施，激励富裕群体把大部分收入和财富转化为再生产过程中的投资，在增加低收入群体的就业和收入机会的同时，缩小社会成员实际消费的差距，缓解收入差距和财富差距所造成的消费差距，实现更高程度的消费公平和福利公平。

（四）社会主义经济运行理论

在社会主义市场经济中，劳动时间的分配，生产要素的配置主要是通过价值规律的作用来实现的，个人收入分配也要受到价值规律的重大影

①［美］杰拉尔德·迈耶、约瑟夫·斯蒂格利茨：《发展经济学前沿》，本书翻译组译，中国财政经济出版社2003年版，第390页。

响。[①] 因此，中国特色社会主义政治经济学必须研究市场经济的运行规律。马克思在剖析资本主义经济运行规律时，对市场经济运行的一般原理进行了论述，为我们分析社会主义市场经济运行提供了理论启迪。例如，马克思认为，按比例分配社会劳动是一条“自然规律”，而这一规律在商品经济条件下是通过价值规律发挥作用的，这与我们提出的“市场在资源配置中的决定性作用”具有理论上的内在一致性。马克思强调商品交换中所有权、自由、平等的重要性，他认为，“从交换行为本身出发，个人，每一个人，都自身反映为排他的并占支配地位的（具有决定作用的）交换主体。因而这就确立了个人的完全自由自愿的交易任何一方都不使用暴力”[②]，是“处在平等的关系中”，“除了平等的规定以外，还要加上自由的规定”[③]。

中国特色社会主义政治经济学对经济运行有许多重要的论述。第一，强调培育完备的市场体系。马克思指出“市场——它最初在经济学上作为抽象的规定出现——采取总体的形态”[④]。只有完备的市场体系才足以支撑市场在资源配置中起决定性作用。市场体系的完备性不仅指各类市场齐全和发育良好，还指它们之间处于有机的联系之中，相互作用而趋向动态一般均衡。1993 年《中共中央关于建立社会主义市场经济体制若干问题的决定》就提出，要重点培育金融市场、劳动力市场、房地产市场、技术市场和信息市场等。2003 年《中共中央关于完善社会主义市场经济体制若干问题的决定》提出要发展期货市场。迄今，各类市场业已存在，许多资源都是通过市场来进行配置的。第二，强调市场体系的统一开放和竞争有序。向市场主体开放机会，赋予他们自由选择、公平竞争的权利，同时又让他

① 在市场经济条件下，按劳分配中的“劳”是由它所形成的价值量来衡量的，劳动是否投入到有效的用途上，从而能否形成价值，也是由价值规律确认的。至于按生产要素分配，则基本由价值规律、供求规律和竞争规律调节。

②《马克思恩格斯全集》第 46 卷（上），人民出版社 1979 年版，第 196 页。

③《马克思恩格斯全集》第 46 卷（上），人民出版社 1979 年版，第 195 页。

④《马克思恩格斯全集》第 46 卷（上），人民出版社 1979 年版，第 238 页。

们承担决策的风险；硬化预算约束，市场规则公开透明，商品和要素可以自由流动。第三，实施有效市场监管。监管是政府最为重要的微观经济职能，以维护市场竞争秩序，消除垄断，保障食品、药品、环境和生产场所安全等。

生产要素自由流动是价值规律、供求规律、竞争规律发挥作用的前提条件，今后现代市场体系建设的一个着力点就是完善生产要素市场，增强要素的流动性，以激发市场经济的内生动力。马克思在谈到利润的平均化，也就是资源动态配置过程时，强调以下两个条件的重要性：一是“资本有更大的活动性，也就是说，更容易从一个部门和一个地点转移到另一个部门和另一个地点”；二是“劳动力能够更迅速地从一个部门转移到另一个部门，从一个生产地点转移到另一个生产地点”。这就要求“社会内部已有完全的贸易自由，消除了自然垄断以外的一切垄断”，“废除了一切妨碍工人从一个生产部门转移到另一个生产部门，或者从一个生产地点转移到另一个生产地点的法律”①。这些经典论述为中国特色社会主义政治经济学推进市场经济运行理论的研究提供了重要启示。

（五）对外开放理论

在马克思所构想的政治经济学体系中，无论是“五篇结构计划”还是“六册结构计划”，都包含国际贸易、国际市场等国际经济关系的内容，说明经典作家当时已经充分意识到生产力发展国际化、资源配置国际化和利益分配国际化的重要性。马克思认为，国际分工是产生国际贸易的基础，也是资本国际流动的基础。它们反过来又有力地推动国际分工向更广范围、更深程度和更高层次发展。在谈到国际贸易和国际市场的作用时，马克思指出世界市场“到处为文明和进步准备好地盘，使各文明国家里发生的一切必然影响

①《马克思恩格斯文集》第7卷，人民出版社2009年版，第218—219页。

到其余各国”①；“新的世界市场关系也引起产品的精致和多样化”②。价值规律同样在国际市场上发挥重要作用，调节着生产国际化所生成的利益在不同国家之间的分配，其中技术先进、劳动复杂程度高、劳动生产率高的国家占据较大利益份额，从而导致“一个国家的三个工作日也可能同另一个国家的一个工作日交换”③。马克思同时从生产关系的角度来认识经济国际化的性质，他说“创造世界市场的趋势已经直接包含在资本的概念本身中”④。从生产力和生产关系两个方面来把握经济全球化的性质，是马克思主义政治经济学的一个基本原则，也是中国特色社会主义政治经济学的一个重要原则。

20 世纪下半叶以来，国际分工迅速发展，不仅传统的产业间、产品间分工程度加深，产业内分工和产品内分工也在不断出现和深化，产业链条越拉越长，劳动生产率也越来越高。与此同时，交通运输、通信和信息技术快速发展。在这些因素的共同作用下，产品、服务、生产要素的国际流动规模日趋扩大，速度越来越快，生产、交换、分配和消费越来越成为世界性的。积极参与国际分工，在国际分工链条和国际经济规则制定中占据有利位置，是各国谋求竞争优势和经济发展的必然选择。

中国特色社会主义政治经济学基于经济全球化背景和我国改革开放实践，逐步形成了一系列对外开放的理论观点：对外开放是一项长期基本国策；充分利用国际国内两个市场、两种资源，把“引进来”和“走出去”结合起来；积极参与国际竞争与国际经济合作，发挥我国比较优势；建立互利共赢、多元平衡、安全高效的开放型经济体系；积极参与全球治理；等等。主要政策主张包括，通过开办经济特区和全方位开放，吸收外资和对外投资，加入世界贸易组织等国际组织，实施“一带一路”倡议，促进国际产能合作等逐步深度融入全球分工体系之中。

---

①《马克思恩格斯全集》第 4 卷，人民出版社 1958 年版，第 361—362 页。

②《马克思恩格斯文集》第 5 卷，人民出版社 2009 年版，第 512 页。

③《马克思恩格斯全集》第 26 卷第 3 册，人民出版社 1974 年版，第 112 页。

④《马克思恩格斯全集》第 46 卷（上），人民出版社 1979 年版，第 391 页。

对外开放理论仍需要探讨一系列重要的理论和实践问题。第一，在新技术条件下国际分工和产业演进的规律，以及如何提升我国在国际分工和利益链条中的位置，实现静态和动态比较优势。第二，价值规律在国际市场上的作用形式，以及如何通过产业升级和创新驱动保证我国在全球利益分配中得到合理的份额。第三，参与全球治理的途径。与国内市场相比，世界市场更不完善，国家扮演重要角色，生产要素的流动性低，壁垒众多，资本门槛高，因此竞争规则和参与规则的制定就显得非常重要。中国特色社会主义政治经济学在诸如此类的问题上都可以大有作为。

（原载于《经济研究》，2016 年第 7 期）

社会主义市场经济理论的新贡献

《中共中央关于全面深化改革若干重大问题的决定》，开启了新一轮改革的大幕。《中共中央关于全面深化改革若干重大问题的决定》提出“到2020年在重要领域和关键环节改革上取得决定性成果，形成系统完备、科学规范、运行有效的制度体系，使各方面的制度更加成熟更加定型”，为处于攻坚期和深水区的中国改革确定了时间表和路线图。《中共中央关于全面深化改革若干重大问题的决定》提出了一系列新思想、新论断、新观点，在社会主义市场经济理论方面，有许多重大理论创新。

一、 把对现代市场经济的认识提高到了新的理论高度

《中共中央关于全面深化改革若干重大问题的决定》提出经济体制的“核心问题是处理好政府和市场的关系，使市场在资源配置中起决定性作用和更好发挥政府作用”。“使市场在资源配置中起决定性作用”，这在党的文件中是首次提出的，标志着我们党对现代市场经济内在规律的深刻把握和对完善社会主义市场经济体制的坚定决心，是一个重大理论创新。

科学处理政府与市场、政府与社会的关系，合理划分政府与市场、政府与社会的边界，是构建经济体制时必须解决的重大理论问题与实践问题。我们党对市场经济的认识经历了一个不断突破思想束缚，不断实现理论和

实践创新的过程。1984 年党的十二届三中全会通过的《中共中央关于经济体制改革的决定》就对市场和价值规律等有关市场经济的理论问题提出了新的认识，提出“必自觉依据和运用价值规律”。党的十四大提出了经济体制改革的目标是建立社会主义市场经济体制，指出“社会主义市场经济体制，就是要使市场在社会主义国家宏观调控下对资源配置起基础性作用”。市场在资源配置中起“基础性作用”，这是一个重大理论创新，对于我国建立社会主义市场经济体制起到了至关重要的作用。党的十八届三中全会在新的历史条件下实现了新的突破，把市场在资源配置中的作用从“基础性作用”提升到“决定性作用”，两个字的变化，是对我国改革开放 30 多年实践经验和理论创新的科学总结，反映了世界各国在谋求经济现代化过程中的成功经验，必将对我国完善社会主义市场经济体制起到至关重要的作用。

从理论上讲，市场在资源配置上有其他方式难以比拟的优势。市场借助价格信号传递复杂的经济信息，引导各类市场主体做出理性选择，促使生产要素不断优化配置；市场具有强大的激励功能，能够“让一切劳动、知识、技术、管理、资本的活力竞相迸发，让一切创造社会财富的源泉充分涌流”；市场具有“涓滴效应”，通过动员各类要素，创造就业岗位，使劳动者获得增加收入的机会，让发展的成果惠及全体人民；市场借助竞争机制，优胜劣汰，促进创新，诱导结构变迁，促进经济效益和发展质量的提升。在发挥市场在资源配置中“决定性作用”的同时，要更好地发挥政府的作用。“有效市场”和“有效政府”是社会主义市场经济的两个轮子，它们相互补充，相互支撑，缺一不可。只有“双轮驱动”，才是完善的、现代化的社会主义市场经济。

二、把“建设统一开放、竞争有序的市场体系”提高到了新的实践高度

要想使市场机制在资源配置中起“决定性作用”，就必须要有一个完善的现代市场体系，否则就会出现“市场失灵”和“资源误配”。现代市场体系的核心是“统一开放、竞争有序”。各类市场主体（资产所有者、企业、消费者等）的自由选择和公平竞争、生产要素的自由流动以及等价交换是市场优化资源配置和价值规律发挥作用的前提。习近平总书记于2013年7月23日在湖北省武汉市主持召开部分省市负责人座谈会上就明确指出“进一步形成全国统一的市场体系，形成公平竞争的发展环境”是全面深化改革的一个重要方面。党的十八届三中全会把“建设统一开放、竞争有序的市场体系”的重要性提高到了新的高度，指出“必须加快形成企业自主经营、公平竞争，消费者自由选择、自主消费，商品和要素自由流动、平等交换的现代市场体系，着力清除市场壁垒，提高资源配置效率和公平性”。

相对于“统一开放、竞争有序”的市场体系，深化改革还有许多方面的工作要做。首先，我国的各类市场还没有完全统一起来，市场分割和碎片化现象明显。以土地市场为例，我们还没有建立起城乡统一的建设用地市场，农民和集体经济组织的公平交易权和自主选择权受到限制，土地资源配置失误和低效率利用现象大量存在，农民的利益也没有得到充分有效的保障。其次，由市场决定价格的机制还不完全和完善，行政干预价格形成的现象大量存在。消费品等一般性商品的价格已基本由市场机制决定，但生产要素价格以及自然资源价格仍不是完全由市场决定，不能完全反映其真实价值和稀缺性，从而导致资源使用上浪费，阻碍了经济发展方式的根本性转变，因此，要“完善主要由市场决定价格的机制”。最后，

市场壁垒大量存在，生产要素还不能充分自由地流动，投资自由和消费选择的自由受到限制。

我们要按照党的十八届三中全会的要求，加快现代市场体系建设，让商品和生产要素自由流动起来，让资产所有者、生产者和消费者拥有充分自由的选择权，让市场具有充分的弹性和灵活性，让人民享有充分的经济自由和较高的物质福利。

三、为社会主义基本经济制度增添了新的科学成分

“公有制为主体、多种所有制经济共同发展”的社会主义基本经济制度是党的十五大首先提出来的；党的十六大进一步提出了“两个毫不动摇”的方针；党的十八届三中全会对社会主义基本经济制度的表述更加科学，内涵也更加丰富。

一是明确指出社会主义基本经济制度是“中国特色社会主义制度的重要支柱，也是社会主义市场经济体制的根基”。这就清楚地表明社会主义基本经济制度不可动摇的重要地位，是必须长期加以坚持和不断完善的。

二是更加明确地强调了公有制经济和非公有制经济的同等重要性，指出“公有制经济和非公有制经济都是社会主义市场经济的重要组成部分，都是我国经济社会发展的重要基础”，并重申了“两个毫不动摇”的方针，即“毫不动摇巩固和发展公有制经济”，“毫不动摇鼓励、支持、引导非公有制经济发展”。尤其值得注意的是，党的十八届三中全会强调了“非公有制经济是我国经济社会发展的重要基础”，这是30多年来中国特色社会主义实践经验的科学总结。目前，非公有制经济已经成为我国社会经济发展的重要驱动力之一。2011年，非公有制经济已1经占到工业总产值的71.88%，城镇总就业的73.8%，税收总额的62.9%。

三是提出“完善产权保护制度”，特别提出了“赋予农民更多财产权利，推进城乡要素平等交换”和“健全自然资源资产产权制度”。各种类型的财产获得有效而同等的法律保护，是市场经济顺利运转的制度基础，也是各种所有制经济平等竞争的前提条件。经济学把产权的清晰界定和有效保护，以及合同的有效执行和纠纷的公平仲裁视为市场经济最基本的支持性制度。只有有效保护产权，才能把各种资源充分动员起来，激励人们去创造财富、积累财富和有效运用财富，从而使社会生产力发展获得不竭动力。党的十八届三中全会强调产权保护制度的重要性，将会加速推进社会主义市场经济最基本的制度建设。

四是提出“积极发展混合所有制经济”。混合所有制经济是现代市场经济的一种有效产权组织形式，也是公有制经济的一种有效实现形式。党的十五大报告提出了“混合所有制经济”的概念，党的十六大报告提出发展混合所有制经济，党的十八届三中全会提出“积极发展混合所有制经济”，以上理论体现了我们党关于公有制理论的与时俱进。混合所有制经济的优势是它能够充分利用公有制经济和非公有制经济两种产权形式、计划与市场两种经济调节方式，发挥各自的长处，获得多种产权形式协同配合的正效应。在新一轮改革中，我们之所以要积极发展混合所有制经济，是因为我国不仅出现了大量的非公有制资产，而且公有资产的产权主体和实现形式也日益多样化，各种形式的财产相互融合、相互渗透、相互利用、相互制约已是大势所趋。混合所有制经济的发展，不仅不会改变我国基本经济制度的性质，还会为社会主义市场经济体制和企业的有效治理结构奠定坚实的所有制基础。

依据党的十八届三中全会提出的方针，当前我们可以从以下三个方面着手来完善社会主义基本经济制度。一是加速构建有效保护各类财产的公平法治环境，无论是“公有”财产还是“非公有”财产，只要是社会财富创造的源泉，都要给予公平对待和有效保护；二是通过清晰界定国有资本职能、调整国有经济结构、建立科学的国有资产管理体制和推动国有企业完善现代企业制度，增强国有经济的活力、控制力、影响力；三是构建各种所有制经济平等竞争共同发展的体制机制，破除进入壁垒，平等获得生产要素，保障投资自由。

（原载于《中国发展观察》，2013 年第 11 期）

社会主义初级阶段
基本经济制度的经济学贡献

经过30多年的改革发展，我国的所有制结构发生了深刻变化，建立起了以公有制为主体、多种所有制经济共同发展的基本经济制度。从实践上看，这一基本经济制度与社会主义初级阶段的生产力发展状况相适应，推动了我国社会主义市场经济的深入发展，是我国社会生产力获得巨大进步和经济社会实现繁荣兴盛的根本原因。从理论上看，社会主义初级阶段基本经济制度的建立和完善，推动了马克思主义政治经济学的中国化和时代化，发展了马克思主义政治经济学有关所有制结构的理论阐述，体现了科学社会主义与时俱进的理论品质。

一、社会主义初级阶段基本经济制度是社会主义市场经济实践的科学总结

改革开放以来，我们党坚持解放思想、实事求是、与时俱进，在所有制问题上不断探索创新。改革开放之初我们党就已经认识到，发展包括个体经济在内的多种所有制经济不是权宜之计，并且开始联系公有制的主体地位来考察个体经济的性质。1984年《中共中央关于经济体制改革的决定》

指出，全民所有制经济是我国社会主义经济的主导力量，但其巩固和发展“决不应以排斥和限制其他经济形式发展为条件”。1988 年全国人大通过的宪法修正案首次从法律上明确了私营经济是社会主义公有制经济的补充，国家保护私营经济的合法权益，这就从宪法层面上为多种所有制经济共同发展提供了制度基础。党的十四大确立了社会主义市场经济体制的改革目标，指出“在所有制结构上，以公有制包括全民所有制和集体所有制经济为主体，个体经济、私营经济、外资经济为补充，多种经济成分长期共同发展”。党的十五大在全面总结已有经验的基础上，将“以公有制为主体、多种所有制经济共同发展”确立为社会主义初级阶段的基本经济制度。

新世纪新阶段，随着社会主义市场经济不断深入发展，我国经济的市场化程度日益提高，国有经济在国民经济中的比重下降，非公有制经济在国民经济中的比重提高，社会上出现了把坚持公有制为主体与发展多种所有制经济对立起来的倾向；加之城乡居民收入差距扩大等新情况、新矛盾、新问题的出现，一些人对我国改革发展的社会主义方向产生了怀疑，对我国社会主义初级阶段基本经济制度的性质产生了疑问，从而对我国社会主义制度的信念发生了动摇。在新的历史形势下，党的十六大鲜明地提出“必须毫不动摇地巩固和发展公有制经济”，“必须毫不动摇地鼓励支持和引导非公有制经济发展”，并明确指出以公有制为主体和促进多种所有制经济发展，两者统一于社会主义现代化进程中，不能把它们对立起来。党的十七大在全面阐述中国特色社会主义道路的同时，继续强调坚持“两个毫不动摇”，指出要平等保护物权，形成各种所有制经济平等竞争、相互促进的新格局。“两个毫不动摇”指导方针的提出，进一步明确了公有制经济和非公有制经济都是社会主义初级阶段不可缺少的所有制形式，澄清了有关所有制改革和各种经济形式发展的各种是非观念，进一步推动了社会主义初级阶段基本经济制度理论和实践的发展。

二、 社会主义初级阶段基本经济制度是对马克思主义政治经济学的发展

社会主义初级阶段基本经济制度是科学社会主义发展史上的伟大创举，它破除了社会主义不能与市场经济相结合的传统教条，是我们党对马克思主义政治经济学发展做出的历史性贡献，其理论和实践贡献主要体现在以下三个方面。

第一，它明确了公有制的主体地位是社会主义市场经济的制度基础。

生产资料所有制及其构成是一个社会基本经济制度的核心和基础，是决定一个社会基本性质和发展方向的根本性因素。我们建立的市场经济不仅是一般意义上的现代市场经济，而且是具有中国特色的社会主义市场经济。公有制的主体地位是社会主义市场经济的核心要素。只有坚持公有制的主体地位，才能保证中国特色社会主义道路的正确航向。从现代市场经济的内在逻辑上讲，保持公有制的主体地位也有其理论上的科学性。我们建立的社会主义市场经济，必须能够克服和校正市场经济的重要缺陷。实践证明，市场经济在资源配置和利用效率上有优势，但它在若干重要领域存在失灵问题。公有制与市场经济的有机结合，提供了克服市场失灵问题的坚实制度基础。坚持公有制的主体地位，对“主体地位”的科学理解至关重要。从一定意义上讲，如何界定公有制的主体地位决定着公有制能否与现代市场经济有机结合。社会主义初级阶段基本经济制度对公有制的主体地位有了明确的界定。一方面，公有制的主体地位不仅体现为量的优势，更重要的是体现为质的优势。《中共中央关于国有企业改革和发展若干重大问题的决定》指出，国有经济应保持必要的数量，更要有分布的优化和质的提高；在经济发展的不同阶段，国有经济在不同产业和地区的比重可以有所差别。另一方面，公有制经济的主体地位主要体现为国有经济能够控制国民经济命脉，对经济发展起主导作用，具体讲就是能够控制以下行业

和领域：涉及国家安全的自然垄断行业，提供重要公共产品和服务的行业，支柱产业和高新技术产业中的重要骨干企业。控制了这些命脉部门、关键行业和骨干企业，国有经济就搭建起了国民经济和居民福利的基本框架。

第二，明确提出非公有制经济是社会主义市场经济的重要组成部分。

改革开放之前，我们在所有制结构上追求“一大二公”和公有制的纯而又纯，对生产力和人民生活造成了巨大损害。改革开放以来，我们党对非公有制经济的认识不断深化，个体私营等非公有制经济的地位从“必要的有益的补充”到社会主义市场经济“重要组成部分”，到“共同发展”，再到“两个毫不动摇”和“两个平等”，非公有制经济发展的制度环境不断得到改善。2005 年国务院颁布了《关于鼓励支持和引导个体私营等非公有制经济发展的若干意见》，2010 年国务院又颁布了《关于鼓励和引导民间投资健康发展的若干意见》，这两个重要文件将国民经济的绝大多数领域向非公有制经济开放，为非公有制经济发展拓展了广阔的空间。

我国是社会主义国家，必须坚持以公有制为主体。但我国的社会主义脱胎于经济发展极端落后的半殖民地半封建社会，虽然经过 60 多年的社会主义建设，特别是改革开放 30 多年的快速发展，综合国力有了显著增强，但我国仍处于并将长期处于社会主义初级阶段的基本国情没有变，人民日益增长的物质文化需要同落后的社会生产之间的矛盾这一社会主要矛盾没有变，这就决定了我国必须继续大力促进非公有制经济的发展。同时，随着我国经济发展水平的提高，居民的消费需求日趋多样化和个性化，各类服务业迅速发展。而非公有制经济在满足居民多样化需求和促进服务业发展上具有独特优势，其本身也会随着现代科学技术的发展不断提高自己的生产力水平。所有这些都决定了非公有制经济是我国建设社会主义现代化的一支重要力量。

对于非公有制的性质，我们必须联系公有制的主体地位去把握。只要公有制居于主体地位，它就是一种“普照的光”；只要国有经济控制国民经济命脉，保持足够的控制力和影响力，非公有制经济的发展就不会影响我国的社会主义性质。

第三，社会主义初级阶段基本经济制度既能发挥社会主义的制度优势，又能发挥市场配置资源的有效性。

公有制和市场经济各有自身的优势。依据马克思主义政治经济学原理，公有制能够适应社会化大生产，保证社会再生产的顺利进行。具体讲，公有制的优势表现为能够集中力量办大事；能够为国家的宏观调控提供坚实的经济基础，保证社会总供求的基本平衡；能够克服外部性，担当起提供基本公共产品和重要基础设施的责任，而这些都是决定生产、生活的基本要素；能够促进社会公平，实现经济的稳定增长和社会的全面进步。而所有这些都是市场经济的自发运转难以实现的。

市场经济的最大优势则是能够实现资源的最佳配置和高效利用。在竞争机制和价格信号的引导下，资源会不断地从效率低的领域流向效率高的领域，整个经济因此处于动态优化过程之中。迄今为止的实践证明，市场经济是实现资源最佳配置的基本手段。但市场经济存在缺陷，如容易造成生产过剩、两极分化和周期性经济、金融危机，这些缺陷是市场经济本身难以校正的。

社会主义初级阶段基本经济制度能够把社会主义的制度优势与市场配置资源的有效性结合起来。公有制的主体地位提供了解决宏观经济不平衡和经济社会结构性矛盾的制度基础，而多种所有制经济共同发展形成了市场经济运行微观主体，这样就把社会主义的制度优势和市场经济的配置效率统一到了总体的经济运行之中。从国际学术视野来看，社会主义初级阶段基本经济制度的建立，不仅打破了公有制与市场经济不能结合的传统偏见，而且把两者的比较优势有机结合起来了，是“中国模式”取得成功的根本原因。

因此，在整个社会主义初级阶段，我们必须不断巩固和完善社会主义初级阶段基本经济制度，坚持“两个毫不动摇”方针，构建有效的体制机制，最大限度地把社会主义的制度优势与市场配置资源的有效性统一起来，以充分激发全社会的创新精神和创造活力，提高居民的总体福利水平和幸福指数。

（原载于《辽宁日报》，2012 年 9 月 4 日）

新时期所有制理论的创新发展

所有制理论在马克思主义政治经济学中居于核心地位，也是中国特色社会主义政治经济学的核心理论。改革开放以来，随着中国特色社会主义实践发展，中国特色社会主义政治经济学所有制理论取得突破性进展，促进了社会主义市场经济体制完善和经济持续健康发展。

一、所有制理论取得一系列重大突破

改革开放以来，我国所有制理论取得一系列重大突破，核心是对公有制经济、非公有制经济以及二者相互关系的认识不断深化。这对改革开放进程产生了深远影响。

改革开放初期，允许个体、私营和外资经济存在和发展，开启了我国所有制结构发展演变的历史序幕。党的十五大实现了所有制理论质的飞跃，提出“公有制为主体、多种所有制经济共同发展”是社会主义基本经济制度的论断，并围绕它提出了中国特色社会主义政治经济学关于所有制问题的基本原理，主要包括：公有制的主体地位主要体现在公有资产在社会总资产中占优势，国有经济控制国民经济命脉，对经济发展起主导作用；公有制实现形式可以而且应当多样化，股份制是现代企业的一种资本组织形式，社会主义也可以用；建立现代企业制度是国有企业改革的方向；非公有制经济是我国社会主义市场经济的重要组成部分。党的十六大进一步发展了所有制理论，提出了“两个毫不动摇”方针。

党的十八大以来，以习近平同志为核心的党中央在所有制问题上做出一系列新论断，丰富发展了中国特色社会主义政治经济学的所有制理论。党的十八届三中全会《中共中央关于全面深化改革若干重大问题的决定》指出，公有制经济和非公有制经济都是社会主义市场经济的重要组成部分，都是我国经济社会发展的重要基础；公有制经济财产权不可侵犯，非公有制经济财产权同样不可侵犯；保证各种所有制经济依法平等使用生产要素，公开公平公正参与市场竞争，同等受到法律保护；混合所有制经济是基本经济制度的重要实现形式；完善国有资产管理体制，以管资本为主加强国有资产监管；等等。2016 年 3 月，习近平总书记在全国政协民建、工商联界委员联组会上的重要讲话，系统阐明了我国基本经济制度的理论与实践原则，澄清了对基本经济制度以及非公有制经济的模糊认识，指出“公有制经济、非公有制经济应该相辅相成、相得益彰，而不是相互排斥、相互抵消”，同时提出了促进各种所有制经济健康发展的根本措施。之后，习近平总书记在关于国有企业改革和发展的重要指示中强调，国有企业是壮大国家综合实力、保障人民共同利益的重要力量，必须理直气壮做强做优做大，不断增强活力、影响力、抗风险能力，实现国有资产保值增值；推进结构调整、创新发展、布局优化，使国有企业在供给侧结构性改革中发挥带动作用。这些重要论述，把中国特色社会主义政治经济学所有制理论推上了一个新高度。

二、 继续推动所有制理论创新发展

目前，我国经济发展进入新常态，需要在新的时代条件下进一步推动所有制理论创新发展，为保持经济持续健康发展提供科学指导。

深刻认识公有制经济的主体地位。应从中国特色社会主义的本质规定性和现代市场经济的内在运行规律来科学把握公有制的主体地位。公有制的主体地位需要有量的规定性，但更重要的是体现在质上，就是国有经济和国有资本主要分布于关系国家安全、国民经济命脉和基本民生的重要行业、关键领域和重要环节，形成经济社会发展的骨架，再通过市场机制的渗透和放大作用，成为辐射整个经济社会生活的“普照的光”。

深刻认识非公有制经济是现代生产力发展的重要组成部分。在科学技术飞速发展的今天，现代生产力不再是向生产大型化单一方向发展，而是向大、中、小型化多方向发展。通过灵活运用现代科技，中、小型企业甚至微型企业完全可以成为容纳现代生产力的企业组织形式。不仅如此，中、小型企业还是创新的重要源泉。这就需要我们基于多样性来科学理解非公有制经济存在的理由。多样性是适应经济复杂性、克服不确定性和激发创新活力的基础条件。现代经济依靠多样性实现繁荣，因为一个社会的创新意愿和能力都与多样性密切相关，金融家、企业家、生产者、消费者和企业组织形式、社会财产形式的多样性，决定着一个社会的活力和创造力。

深刻认识混合所有制经济的重要作用。各种资本交叉持股、相互融合的混合所有制经济将成为我国经济运行的重要基础，而股份制是混合所有制经济的重要存在形式。科学认识股份制的性质，对于推动混合所有制经济发展非常重要。马克思认为，股份公司的资本“在这里直接取得了社会资本（即那些直接联合起来的个人的资本）的形式，而与私人资本相对立”；恩格斯也指出，“由股份公司经营的资本主义生产，已经不再是私人生产，而是由许多人联合负责的生产”。这些论述启示我们，同在资本主义条件下相比，在公有制为主体的社会主义市场经济中，股份资本可以在更大程度上体现“社会资本”和“联合生产”的性质，从而与公有制的主体地位相融合。

（原载于《人民日报》，2016 年 8 月 1 日）

改革开放40年
我国所有制理论的创新和发展

所有制问题是马克思主义政治经济学的基本理论问题。改革开放40年来，我国所有制理论取得了一系列重大进展，最大的理论突破是提出了公有制为主体、多种所有制经济共同发展的基本经济制度理论。社会主义基本经济制度理论的确立，为社会主义初级阶段经济制度和社会主义市场经济奠定了重要理论根基。回顾改革开放40年来我国所有制理论的演进脉络，对于构筑新时代经济发展的制度基础，具有重要的理论和现实意义。

一、改革开放初期所有制结构的多元化

中国经济体制改革的起点是高度集中的计划经济体制，在所有制结构上的表现就是“一大二公”，公有制经济一统天下。这是中国特色社会主义所有制理论形成、发展并不断取得突破的历史背景，也是理解中国所有制结构变迁的基本前提。

我国所有制结构的变迁是以允许个体经济的存在和发展为发端的，而一旦打开这个缺口，所有制结构便获得了自我演进的内生动力，并成为推动我国所有制理论不断发展的现实基础。1978年，党的十一届三中全会指出，“社员自留地、家庭副业和集市贸易是社会主义经济的必要补充，任何

人不得乱加干涉”[①]。1982年，发展和保护个体经济被写入了《中华人民共和国宪法》：“在法律规定范围内的城乡劳动者个体经济，是社会主义公有制经济的补充。国家保护个体经济的合法的权利和利益。”

改革开放初期，理论界对个体经济的发展进行了热烈的讨论，著名经济学家薛暮桥的观点具有代表性。他举例说：“实践向我们提出了一个问题，我们一向把长途贩运当作投机倒把，这到底对不对呢？山货土产没有腿，没有人长途贩运，怎么会自己跑到城里来呢？如果让山货烂在山上叫‘社会主义’，贩到城里来丰富市场供应是‘资本主义’，这能说是马克思主义吗？我认为不能把长途贩运和投机倒把等同起来，应当允许长途贩运。”他进一步指出：“对于手工劳动，我认为集体所有制经济甚至个体户可能比全民所有制更加优越，生产关系一定要适合生产力的性质，认为全民所有制在任何条件下（比如手工劳动条件下）一定比集体、个体所有制优越，这不是马克思主义。”[②]

个体经济的发展适应了当时经济社会的客观形势和需要。一是，当时有大量的劳动者找不到就业门路，公有经济部门也提供不了足够的就业岗位，仅1979年由返城知青形成的失业人口就达到140.66万；二是，当时城镇居民日常生活遇到的一系列亟待解决的难题，如吃饭难、理发难、修理难、洗澡难等一直困扰居民，个体经济在解决这些民生难题上具有天然的优势；三是，个体经济的发展不需要大量的资金，技术门槛和经营风险较低，适应了当时的经济发展水平。在各项鼓励、引导政策的刺激下，个体经济发展迅速，到1992年邓小平“南方谈话”，全国登记注册的个体工商户达1533.9万户，从业人员达2467.7万人，注册资金达600.9亿元，实现产值926.2亿元，营业额为2238.9亿元，商品零售额为1861.3亿元。

个体经济发展孕育着私营经济破土而出的能量，私营经济的出现是个

---

①《三中全会以来重要文献选编》（上），中央文献出版社2011年版，第7页。

② 黄孟复：《中国民营经济史》，社会科学文献出版社2009年版，第148—149页。

体经济自然演化的结果。私营经济与个体经济的基本区别是存在雇佣关系，而个体经济的发展必然会产生雇工现象。在个体经济发展的闸门刚刚打开没有几年的时间里，由于经营规模的扩大，就已经出现雇工的客观需要。适应个体经济发展的需要，1981 年，国务院适时发布《关于城镇非农个体经济若干政策性规定》，提出了雇工（当时称为“帮手”或“学徒”）的政策界限：个体经营户，经过工商行政管理部门批准，可以请一至两个帮手；技术性较强或有特殊技艺的，可以带两三个最多不超过五个学徒。1987 年，雇工政策进一步放宽，当年中央发布了《把农村改革引向深入》的通知，除了重申有关个体经济“帮手”的规定以外，还提出：“对于某些为了扩大经营规模，雇工人数超过 5 人限度的私人企业，也应采取允许存在、加强管理、兴利抑弊、逐步引导的方针。”这实际上对私人企业雇工人数已经没有刚性限制，这就给私人资本与劳动力的结合开拓了足够大的政策空间。

当然，与个体经济相比，改革开放初期，私营经济的发展之路要曲折艰难得多，当时的政策基调是“不宜提倡，不要公开宣传，也不要急于取缔”①，但私营经济凭借自己顽强的生命力暗暗生长。1987 年，私营经济的命运开始发生了实质性变化，当年召开的党的十三大对私营经济给予了明确的定位，指出：“私营经济一定程度的发展，有利于促进生产，活跃市场，扩大就业，更好地满足人民多方面的生活需求，是公有制经济必要的和有益的补充。”② 1988 年的《宪法修正案》指出：“国家允许私营经济在法律规定的范围内存在和发展。”至此，私营经济的合法地位在《宪法》中首次得到了确认。1988 年，全国各地开始私营企业登记注册工作；1989 年底，全国登记注册的私营企业 90581 户，从业人员 1640051 人，在工业、建筑业、交通运输业实现产值 974005 万元，饮食、服务业、修理业等行业的

① 在谈到当时颇受争议的雇工问题时，邓小平指出：“还有的事情用不着急于解决。前些时候那个雇工问题，相当震动呀，大家担心得不得了。我的意见是放两年再看。”（参见《邓小平文选》第 3 卷，人民出版社 2005 年版，第 91 页。）

②《十三大以来重要文献选编》（上），中央文献出版社 2011 年版，第 27 页。

营业额为388055万元，商品零售额为337434万元。

改革初期，经济理论界对私营经济的发展进行了许多有价值的研究，聚焦于私营经济的性质和定位以及雇工问题。一些学者谈到了私营经济与社会主义的兼容性。单东、王政挺认为："作为私营经济，其生产资料归业主所有，雇主获取剩余价值，对工人有剥削，这是私营经济的一般性。但是，我国的私营经济，是在社会主义经济的大环境中存在的，公有制经济影响和支配着私营经济，从而使之有不同于资本主义社会的性质和地位。"①王勇指出："私营经济是我国现阶段经济中的必然组成部分。因为在商品经济条件下，私有制经济同公有制经济之间存在着内在的经济联系，正是这一联系才构成了国民经济体系。在市场上，各种所有制经济成分都是平等的，在他们之间建立了相互依赖的关系，并非只有私有制经济依赖公有制经济的一面。在这个体系中，缺乏哪一个部分都不利于生产力的发展。"②而对于雇工经营的性质，蒋振明认为："现阶段的雇工经营'既为社会或共同体创造劳动者共同需要的价值（税收、集体提留、银行贷款利息等），也为私人雇主创造剩余价值。所以这种雇工既具有社会主义联合劳动的性质，也具有资本主义因素'。"③ 张木生认为："在社会主义条件下，农村雇工经营的性质不是其本身所能决定的，而要看人民民主国家为其准备的条件轨道。"④

无论是对私营经济的性质和地位，还是对私营经济所涉及的雇工问题，当时的主流看法是，要从整个经济制度背景，即公有制为主体来把握，而不能仅仅看到其生产资料的私有性质。这符合马克思主义政治经济学的基本原理，也为私营经济的发展创造了较好的理论和舆论氛围。

---

① 单东、王政挺：《对个体经济、私营经济和搞活公有制企业的一些理论问题的探讨》，《经济学动态》1990年第5期。

② 王勇：《把私营经济放在商品经济的大环境中来研究》，《经济学动态》1988年第5期。

③ 蒋振明：《雇工的一般与特殊》，《农业经济丛刊》1986年第1期。

④ 张木生：《关于当前"雇工"经营的实践与理论》，《农业经济丛刊》1984年第2期。

改革开放初期，我国所有制结构的多元化还表现为较早打开了利用外资的大门。1982 年 1 月，党中央和国务院批转《沿海九省、市、自治区对外经济贸易工作座谈会纪要》，该纪要提出："抓住当前有利时机，大胆利用外资，加强国际经济合作和技术交流。"1983 年，国务院发布《中华人民共和国中外合资经营企业法实施条例》，对利用外资做了明确的政策规定。1979—1982 年，我国实际利用外资 124.57 亿美元；1991 年，实际利用外资达 115.54 亿美元，缓解了我国早期经济发展中的资本、技术和管理的"三缺口"。同时，外资进入，特别是外国直接投资，同个体经济和私营经济一起，改变了我国的所有制结构，并为随后的市场竞争和国有经济结构调整准备了前提条件和经济基础。

随着个体经济、私营经济和外资经济的发展，以及公有制经济主体的多元化，我国经济中的资本等生产要素日益多元化，数量不断累积。资本等生产要素的本性要求不断流动，在流动中不断重新组合，实现最大化增殖和带来尽可能多的收入。因此，作为资本等生产要素相互融合、功能互补组织形式的股份制便在实践中产生了需要。1986 年国务院颁布的《关于深化企业改革增强企业活力的若干规定》就允许全民所有制企业进行股份制改造；党的十三大充分肯定了股份制，指出，"改革中出现的股份制形式，包括国家控股和部门、地区、企业间参股以及个人入股，是社会主义企业财产的一种组织方式"①。

20 世纪 80 年代初期和 20 世纪 90 年代初期，股份制是经济理论界争论的一个热点，不同观点相互交织。1988 年在四川自贡市召开了"股份制理论与实践研讨会"，与会大多数代表认为，"不同财产主体经济利益的独立性和差别性决定了它们只能通过股份制这一财产组织形式实现资金的集中使用，并借助于股票的转移和股金的再投入实现资金的流动"②。蒋学模认

---

①《十三大以来重要文献选编》（上），中央文献出版社 2011 年版，第 25 页。

② 杨钢：《股份制理论与实践研讨会观点介绍》，《经济学动态》1988 年第 5 期。

为："股份制是同生产社会化和商品化相适应的一种集资形式。它既可以为资本主义企业采用，也可为社会主义企业采用。"[①] 厉以宁认为："在社会主义社会中，建立和发展股份企业不仅是必要的，而且也是可行的。"股份化有以下好处：一是从根本上改变政企不分的状况，把企业办成一个完全经济性的实体；二是比较有效地解决生产要素的合理流动问题，引导资金转移到盈利高的部门，使资金和劳动力得到比较合理的配置；三是有利于把社会上的闲散资金集中起来，实现融通资金的活动。[②] 对于股份制经济的性质，多数学者认为这取决于总体制度环境和公有股份所占的比例。刘国光认为，只要保持"国家股份为主体"，就能保证股份制经济的社会主义全民所有制性质。[③] 也有专家对股份制持保留甚至反对态度，马宾认为，"那种想用股份制实行股份化私有化，要劳动者在持股上产生积极性，然后在股份化上发展资金市场，持股者可以不劳动，而劳动者没有持股时则由劳动力市场来决定劳动力供求和工资高低的想法和做法，很显然是西方资本主义的本本主义"[④]。

从实践来看，1984—1986 年是股份制发展的第一个高潮时期。一些企业开始冲破地区、部门、所有制的界限，组建多种形式的经济联合体，并逐步从单一的生产技术协作发展到以资金、技术、设备等投资入股；还有一些企业开始明确采用股份制的形式改造老企业和组建新的股份公司。1988 年是我国股份制发展的另一个高潮时期。1989 年底，中国股票累计发行 42 亿元，据不完全统计，其中公开向社会发行的股票约占 65% 左右，向企业内部职工发行的股票约占 35% 左右。1989—1991 年，因国家治理、整顿经济秩序，股份制由"热"变"冷"，许多股份制企业又退回去了，大多数股份制企业靠还本付息方式结束了股份制。1991 年后，党和政府的一系列文

① 蒋学模：《评"所有者缺位"论》，《经济研究》1988 年第 3 期。

② 厉以宁：《社会主义所有制体系的探索》，《河北学刊》1987 年第 1 期。

③ 刘国光：《关于所有制关系改革的若干问题》，《经济日报》1986 年 1 月 4 日。

④ 马宾：《全民所有制企业的动力不是化公为私的股份制》，《经济学动态》1986 年第 10 期。

件都肯定了股份制，并强调试点，我国又掀起了股份制的一个高潮。至1991年底，我国共发行股票46亿元。在公开发行股票的企业中，股权分配的比例是国家股占59.9%，法人股占26%，个人股占14.1%。

二、社会主义基本经济制度理论的形成

从1978年到20世纪90年代初期，我国所有制结构已经呈现出多元化格局，与改革开放之初相比已是天壤之别，这为社会主义基本经济制度理论的形成奠定了坚实基础。20世纪90年代，是我国所有制理论和所有制改革实践大发展的重要时期，我们党正式提出了社会主义基本经济制度理论，实现了所有制理论的质的飞跃。

1992年10月，党的十四大召开，党的十四大的重要理论贡献是确立了我国经济体制改革的目标："建立社会主义市场经济体制"。按照社会主义市场经济的内在逻辑，党的十四大指明了社会主义市场经济的所有制基础："在所有制结构上，以公有制包括全民所有制和集体所有制经济为主体，个体经济、私营经济、外资经济为补充，多种经济成分长期共同发展，不同经济成分还可以自愿实行多种形式的联合经营。国有企业、集体企业和其他企业都进入市场，通过平等竞争发挥国有企业的主导作用。"① 1993年，党的十四届三中全会召开，通过了《关于建立社会主义市场经济体制若干问题的决定》，勾画了社会主义市场经济体制的基本框架，并在所有制理论上取得了新进展，主要体现在以下几点。一是突破了"非公有制经济"作为公有制经济"有益补充"的传统定位，提出"坚持以公有制为主体、多种经济成分共同发展的方针。在积极促进国有经济和集体经济发展的同时，鼓励个体、私营、外资经济发展，并依法加强管理"，"国家要为各种所有制经济平等参与市场竞争创造条件，对各类企业一视同仁"。二是首次对公

①《十四大以来重要文献选编》（上），中央文献出版社2011年，第17页。

有制主体地位做出了说明。“公有制的主体地位主要体现在国家和集体所有的资产在社会总资产中占优势，国有经济控制国民经济命脉及其对经济发展的主导作用等方面。”① 三是提出了混合所有制经济的思想，指出：“随着产权的流动和重组，财产混合所有制的经济单位越来越多，将会形成新的财产所有结构。”这是改革开放以来，党的文献首次对混合所有制经济的阐述。四是提出国有股权在公司制企业中所占比例需要根据具体情况来确定，不能一概而论和一刀切。可见，党的十四届三中全会《关于建立社会主义市场经济体制若干问题的决定》已经勾画出了社会主义基本经济制度的轮廓，为社会主义基本经济制度理论的形成做了比较充分的准备。

1997 年党的十五大召开，党的十五大的重大贡献是正式提出和系统表述了社会主义基本经济制度理论，指出“公有制为主体、多种所有制经济共同发展，是我国社会主义初级阶段的一项基本经济制度”，实现了中国特色社会主义所有制理论的重大飞跃。社会主义基本经济制度理论凝结了改革开放前 20 年理论和实践创新的成果，为后来的经济体制改革开辟了巨大的空间，其创新性主要体现在以下几个方面。

第一，适应所有制结构多元化的现实，拓展了公有制经济的范围，提出公有制经济不仅包括国有经济和集体经济，还包括混合所有制经济中的国有成分和集体成分。将混合所有制经济（包括股份制企业、联营企业等）中的国有成分和集体成分纳入到公有制经济范畴，体现了深邃的理论和实践洞察力。

第二，明晰了公有制主体地位和国有经济主导作用的内涵。对如何认识公有制的主体地位，党的十五大做出了两个方面的界定。一是公有制的主体地位主要体现在公有资产在社会总资产中占优势，国有经济控制国民经济命脉，对经济发展起主导作用；国有经济的主导作用主要体现在它对整个经济的控制力上。二是对公有制主体地位的数量界限需要辩证把握。

①《十四大以来重要文献选编》（上），中央文献出版社 2011 年版，第 458 页。

公有资产的数量占优势是就全国而言的，不同地方、不同产业可以有所差别；公有资产要有量的优势，更要注重质的优势。

第三，提出从战略上调整国有经济布局。这是一个重大的理论进展。关系国民经济命脉的重要行业和关键领域，国有经济必须占支配地位，其他领域，可以通过资产重组和结构调整加强重点，提高国有资产的整体质量。党的十五届四中全会通过的《中共中央关于国有企业改革和发展若干重大问题的决定》对国有经济的分布领域做了比较明确的规定，即国有经济主要分布在以下四大领域：涉及国家安全的行业、自然垄断的行业、提供重要公共产品和服务的行业，以及支柱产业和高新技术产业中的重要骨干企业。

第四，提出公有制实现形式可以而且应当多样化，股份制是现代企业的一种资本组织形式，社会主义可以用；股份制经济是公有还是私有，关键看控股权掌握在谁手中。

第五，进一步突破了非公有制经济是社会主义公有制经济“补充”的理论，提出非公有制经济是我国社会主义市场经济的重要组成部分，对个体、私营等非公有制经济要鼓励、引导，使之健康发展，这就把非公有制经济的地位提高到一个新的理论和实践高度。

党的十六大和党的十七大，社会主义基本经济制度理论有了进一步的发展。党的十六大报告首次提出了“两个毫不动摇”的方针，从此，“两个毫不动摇”方针在党中央国务院的重要文献中一再被重申，成为处理公有制经济与非公有制经济关系的基本理论和实践准则。党的十六届三中全会将混合所有制提升到公有制主要实现形式的高度，指出“大力发展国有资本、集体资本和非公有资本等参股的混合所有制经济，实现投资主体多元化，使股份制成为公有制的主要实现形式”；同时提出建立归属清晰、权责明确、保护严格、流转顺畅的现代产权制度。党的十七大在基本经济制度理论中首次提出了“平等保护物权”，把“公有物权”和“私有物权”放在平等保护之列，形成各种所有制经济平等竞争、相互促进的格局。党的十七届五中全会进一步明确："营造各种所有制经济依法平等使用生产要素、公平参与市场竞争、同等受到法律保护的体制环境。"

从1992年邓小平"南方谈话"到2012年党的十八大召开的20年间，经济学界对社会主义基本经济制度理论做了广泛深入的探讨，提出了许多重要理论观点，推动了社会主义基本经济制度理论的形成和发展。董辅礽是较早提出混合经济思想的经济学家之一，早在20世纪80年代初期，他就说，社会主义经济不能只有公有制经济，没有私有制经济，这样是不能促进生产发展的。社会主义经济应当是"在保持公有制占主导的条件下发展多种非公有制（个体、私营的、混合的私有制等）"，这样"可以使各种所有制的强点和弱点互相补充，可以较好地解决公平与效率问题"。[①] 20世纪90年代初期，他用八宝饭来形象比喻和描绘社会主义经济的所有制结构，他说："社会主义经济好像一盆八宝饭，八宝饭是以糯米为主要成分的，其中还有豆沙、红枣、莲子等食品。虽然，糯米饭是主要成分，但糯米饭本身不是八宝饭。同样，豆沙、红枣、莲子等食品，一样一样地单独地说，各自也都不是八宝饭。……只有把糯米饭、豆沙、红枣、莲子等等组合起来，并以糯米饭为主要成分才是八宝饭。"[②] 20世纪90年代中后期，国有经济的结构性调整是经济理论界讨论的一个热点，这方面的一部重要著作是吴敬琏、张军扩、刘世锦等1998年出版的《国有经济的战略性改组》。他们认为，国有经济从整体上讲之所以缺乏竞争力，症结在于国有资本在企业、行业之间分布过散，战线过长，"有限的国有资本难以支撑如此庞大的国有经济'盘子'"[③]。因此，需要对国有经济进行战略性改组，即"通过国有资产的流动和重组，在适当收缩国有经济战线的前提下，改善国有资

① 张卓元：《论争与发展：中国经济理论50年》，云南人民出版社1999年版，第159页。

② 董辅礽：《经济体制改革研究》（上卷），经济科学出版社1994年版，第343—344页。

③ 吴敬琏、张军扩、刘世锦、陈小洪、王元、葛延风等：《国有经济的战略性改组》，中国发展出版社1998年版，第32页。

产的配置结构和国有企业的组织结构，集中力量加强国家必保的行业和企业，使国有经济在社会主义市场经济中更好地发挥作用”①。

三、 新时代所有制理论的新发展

党的十八大以来，以习近平同志为核心的党中央开启了改革开放和经济发展新时代。2013 年 11 月，党的十八届三中全会通过了《中共中央关于全面深化改革若干重大问题的决定》（以下简称《决定》）；2015 年 10 月，党的十八届五中全会通过了《中共中央关于制定国民经济和社会发展第十三个五年规划的建议》；2017 年 10 月，党的十九大召开，习近平总书记做了《决胜全面建成小康社会，夺取新时代中国特色社会主义伟大胜利》的报告。党的十八大以来，习近平总书记发表了一系列治国理政的重要讲话。党的十八大以来的实践和理论创新，形成了习近平新时代中国特色社会主义思想，其中包含着社会主义基本经济制度理论的创新和发展。

第一，将社会主义基本经济制度提高到新的理论和实践高度。1997 年党的十五大提出社会主义基本经济制度；2013 年党的十八届三中全会《决定》指出：“公有制为主体、多种所有制经济共同发展的基本经济制度，是中国特色社会主义制度的重要支柱，也是社会主义市场经济体制的根基。”②这就把社会主义基本经济制度上升到了一个新高度。基本经济制度的“重要支柱”和“根基”地位，是改革开放 40 年来中国特色社会主义和社会主义市场经济建设经验的科学总结，促进了我国经济实力的稳步提升。从资本形成来看，1998 年，全社会固定资产投资为 28406.17 亿元，其中公有制经济 19561.54 亿元，混合所有制经济 2007.5 亿元，非公有制经济 6718.18

① 吴敬琏、张军扩、刘世锦、陈小洪、王元、葛延风等：《国有经济的战略性改组》，中国发展出版社 1998 年版，第 9 页。

②《中共中央关于全面深化改革若干重大问题的决定》，人民出版社 2013 年版，第 7—8 页。

亿元，其他经济 118.95 亿元。2016 年，全社会固定资产投资增加到 606465.6 亿元，公有制经济 137967.0 亿元，混合所有制经济 220849.8 亿元，非公有制经济 225394.1 亿元，其他经济 22254.7 亿元。仅从资本形成来看，已呈现出各种经济形式共同发展的局面，这从一个重要侧面说明，我国基本经济制度是适合社会生产力发展要求的，这一基本制度安排有利于激发各种所有制经济的活力和创造力，为我国经济持续健康发展奠定坚实基础和提供广阔的空间。

第二，混合所有制经济理论的新发展。基本经济制度理论的一个重要发展是对混合所有制经济的认识向前推进了一大步。党的十八届三中全会《决定》提出："国有资本、集体资本、非公有资本等交叉持股、相互融合的混合所有制经济，是基本经济制度的重要实现形式，有利于国有资本放大功能、保值增值、提高竞争力，有利于各种所有制资本取长补短、相互促进、共同发展。"① 1993 年，党的十四届三中全会提出了混合所有制经济的思想，经过 20 年认识和实践的发展，《决定》把混合所有制经济提高到"基本经济制度重要实现形式"新高度，这是对中国特色社会主义和社会主义市场经济认识的深化。党的十九大又提出"深化国有企业改革，发展混合所有制经济，培育具有全球竞争力的世界一流企业"，把发展混合所有制经济作为培育世界一流企业的重要途径。在实践中，发展混合所有制的途径日益多样化，形式更加开放，如允许非国有资本参股国有资本投资项目，鼓励发展非公有资本控股的混合所有制企业等。"交叉持股、相互融合"和允许非公有资本控股的混合所有制企业出现，意味着多种所有制经济可以在一个公平竞争的环境中融合发展，其主体地位是完全平等的。

实践中，混合所有制经济改革不断向前推进。2013 年 9 月，国务院常务会议提出，尽快在金融、石油、电力、铁路、电信、资源开发、公用事业等领域向民间资本推出一批符合产业导向、有利于转型升级的项目，形

①《中共中央关于全面深化改革若干重大问题的决定》，人民出版社 2013 年版，第 8—9 页。

成示范效应，发展混合所有制经济。2014 年 7 月，国资委选择具有较好基础的中国建材集团和国药集团开展混合所有制经济改革试点；到 2017 年底，中国建材集团和国药集团实施混合所有制经济改革的企业户数占比分别超过 85% 和 90%，营业收入分别超过 70% 和 90%。2015 年，国务院《关于国有企业发展混合所有制经济的意见》发布后，国资委和发展改革委共同在 7 个重点领域（电力、石油、天然气、铁路、民航、电信、军工）开展混合所有制经济改革试点；到 2017 年底，确定了 3 批 50 家试点企业。前两批 19 家试点企业中，7 户已经完成引入战略投资者、重组上市、新设公司等工作，引入各类投资者 40 多家、资本超过 900 亿元。据国资委产权局副局长郜志宇介绍，截至 2017 年底，中央企业各级子企业，包含 98 家中央企业集团公司，基本上完成了公司制改制，其中超过 2/3 的企业引进各类社会资本，实现了混合所有制。中央企业产权登记数据显示，2013—2016 年，中央企业及各级子企业中混合所有制企业户数占比由 65. 7% 提高至 68. 9%；2017 年中央企业新增混合所有制企业户数超过 700 户，其中通过资本市场引入社会资本超过 3386 亿元。①

第三，国有经济改革发展形成新思路。一是强调国有资本的合理分布。国有资本有其自身的特定功能，国有资本只有分布于自身功能领域，才能更好地发挥作用。《决定》指出了国有资本的五大功能领域："国有资本投资运营要服务于国家战略目标，更多投向关系国家安全、国民经济命脉的重要行业和关键领域，重点提供公共服务、发展重要前瞻性战略性产业、保护生态环境、支持科技进步、保障国家安全。"明确了国有资本的功能领域，也就明确了国有经济改革的基本方向，那就是国有资本向五大功能领域集中，以此彰显自己的本质，发挥自己的影响力、控制力。二是提出国有企业分类管理。将国有企业分为公益类和商业类两大类型：公益类国有企业以保障民生、服务社会、提供公共产品和服务为主要目标，考核重点

①《央企混改将拓展广度和深度，逾 2/3 央企已实现混合所有制》，中国经济网，2018 年 2 月 1 日。

是成本控制、产品服务质量和服务保障能力；商业类国有企业主要分布在重要竞争性领域和技术创新等领域，按照市场规则实行商业化运作，遵循价值规律和竞争规律，优胜劣汰，以利润、资产保值增值和市场竞争力为考核目标。

第四，构建国有资产管理新体制，提出“以管资本为主加强国有资产监管”的新思路。国有资产监管机构职能从“以管企业为主”向“以管资本为主”的转变，具有重大的理论和实践意义：一是有利于推进国有资本所有权和经营权的分离，使国有资本控股和参股企业真正成为自主经营、自负盈亏、自担风险、自我发展的独立市场竞争主体；二是有利于提高国有资本的流动性，促进国有资本在不同领域、地区、企业和项目上流动，实现优化配置，同时规避风险。

第五，非公有制的新定位。改革开放初期，非公有经济的定位为公有制经济的“补充”，随后非公有制经济地位提升到“我国社会主义市场经济的重要组成部分”。新时代，对非公有制经济在中国特色社会主义经济中的地位有了更进一步的认识。一是不仅一再重申“公有制经济和非公有制经济都是社会主义市场经济的重要组成部分”，更进一步指出它们都是“我国经济社会发展的重要基础”，肯定非公有制经济在支撑增长、促进创新、扩大就业、增加税收等方面具有重要作用。二是强调各类经济主体的平等地位和“权利平等、机会平等、规则平等”的现代市场经济竞争规则，废除对非公有制经济各种形式的歧视性规定，保证各种所有制经济依法平等使用生产要素，同等遵守政府监管规则；加强对非公有制经济产权保护，提出“公有制经济财产权不可侵犯，非公有制经济财产权同样不可侵犯”。三是废除非公有制经济各种形式的不合理规定，为非公有制经济开辟更加广阔的发展空间。四是着力构建新型政商关系。在我国，政府官员掌握许多经济资源的控制权，拥有许可、禁止、检查、处罚等许多行政权力，在实施具体行政行为时，有很大的自由裁量空间。因此，从某种程度上讲，官员决定着企业的发展空间、经营的难易和盈利的水平，甚至生死存亡。习近平总书记提出的“亲”“清”二字为处理好政商关系提供了科学准则。

四、结语

基于改革开放40年的丰富实践，所有制问题所涉及的基本要素、理论难点和政策重点都已经清晰地展现在我们面前。进入新时代，我国经济社会发展的基本条件发生了重大变化。从经济发展阶段看，我国经济已经从由高速增长阶段转向高质量发展阶段，社会的主要矛盾已经演变为人民日益增长的美好生活需要和不平衡不充分发展之间的矛盾；从经济发展的复杂程度来看，我国的经济关系越来越复杂，分工越来越细密，经济联系越来越广泛，各类经济信息呈几何级数增长；从经济发展的资源环境条件看，高投入、高排放、高污染的粗放增长之路已经走到了尽头，资源、环境约束越来越紧；从经济发展的动力看，靠要素投入和规模驱动经济增长的潜力已基本耗尽，经济增长越来越依靠创新和全要素生产率的提升；从社会需求看，消费日趋多样化、个性化，消费者越来越注重产品品质和消费安全性，对生态产品的需求日益旺盛。这些新因素都是非常重要的，将对我国所有制形态和所有制理论的演进产生深远影响，也是我们进一步优化所有制结构和完善社会主义基本经济制度的重要依据。新时代所面临的新情况和新挑战，促进所有制理论的进一步发展，需要着重研究以下三个问题：如何科学地理解定位公有制经济的主体地位和国有经济的主导作用；如何建立起完善的现代产权制度；如何构建各种所有制经济平等竞争共同发展的体制机制？从理论和实践上解决好这三个问题，就能够为我国现代市场经济体制和新发展阶段构筑坚实的经济制度基础。

（原载于《中州学刊》，2018年第3期）

科学准确把握政府与市场关系

一

习近平总书记指出，“看不见的手”和“看得见的手”都要用好，努力形成市场作用和政府作用有机统一、相互补充、相互协调、相互促进的格局，推动经济社会持续健康发展。这是我们科学把握政府与市场关系所应遵循的基本理论思维。

政府与市场在资源配置和经济社会发展中的作用，犹如车之双轮、鸟之两翼，不可偏废。这不仅为我国近40年改革开放的成功实践所充分证实，也为世界上成功发展的经济体的经验所充分证实。国际经验表明，保持持续高速经济增长和社会进步，既需要通过市场机制来配置资源，同时也需要有一个有效有为的政府。

最大的理论和实践误区是把政府与市场的作用割裂开来，甚至对立起来。而一个运转良好的经济体，政府与市场在结构变迁、技术进步、收入分配、生活质量提升等诸多领域，都是相互支撑、彼此借力、协同发力的。需要看到的是，使市场在资源配置中起决定性作用，更好发挥政府作用，既是一个重大理论命题，又是一个重大实践命题，二者是有机统一的，不是相互否定的；不能把二者割裂开来、对立起来，既不能用市场在资源配置中的决定性作用取代甚至否定政府作用，也不能用更好发挥政府作用取代甚至否定使市场在资源配置中起决定性作用。在这个问题上，要讲辩证法、两点论，努力形成市场作用和政府作用有机统一、相互补充、相互协调、相互促进的格局。

二

使市场在资源配置中起决定性作用，是我们党对中国特色社会主义建设规律认识的一个新突破，是马克思主义中国化的一个新成果，标志着社会主义市场经济发展进入了一个新阶段。它“有利于在全党全社会树立关于政府和市场关系的正确观念，有利于转变经济发展方式，有利于转变政府职能，有利于抑制消极腐败现象”。我们必须站在这样的理论和实践高度来把握市场的“决定性作用”，把市场机制能有效调节的经济活动交给市场，把政府不该管的事交给市场，让市场去激发全社会创造财富的热情，促进社会生产力的整体跃升。

从本质上说，经济发展就是要提高资源尤其是稀缺资源的配置效率，以尽可能少的资源投入生产出尽可能多的产品，获得尽可能大的效益。理论和实践都证明，市场配置资源是最有效率的形式。市场决定资源配置是市场经济的一般规律，市场经济本质上就是市场决定资源配置的经济。健全社会主义市场经济体制必须遵循这条规律，着力解决市场体系不完善、政府干预过多和监管不到位问题。习近平总书记指出，市场要活，就是要使市场在资源配置中起决定性作用，主要靠市场发现和培育新的增长点。在供求关系日益复杂、产业结构优化升级的背景下，涌现出很多新技术、新产业、新产品，往往不是政府发现和培育出来的，而是“放”出来的，是市场竞争的结果。技术创新是难点，但更难的是对市场需求的理解，这是一个需要探索和试错的过程。

此外，我们还需要基于经济发展新常态来深化对市场“决定性作用”

的认识。在新常态下，经济关系日趋复杂，分工日趋深化，居民消费、技术和产业创新重要性日益凸显。在这样的背景下，市场的试错、发现和激励功能就显得尤其关键。

总之，发挥市场在资源配置上的决定性作用，需要有完善的市场体系、良好的竞争秩序，需要有夯实支撑市场体系的“硬”“软”基础设施。我们要坚持社会主义市场经济改革方向，从广度和深度上推进市场化改革，加快建设统一开放、竞争有序的市场体系，建立公平开放透明的市场规则，让市场在所有能够发挥作用的领域都充分发挥作用，推动资源配置实现效益最大化和效率最优化，让企业和个人有更多活力和更大空间去发展经济，创造财富。

三

站在新的历史起点上，科学把握“更好发挥政府作用”，显得尤为重要。

第一，更好发挥政府作用，不是让政府更深地介入到资源配置活动中去，而是要在保证“使市场在资源配置中起决定性作用”的前提下，管理那些市场管不了或管不好的事情。科学的宏观调控、有效的政府治理，是发挥社会主义市场经济体制优势的内在要求。更好发挥政府作用，就要切实转变政府职能，深化行政体制改革，创新行政管理方式，增强政府公信力和执行力，建设法治政府和服务型政府。

第二，政府要尽量减少对微观经济活动的直接干预。绝大部分微观经济活动，都可以交给市场这只“看不见的手”去完成。亚当·斯密“看不见的手”的理论，马克思对价值规律、竞争规律和利润平均化规律的分析，以及西方经济学的微观经济理论，都为此提供了坚实的学理支撑。

第三，要按照社会主义市场经济的内在运行规律来界定政府职能。党的十八届三中全会对政府职能做了完整和清晰的说明，强调：“政府的职责和作用主要是保持宏观经济稳定，加强和优化公共服务，保障公平竞争，加强市场监管，维护市场秩序，推动可持续发展，促进共同富裕，弥补市场失灵。”这一表述更加科学和清晰地勾勒出市场经济体制下政府职能的准确内涵，也反映出时代发展的新背景和新要求。要按照这个总方向，科学界定政府职能范围，优化各级政府组织结构，理顺部门职责分工，该管的事一定要管好、管到位，该放的权一定要放足、放到位，坚决克服政府职能错位、越位、缺位现象。

第四，选择最有效的方式来履行政府职能。有效履行政府职能同科学界定政府职能一样重要。在社会主义市场经济条件下，政府要顺应市场经济的运行规律，借助市场的力量来实现自身职能，从而获得四两拨千斤的效果。发挥政府作用，不是简单下达行政命令，而要在尊重市场规律的基础上，用改革激发市场活力，用政策引导市场预期，用规划明确投资方向，用法治规范市场行为。

（原载于《经济日报》，2017 年 10 月 13 日）

我国马克思主义政治经济学教材的与时俱进

一、 我国马克思主义政治经济学教材的理论渊源和最初编写

马克思主义政治经济学是马克思主义的三大组成部分之一，是马克思主义理论“最深刻、最全面、最详尽的证明和运用”①，是经济学的基础学科，为党和政府的大政方针提供基本理论支持。党和政府历来都非常重视马克思主义政治经济学的教学和研究工作。1954 年苏联科学院经济研究所编写出版了《政治经济学教科书》中文版，次年就由人民出版社出版。1959 年毛泽东同志要求各级领导干部读这本教科书，并就读苏联《政治经济学教科书》发表了一系列重要讲话②，对政治经济学研究对象、社会主义生产力和生产关系、所有制等政治经济学的基本理论问题提出了若干重要思想，产生了深远影响。

从理论渊源上看，我国马克思主义政治经济学教材主要有四个：第一，政治经济学的一般原理主要来源于《政治经济学批判》《资本论》《反杜林论》等经典著作。马克思强调归纳“生产一般”的意义。他指出，“生产的一切时代有某些共同标志，共同规定。生产一般是一个抽象，但是只要它

---

① 列宁：《卡尔·马克思》，《列宁专题文集论马克思主义》，人民出版社 2009 年版，第 17 页。

② 参见毛泽东：《读苏联〈政治经济学教科书〉的谈话（节选）》，《毛泽东文集》第 8 卷，人民出版社 1999 年版，第 103—140 页。

真正把共同点提出来，定下来，免得我们重复，它就是一个合理的抽象。”① 归纳起来，贯穿于政治经济学教材的一般原理主要包括：生产力和生产关系、经济基础和上层建筑关系原理，劳动时间节约原理，按比例分配社会劳动原理，收入分配理论，劳动价值理论，价值规律。这些原理几乎适用于所有社会形态。第二，政治经济学资本主义部分以马克思的《资本论》和列宁的《帝国主义论》为蓝本，其基本概念、理论框架和基本逻辑联系都来源于这两部经典著作。《资本论》和《帝国主义论》具有理论的完整性和逻辑的严密性，以其为基础的政治经济学资本主义部分无论在基本范畴还是框架结构上都保持稳定，并延续至今。第三，政治经济学社会主义部分主要来源于马克思和恩格斯对未来社会的构想；列宁、斯大林、毛泽东在领导社会主义革命和建设的实践中所提出的社会主义经济思想。马克思、恩格斯并没有对未来社会提供详细的蓝图，他们是在批判旧世界中构想和发现新世界的，他们对未来社会的设想主要包括：人的全面而自由的发展，生产资料公有制，有计划的社会生产，商品货币关系的消亡，消费品的按劳动分配和按需分配，等等。这些思想主要体现在《共产党宣言》《哥达纲领批判》《社会主义从空想到科学》《资本论》《论土地国有化》等经典著作中，对政治经济学社会主义部分产生了深远而重大的影响。列宁在领导无产阶级夺取政权并向社会主义社会过渡的实践中，形成了有关社会主义过渡和建设的理论。列宁认为，社会主义的经济基础必须通过大力发展生产力和不断提高劳动生产率来形成；在资本主义发展程度比较低或殖民地半殖民地国家（特别是东方国家）向社会主义过渡，需要通过保留商品货币关系，借以形成和发展壮大社会主义经济基础。特别是1920年底至1921年初实施新经济政策，列宁提出了注重物质利益原则、发展多种所有制经济、利用市场经济的思想。斯大林的《苏联社会主义经济问题》对社会主义经济理论进行了初步探索，提出了许多重要思想。他认为，全民所有制

① 马克思：《〈政治经济学批判〉导言》，《马克思恩格斯文集》第8卷，人民出版社2010年版，第9页。

和集体所有制这两种公有制形式的存在是商品交换存在的原因，价值规律仍然发生作用，但主要限于流通领域；社会主义经济规律具有客观性，并阐述了社会主义经济的一些重要规律。以毛泽东同志为核心的党的第一代中央领导集体在领导中国革命和建设过程中形成了毛泽东思想，其中蕴含着马克思主义政治经济学创新，在社会主义的基本矛盾和主要矛盾、社会主义的根本任务、国民经济重大比例关系、社会主义社会的商品和货币等方面都提出了影响深远的思想。第四，我国政治经济学教材的体系结构主要来源于苏联的《政治经济学教科书》。在体系结构上，这本教科书是“导论”加“三篇”的结构，即总体上的“两分法”，把政治经济学分为“资本主义部分”和“社会主义部分”。值得指出的是，苏联的《政治经济学教科书》中的社会主义部分是按照计划经济的逻辑编写的。例如，在分析社会主义制度下的劳动性质时指出，“在社会主义制度下，劳动具有直接的社会性，它是全国范围内有计划地组织的劳动”[①]；在分析社会主义条件下的商品生产和价值规律时指出，“社会主义制度下商品生产的必要性，是由社会主义生产的两种基本形式——国家形式和集体农庄形式——的存在而决定的”，“商品生产和商品流通的范围，主要限于个人消费品”，“在社会主义制度下，价值规律不能起生产调节者的作用”。[②]

改革开放之前，我国出版的有影响的马克思主义政治经济学教材资本主义部分主要包括于光远和苏星主编的《政治经济学》、徐禾主编的《政治经济学》，其体系结构和基本概念遵循《资本论》，比较成熟，并延续到现在。政治经济学社会主义部分有影响的教材主要包括北京大学、中国人民大学、南开大学、辽宁大学、武汉大学等院校经济系主编的《政治经济学》社会主义部分。在体系结构上，这一时期的政治经济学社会主义部分是沿着计划经济的逻辑，以社会主义公有制、社会主义基本经济规律、有计划

---

① 苏联科学院经济研究所：《政治经济学教科书》（下册），人民出版社 1956 年版，第 477 页。

② 苏联科学院经济研究所：《政治经济学教科书》（下册），人民出版社 1956 年版，第 495—500 页。

按比例发展规律、按劳动分配规律、社会主义工业化为主要内容展开的。以南开大学政治经济学系和经济研究所编写的《政治经济学》[1] 社会主义部分为例，其修订本于 1976 年刊印，在结构上分为六篇：第一篇“总论”，论述社会主义社会的性质；第二篇“社会主义的生产过程”，论述社会主义公有制和社会主义生产的特征；第三篇“社会主义的流通过程”，论述社会主义条件下的产品交换、货币流通和价值规律；第四篇“社会主义的分配过程”，论述个人消费品的按劳分配；第五篇“社会主义生产的总过程”，论述有计划、按比例发展规律；第六篇“社会主义和共产主义”，论述社会主义向共产主义过渡。这本教材有理论闪光点，如认为社会主义生产过程是直接社会生产和商品生产的统一，指出了社会主义生产具有商品生产的一面，但其基调是计划经济的。

值得指出的是，改革开放之前我国经济学界已经开始突破计划经济思想的束缚，探讨社会主义市场经济理论；这些探讨对改革开放后我国马克思主义政治经济学教材的编写产生了重要影响。例如，孙冶方在 1956 年发表的《把计划和统计放在价值规律的基础上》一文中指出，“只有把计划放在价值规律的基础上，才能使计划成为现实的计划，才能充分发挥计划的效能”[2]。再如，顾准在 1957 年发表的《试论社会主义制度下的商品生产和价值规律》，可以说是社会主义市场经济理论的开拓性著作。在这篇著名论文中，顾准没有拘泥于经典作家“社会主义将废除商品交换和货币”这一个别论断，而是认为经济核算是社会主义存在货币和价值范畴的根本原因，社会主义经济是经济计划和经济核算的统一体，价值规律是社会主义的基本经济规律，社会主义经济可以在不同程度上运用价值规律，直至“任令价格自由浮动调节生产分配”[3]。

---

① 南开大学政治经济学系和经济研究所：《政治经济学（社会主义部分）》（打印稿），1976 年 4 月。

② 孙冶方：《把计划和统计放在价值规律的基础上》，《经济研究》，1956 年第 6 期。

③ 顾准：《试论社会主义制度下的商品生产和价值规律》，《经济研究》，1957 年第 3 期。

二、 1978 年至 20 世纪末我国马克思主义政治经济学教材编写

1978 年，我国进入改革开放历史新时期。我国的经济体制开始发生重大变化，人们之间的利益关系不断调整，马克思主义政治经济学的现实土壤发生了变化。我们党对社会主义的本质、社会主义经济制度和经济体制、社会主义经济发展规律的认识不断深化，不断有新的重大理论创新。政治经济学界对社会主义商品生产和价值规律、按劳分配、所有制、经济体制改革等基本理论和实践问题进行了热烈的讨论，取得了重要理论进展。政治经济学教材的内容，特别是社会主义部分的内容也随之不断发生变化。

20 世纪 80 年代，我国出版的有重要影响的政治经济学教材是北方十三所大学编写的《政治经济学（社会主义部分）》（简称“北方本”）和南方十六所大学编写的《政治经济学》（简称“南方本”）。与以前的教材相比，这些教材已经在原有的体系框架内纳入了与商品经济和经济体制改革相关的内容。以“北方本”《政治经济学（社会主义部分）》为例，该书第一版已经将物质利益原则，商品生产，价值规律，按劳分配，企业的独立性、成本、盈利等与商品经济有关的内容作为重要内容写了进来。在分析商品生产和商品流通时，该教材认为，“不仅在国有企业和集体企业之间、集体经济与集体经济之间必须保留商品生产和商品流通，而且就是在全民所有制内部各国有企业之间也必须实行商品生产和商品交换”，商品生产和商品流通的存在“是由社会主义劳动性质所制约的生产者之间的物质利益关系决定的”。[①] 该教材进一步承认价值规律对生产的调节作用。这些论述与苏联的《政治经济学教科书》相比，已经有了明显的进步。该教材第三版于 1985 年出版，吸收了 1984 年党的第十二届中央委员会第三次全体会议通过的《中共中央关于经济体制改革的决定》的精神，在篇章结构和内容上做

① 北方十三所高等院校编写组：《政治经济学（社会主义部分）》，陕西人民出版社 1985 年版，第 102 页。

了较大改动，增加社会主义的经济体制和模式、社会主义有计划的商品生产、社会主义的市场和市场机制、社会主义国家的对外经济关系等章节内容。

20 世纪 80 年代，有重要影响的教材还包括（以出版年份为序）蒋学模主编的《政治经济学教材》（上海人民出版社，1980 年），宋涛主编的《政治经济学教程》（中国人民大学出版社，1981 年），张友仁、刘方棫、李克刚、陈德华等主编的《政治经济学（社会主义部分）》（北京大学出版社，1984 年），张卓元主编、于祖尧副主编的《政治经济学（社会主义部分）》（中国展望出版社，1985 年），卫兴华、顾学荣主编的《政治经济学原理》（第一版，经济科学出版社，1989 年），谷书堂主编的《社会主义经济学通论》（上海人民出版社，1989 年），等等。值得一提的是，《社会主义经济学通论》对政治经济学社会主义部分的体系结构做了大胆的尝试，即使以现在的眼光来审视，也是颇具新意的。

20 世纪 90 年代，中国特色社会主义事业和改革开放事业进一步向前推进，我们党又有一系列重大理论创新，对政治经济学教材编写产生重要影响。一是 1992 年邓小平“南方谈话”，这是马克思主义中国化重大发展的一次集中体现，提出了一些著名论断：社会主义的本质是解放生产力，发展生产力，消灭剥削，消灭两极分化，最终达到共同富裕；计划经济不等于社会主义，市场经济不等于资本主义，计划和市场都是手段，计划多一点还是市场多一点，不是社会主义与资本主义的本质区别；发展才是硬道理；等等。二是 1992 年 10 月召开的党的十四大确定了我国经济体制改革的目标是建立社会主义市场经济，并对其内涵做了明确的界定，指明了我国改革开放的基本方向。三是 1997 年党的十五大提出公有制的实现形式可以而且应当多样化，非公有制经济是我国社会主义市场经济的重要组成部分，允许和鼓励资本、技术等生产要素参与收益分配。我国政治经济学界对社会主义市场经济的讨论也在逐步深入，在经济体制改革目标模式和改革道路、价格改革、股份制改革、国有经济战略性重组、按生产要素分配等重大理论问题上涌现出了一批重要理论著述。

基于党的重大理论创新和政治经济学研究的进展，20 世纪 90 年代，我国政治经济学教材的体系结构和内容发生了进一步的变化。以国家教委社科司组编的《政治经济学》为例，该教材总体上仍由资本主义部分和社会主义部分构成，大的结构没变，但社会主义部分的体系结构有重要创新，提出了“四篇”结构。这四篇分别是：社会主义基本经济制度、社会主义市场经济体制、社会主义微观经济运行、社会主义宏观经济运行与调控。这种体系结构便于在理论上演绎社会主义市场经济的制度特征和运行机制，与现实的契合度较高。

三、 新世纪马克思主义政治经济学教材的进展

进入新世纪，我国已经初步建立起了社会主义市场经济体制，面临着完善社会主义市场经济体制的任务；经济发展进入新阶段，转变经济发展方式、追求经济发展质量和效益、构建和谐社会显得更加迫切；经济全球化迅速发展，我国已经成为世界贸易组织成员国，国际分工和利益格局发生深刻变化。党的理论创新又有了新突破，提出了科学发展观，形成了以邓小平理论、“三个代表”重要思想以及科学发展观等重大战略思想在内的中国特色社会主义理论体系。政治经济学界理论探讨的侧重点有所变化。基本理论问题重新引起关注，财富理论、劳动理论、价值理论、分配理论、所有制理论、公平与效率、计划与市场、开放理论等的研究取得了新的进展；在经济体制转型研究方面，更加注重讨论现代市场经济的支持性制度和关键领域、重要环节的改革；经济发展理论越来越受到重视，在经济发展的源泉和动力、经济发展和结构变迁、新型工业化道路和城市化道路、“两型”社会建设等经济发展问题上取得了一系列研究成果。

在新的实践和理论背景下，马克思主义政治经济学教材无论是体系结构还是内容都发生了重要变化。

第一，在结构上，尝试打破传统教材将政治经济学分为“资本主义部分”和“社会主义部分”的“两分法”。基本做法有两种：一是在传统教材资本主义部分和社会主义部分之外增加一块，阐述市场经济的一般理论。基本理论依据是，无论是社会主义市场经济还是资本主义市场经济，都是现代市场经济，都具备现代市场经济的一般特征，提炼出市场经济的一般性理论，是政治经济学教材的一个重要任务，它能够帮助学生清晰地理解现代市场经济运转的一般规律。当然，对于哪些范畴可以纳入到市场经济的一般理论中，政治经济学界是有争论的，争论最大的是，“资本”和“剩余价值”这两个范畴是否可以纳入到市场经济的一般理论中。这方面的代表性教材是吴树青任顾问，逄锦聚、洪银兴、林岗、刘伟任主编的《政治经济学》，该教材第一版 2002 年由高等教育出版社出版，2008 年出版第二版。从体系结构上看，它由“导论”和“三篇”构成，“三篇”分别是“第一篇政治经济学的一般理论”“第二篇资本主义经济”“第三篇社会主义经济”。第一篇论述市场经济的一般理论，涵盖范围较广，把商品、价值、货币、资本、信用、竞争、垄断、再生产、收入分配、公平、效率等都归入市场经济的一般范畴，最具特点和争议的是把“资本”范畴纳入到市场经济一般范畴。二是打通“社会主义部分”和“资本主义部分”，用一个统一的分析框架贯穿教材的始终。这种编写方法强调理论的统一性和逻辑的一致性。当然，这是有争议的，一个比较有分量的反对意见是，不同时代应该有不同时代的政治经济学。① 以程恩富任主编的《现代政治经济学》为例，该教材 2000 年由上海财经大学出版社出版。从体系结构上看，它由

① 恩格斯说：“人们在生产和交换时所处的条件，各个国家各不相同，而在每一个国家里，各个时代又各不相同。因此，政治经济学不可能对一切国家和一切历史时代都是一样的’，“政治经济学本质上是一门历史的科学”。（参见《反杜林论》，《马克思恩格斯文集》第 9 卷，人民出版社 2009 年版，第 153 页。）

"导论"和"五编"构成,"五编"分别是"第一编直接生产过程""第二编流通过程""第三编生产的总过程""第四编国家经济过程""第五编国际经济过程"。试图用统一分析框架,来分析资本主义经济和社会主义经济是这部教材的一个特色。不过,从教材所呈现的内容看,对社会主义经济制度和经济运行的分析明显偏弱,这可能是因为把资本主义经济和社会主义经济纳入到一个统一分析框架,确实存在理论上的困难。

第二,从内容上看,进入新世纪以来,政治经济学教材有了极大的丰富,市场经济一般范畴、经济运行、经济发展等与我国经济体制改革和经济发展密切相关的内容所占的分量明显增加,教材的现实感和针对性明显增强。以张维达任主编的《政治经济学》为例,该教材2000年由高等教育出版社出版。在体系结构上,它亦没有沿袭以往的"二分法",而是由"导论"和"四篇"构成,"第一篇商品经济""第二篇经济制度""第三篇经济运行""第四篇经济发展"。把"经济运行"和"经济发展"分别作为一篇放进教材,强调这两个问题的重要性,这与我国面临"转型"和"发展"双重任务的现实结合较紧。2001年复旦大学出版社出版的蒋学模主编的《高级政治经济学——社会主义本体论》是一本研究生教材,它由"社会主义生产过程篇""社会主义流通过程篇""社会主义生产总过程篇"构成,结构体系具有创新性,内容十分丰富。

可见,改革开放以来,我国马克思主义政治经济学教材,无论是体系结构还是具体内容,一直在与时俱进。但同时应该承认,与中国特色社会主义伟大实践相比,与我国改革开放的历史进程相比,与我们党的一系列重大理论创新相比,与大学生的知识需求相比,政治经济学教材存在滞后问题。

2004年,中央决定实施马克思主义理论研究和建设工程,组织编写全面反映邓小平理论和"三个代表"重要思想的一批哲学社会科学教材,将《马克思主义政治经济学概论》确定为第一批重点教材之一,并组成了由中国社会科学院牵头，以中国社会科学院经济研究所为依托，中国人民大学、北京大学、南开大学、南京大学、中共中央党校、中共中央政策研究室、国家发改委等单位的专家学者参加的教材编写课题组。经过7年多的努力，作为中央马克思主义理论研究和建设工程重要成果之一的《马克思主义政治经济学概论》于2011年5月由人民出版社和高等教育出版社联合出版。这本马克思主义政治经济学教材是在中国特色社会主义理论体系的指导下，各个方面通力合作和共同努力的结果，它最大限度地凝聚了我国政治经济学界和实际工作部门专家学者的共识，充分体现了新中国成立60多年，特别是改革开放30多年来我国马克思主义政治经济学研究所取得的重要理论进展，是我国马克思主义政治经济学教材编写的创新和进展。其突出特点主要表现在以下几个方面。第一，具有较强的时代感。努力做到了三个“充分反映”：充分反映马克思主义中国化的理论创新成果，突出中国特色社会主义理论体系对马克思主义政治经济学的丰富和发展；充分反映我们党领导全国人民进行社会主义现代化建设和改革开放的生动实践与基本经验；充分反映政治经济学学科建设的最新研究成果。第二，实现了框架结构上的创新。在框架结构上采用“四篇结构”，即在“导论”之后，分四篇展开：“第一篇商品和货币”“第二篇资本主义经济”“第三篇社会主义经济”“第四篇经济全球化和对外开放”。这种框架结构吸收了教材编写的最新做法，并有进一步创新，有利于全面把握市场经济的一般特征及其在资本主义和社会主义不同社会制度下的不同特点，有利于把握国内和国际两个大局。第三，资本主义经济部分，在阐述马克思《资本论》和列宁《帝国主义论》等有关政治经济学基本原理的基础上，突出了对当代资本主义新变化的分析，增设了“国家垄断资本主义及其新发展”“当代资本主义生产新变化”“当代资本主义分配关系的新变化”“当代资本主义的金融——经济危机”等内容。第四，社会主义经济部分，全面、系统地阐述了中国特色社会主义经济理论的基本内容，包括社会主义经济制度及其根本任务、经济体制改革和社会主义市场经济体制、社会主义初级阶段的基本经济制度、社会主义初级阶段的分配制度、中国特色社会主义的经济发展、社会主义市场经济中的政府经济职能等。这样的篇章逻辑安排，一方面体现了生产力决定生产关系、生产关系对生产力具有反作用，经济基础决定上层建筑、上层建筑对经济基础具有反作用的基本规律；另一方面有利于把我们党在成功开辟中国特色社会主义道路上所形成的一整套路线方针政策和新鲜经验纳入教材体系，使教材具有较强的时代性、针对性和政策性。第五，设"经济全球化和对外开放"一篇，分析国际经济关系，这是政治经济学教材体系结构的一个创新。现有教材大多只在社会主义部分设一章来分析我国的对外经济关系，尽管谈到了经济全球化，但分量远远不够。设一篇来分析经济全球化和我国对外开放涉及的基本理论和实践问题，适应了国际国内经济发展的新形势，也符合马克思当年在"五篇结构"和"六册计划"中对政治经济学结构的设想。

除了以上五个结构上的突出特点之外，这部教材在重要理论问题阐述、重要逻辑联系和具体内容安排上也有创新。对重要理论问题阐述的创新体现在许多地方，导论对"马克思主义政治经济学研究对象"的分析阐述就是一个很好的例子。对于政治经济学的研究对象，学术界是有争论的。一派观点认为，"马克思主义政治经济学的研究对象应该界定为生产方式"，这样，就可以顺理成章地把生产力、资源配置和经济运行纳入政治经济学的研究范围。但多数学者仍坚持认为政治经济学的研究对象是"生产关系"。而如果将政治经济学的研究对象界定为"生产关系"，那么，生产力、资源配置、经济运行、经济发展这些重要内容又能否内在地纳入政治经济学的研究之中呢？这是在有关政治经济学研究对象的争论中经常碰到的一个理论难题。这部教材通过重回经典，较好地解决了这一理论难题，认为"马克思主义政治经济学的研究对象是生产关系，同时这种研究要联系生产力和上层建筑"，而生产关系体现在社会再生产的四个环节，即生产、分配、交换和消费中；然后，教材按照马克思《〈政治经济学批判〉导言》的基本理论逻辑对生产、分配、交换和消费范畴及其相互关系进行科学阐述，从而把生产力、资源配置、经济运行和经济发展内在地纳入政治经济学的研究范围。以分配范畴为例，这部教材按照经典作家的论述，指出分配不仅指产品（消费品）的分配，还指生产要素的分配；而生产要素的分配在产品的分配之前就已包含在直接生产过程中，它包括生产工具的分配和社会成员在各类生产之间的分配。而“生产工具的分配”和“社会成员的分配”就是生产要素的配置和经济运行。这样，通过对分配范畴的科学理解，就把资源配置和经济运行内在地纳入政治经济学的视野之中。

在重要逻辑联系的安排上，这部教材亦有独到之处。以第三篇“社会主义经济”为例，现有教材大多把社会主义基本经济制度或生产资料所有制作为社会主义部分的逻辑出发点，以此来展开其他重要理论问题的分析。而这部教材则依据社会主义市场经济的理论逻辑来逐步展开社会主义部分的内容，把社会主义的根本任务和社会主义市场经济体制作为逻辑的出发点，然后逐一分析社会主义初级阶段的基本经济制度、社会主义初级阶段的分配制度、中国特色社会主义的经济发展、社会主义市场经济中的政府经济职能等基本内容。这样的逻辑安排更加符合社会主义市场经济的内在联系，更加符合生产力决定生产关系这一马克思主义的基本原理。在具体内容的安排上，这部教材也有创新。第十五章“社会主义市场经济中的政府经济职能”就对政府的经济职能做了更加全面和科学的概括。现有教材对政府经济职能的概括主要侧重于政府宏观经济职能，以致造成政府经济职能就是宏观调控这种不全面、不科学的认识。实际上，在现代市场经济中，政府不仅要进行宏观调控，还要进行微观规制，以维护市场秩序和营造公平竞争环境，中外概莫能外。这部教材在论述政府的经济职能时，不仅分析了政府的宏观调控职能，还论述了政府市场监管、社会管理、公共服务、国有资产管理等方面的职能，这就从更加全面和科学的角度确立了认识政府经济职能的理论框架。在第四篇“经济全球化和对外开放”中，这部教材略去了国际贸易和国际金融中技术层面的内容，集中论述国际分工、国际经济秩序、经济全球化、中国对外开放战略和国家经济安全这些基本理论问题，有助于学生抓住经济全球化过程中的一些本质联系，充分地体现了政治经济学研究经济现象本质的学科定位。

四、结语

编写一本新的符合时代发展和学生要求的马克思主义政治经济学教材，必须解决好以下四个重要问题。

第一，充分体现我们党的一系列重大理论创新成果。新中国成立60多年，特别是改革开放30多年来，我们党有一系列重大理论创新，这是马克思主义中国化的理论成果。其中相当一部分重大理论创新是马克思主义政治经济学的重大理论创新，主要包括社会主义初级阶段理论、社会主义改革开放理论、社会主义市场经济理论、科学发展理论等。把这些重大理论创新用教材语言和逻辑体系演绎出来，是马克思主义政治经济学中国化、时代化和大众化的内在要求。

第二，系统总结中国特色社会主义发展经验并把它上升到基本理论层次。我国走出了一条有中国特色的社会主义道路，取得了举世瞩目的成就。在这一过程中，社会主义经济制度和社会主义经济发展的规律逐步展开。目前，“中国道路”已成为国际学术界讨论的一个热点。中国特色社会主义伟大实践为马克思主义政治经济学的发展提供了肥沃的现实土壤。马克思主义政治经济学教材应该运用科学的概念和框架把中国特色社会主义经济制度和经济发展规律在理论上比较完整地演绎出来。

第三，充分反映经济全球化发展。马克思当年在设计政治经济学的“五篇结构计划”和“六册结构计划”时，就把生产的国际关系和世界市场列为政治经济学的一个重要组成部分。当代，商品和生产要素的流动已经全球化，国际分工的广度和深度前所未有，深入剖析全球化时代国际分工和利益格局及其不断调整，显得比以往任何时候都更加迫切；马克思主义政治经济学应该做出自己的贡献。

第四，在遵循《资本论》逻辑结构和基本观点的基础上，深入剖析当代资本主义的新变化特点和现代市场经济发展的一般规律。从马克思创立马克思主义政治经济学到今天，资本主义又发展了100多年，虽然资本主义的历史趋势没有发生变化，但资本主义生产关系得到了新的重要调整。这些调整在一定程度上缓解了资本主义的基本矛盾，为生产力创造了新的发展空间。马克思主义政治经济学剖析资本主义基本矛盾发展变化过程中的新现象，体现与时俱进的理论品质。

中国特色社会主义事业在不断发展，社会主义市场经济体制在不断完善，中国经济发展进程在不断展开，中国特色社会主义理论体系在不断丰富。作为一个科学和开放的理论体系，马克思主义政治经济学会随之不断丰富和发展。

（原载于《经济学动态》，2011年第10期）

中国道路与中国经济学家
——读《影响新中国60年经济建设的100位经济学家》

中华人民共和国成立60多年以来，尤其是改革开放30多年以来，我国经济体制转型和经济发展取得了举世瞩目的成就，走出了一条有中国特色的社会主义道路，中国模式在国际视野中逐渐清晰起来，并得到越来越多人的研究和认可。在这一历史进程中，中国经济学家功不可没。由吴太昌、张卓元、吴敬琏、厉以宁和刘伟主编的8卷本丛书《影响新中国60年经济建设的100位经济学家》已由广东经济出版社出版。丛书透视了中国经济学的发展历程，选编了104位影响新中国成立60年来经济建设的重要经济学家的代表作，比较全面地展示了他们的学术贡献和政策影响力；其中不少作品是我国经济学发展过程中的经典之作，有的在当时我国的经济学界引起过激烈的争鸣并产生过重大反响，有的则是对经济建设和改革发展的有关决策起到了直接的推动作用，有的则兼而有之。可以说，其中的很多作品，虽然时过境迁，但在今天看来，它们仍然具有重要的现实指导意义并给人以深刻的思想启迪。通读丛书，我们面前展现出一幅中国经济学发展和中国经济学家积极投身经济建设实践的跌宕起伏的历史画卷。

新中国成立60多年来，我国经济发展和经济体制变迁经历了两个大的历史时期。一是1978年改革开放之前。这一时期，我国建立起了社会主义基本经济制度，奠定了比较完整的国民经济体系，为后来的发展进步提供了良好的基础，形成了高度集中的计划经济体制。二是1978年以来的改革开放和经济发展新时期。我国从计划经济体制迈向社会主义市场经济体制，实现了经济的跨越式发展。在这两个大的历史时期，我国经济学家紧扣时代的脉搏，回应社会的重大需求，把握历史发展的趋势，提出了一系列具有理论前瞻性和现实影响力的论断。丛书选编的104位经济学家中，有的理论著述主要在改革开放前的年代，有的主要在改革开放年代，有的则横跨这两个大的历史时期。改革开放前，我国经济学家主要就社会主义政治经济学基本范畴、社会主义经济体制构建、社会主义工业化等重大理论和现实问题展开理论探讨，具有鲜明的拓荒性质。丛书精选的这一时期的重要理论著述包括狄超白对过渡时期经济的论述，孙冶方对计划、价值、价值规律、利润的论述，顾准对社会主义制度下商品生产和价值规律的论述，于光远、卓炯对社会主义制度下商品的论述，马寅初的新人口论，骆耕漠对按劳分配的论述，何炼成对社会主义制度下生产劳动与非生产劳动的论述，等等。这些理论著述虽然完成于计划经济时期，带有历史的烙印，但至今仍闪烁着真理的光芒。例如，孙冶方在1956年发表的《把计划和统计放在价值规律的基础上》一文中指出，“只有把计划放在价值规律的基础上，才能使计划成为现实的计划，才能充分发挥计划的效能”①。这对于我们今天理解“把市场机制作为资源配置的基础手段”，乃至计划与市场关系这一基本理论问题，具有重要启迪。再如，顾准在1957年发表的《试论社会主义制度下的商品生产和价值规律》，可以说是社会主义市场经济理论的开拓性论述。在这篇著名论文中，顾准没有拘泥于经典作家“社会主义将废除商品交换和货币”这一个别论断，认为“社会主义生产是价值生产，价值规律的作用也不能不影响及于经济生活的全部过程”②。这一重要论述虽然写就于改革开放前20多年，但其历史洞察力令人震撼，是我国经济体

① 孙冶方：《把计划和统计放在价值规律的基础上》，载《影响新中国60年经济建设的100位经济学家》，第5卷，广东经济出版社2009年版，第372—381页。

② 顾准：《试论社会主义制度下的商品生产和价值规律》，载《影响新中国60年经济建设的100位经济学家》，第2卷，广东经济出版社2009年版，第46—88页。

制改革的理论先声。

1978 年，我国进入改革开放和经济发展新时代。我国的经济转型和经济发展是 20 世纪 70 年代末以来最重大的历史事件之一。作为一个转型和发展大国，我国选择了独特的体制转型和经济发展之路，取得了成功。时势造英雄，盛世出华章。改革开放 30 多年来，植根于社会实践沃土，中国经济学家辛勤耕耘，涌现出了一大批精品力作。丛书所选编的 104 位经济学家中，大部分都是改革开放时期涌现出来的重要人物，把这些经济学家的理论著述与我国改革开放的历史进程进行对照，就可以清晰地看到他们理论的超前性和现实针对性。

丛书所选编的改革开放以来的经济学家的理论著述，几乎涵盖了我国改革开放和经济发展的所有重要方面和重大理论问题；其中许多文献为我国的改革开放和经济发展提供了重要的理论和政策参考，吸收到党和政府的重要文件中。例如，吴敬琏是较早提出经济体制改革应该以建立市场经济为目标的经济学家，他在 1998 年发表的《“权贵资本主义”离中国有多远》一文中提醒人们，“中国再回到计划经济的模式是不大可能的了。但搞得不好，会出现一个拉锯的过程，可能会发展成权贵资本主义”①。厉以宁是较早提出股份制改革理论的经济学家，他在《国有企业的产权改革问题》一文中提出的五个论断②具有重要的理论和实践价值。张卓元 1987 年发表的《价格改革规律性探索》是我国价格改革方面的重要论文，是“稳健派”改革理论的重要组成部分。这篇论文提出的六大价格改革规律③奠定了我国价格改革的理论基础，推动了我国经济的市场化进程。卫兴华坚持把马克

---

① 吴敬琏：《“权贵资本主义”离中国有多远》，载《影响新中国 60 年经济建设的 100 位经济学家》第 6 卷，广东经济出版社 2009 年版，第 526—528 页。

② 厉以宁：《国有企业的产权改革问题》，载《影响新中国 60 年经济建设的 100 位经济学家》第 3 卷，广东经济出版社 2009 年版，第 513—522 页。

③ 张卓元：《价格改革规律性探索》，载《影响新中国 60 年经济建设的 100 位经济学家》第 6 卷，广东经济出版社 2009 年版，第 151—163 页。

思主义政治经济学的基本原理同中国经济实际问题相结合。他在1996年发表的《把握增长速度，转变增长方式》一文中指出，我国经济增长方式之所以难以转变，与传统体制有关，为了实现增长方式的转变，“首先，需要有投资体制改革。要从行政驱动推进型机制转向经济约束机制包括市场约束机制……其次，还需要改变对各级领导干部政绩的考核指标”[①]。这些论述对于加快经济发展方式转变具有重要参考价值。谷书堂1989年发表的《按贡献分配是社会主义初级阶段的分配原则》在我国经济学界较早提出了按生产要素分配的理论，指出“社会主义初级阶段的分配原则是按贡献分配，也就是按各种生产要素在社会财富的创造中所做出的贡献进行分配”[②]，并强调机会均等是实现按贡献分配的必要条件。这就突破了社会主义只能有按劳动分配，而不能有其他分配方式，只能有劳动收入，而不能有非劳动收入的传统观念。1997年9月，党的十五大报告正式提出，把按劳分配和按生产要素分配结合起来，允许和鼓励资本、技术等生产要素参与收益分配。从此，按生产要素分配便与按劳分配一起成为社会主义市场经济的分配原则。谭崇台是较早把西方发展经济学系统引入我国的经济学家，他在经济发展领域的贡献得到了我国学术界的广泛赞许。他在《中国经济的快速增长与“丰裕中贫困”》一文中指出，进入21世纪，我国总体上迅速富足起来，丰裕终于替代了稀缺，但在丰裕中出现了贫困，主要表现为：有效需求不足，主要是消费需求不足；相对贫困扩大和绝对贫困继续存在；失业问题尚难解决；环境污染和生态破坏。[③] 这些理论著述为我国全面建设小康社会、着力解决社会不公和实现可持续发展提供了重要理论支持。

---

① 卫兴华：《把握增长速度，转变增长方式》，载《影响新中国60年经济建设的100位经济学家》第6卷，广东经济出版社2009年版，第330—334页。

② 谷书堂：《按贡献分配是社会主义初级阶段的分配原则》，载《影响新中国60年经济建设的100位经济学家》第2卷，广东经济出版社2009年版，第11—23页。

③ 谭崇台：《中国经济的快速增长与“丰裕中贫困”》，载《影响新中国60年经济建设的100位经济学家》第5卷，广东经济出版社2009年版，第450—462页。

经济学是一门经邦济世之学，它的灵魂是创新，它的价值是富国裕民。丛书所选编的104位经济学家的理论著述，为我们集中展示了新中国成立60多年来中国经济学家走过的辉煌足迹，充分显示了经济学家作为一个群体在中国道路和中国模式形成过程中所做出的历史性贡献，它将激励经济学家继续为中华民族的伟大复兴孜孜以求。

（原载于《经济研究》，2010年第5期）

中卷

中国经济体制改革问题

论政府职能的根本转变

从本质上讲，中国经济体制改革实质上是一个政府还权于居民、还权于企业、还权于市场、还权于社会的过程，通过简政放权，激发经济主体活力和经济发展内生动力。经过30多年的改革开放，我国已经初步建立起了社会主义市场经济体制，但要建成完备、规范、有效的制度体系，还有艰辛的路要走；其中的核心和难点就是实现政府职能的根本性转变，建立起与现代市场经济相适应的有效政府。

一、 政府职能的根本转变是完善社会主义市场经济体制的关键

中国经济体制改革是从高度集中的计划经济体制开始的。在计划经济体制中，政府的职能无所不包，几乎所有生产要素乃至消费品都由政府计划配置。而在现代市场经济体制中，价值规律和市场信号才是资源配置的决定性力量，利益诉求是经济运转的基本驱动力。这就意味着政府在整个经济中的角色必须发生根本性的变化，必须从资源的配置活动中退出来。但从现实情况看，政府介入资源配置活动的程度仍然很深，仍然频繁干预本应由企业家和个人做出的决策。仅从全社会固定资产投资来看，2013年，国有部门投资仍占全社会固定资产投资的27.25%，说明政府仍然支配着庞大的生产性资源。因此，最大限度地减少政府对微观事务的干预，给市场主体释放足够的活动空间，是发挥市场在资源配置中决定性作用的

关键。

现代市场经济建立在一套完备的支持性制度之上，而制度建设是政府的基本职责。现代市场经济的支持性制度包括完善的产权制度，统一开放、竞争有序的市场体系，合理有效的宏观经济调控，公共服务有效而公平的供给等。完善的产权制度之所以重要，就在于它能为各类经济主体提供正当的激励，鼓励人们积累财富，配置资源和开展竞争。威廉·鲍莫尔、罗伯特·利坦和卡尔·施拉姆指出，如果不能有效保护人们的财产权，“就不能指望个人会冒着失去自己的资金和时间的风险，投资于运气不济的冒险项目。这里，法治——特别是财产和合同权利——尤为重要”①。约翰·麦克米兰认为，“政府在市场设计中的一个基本任务就是确定财产权利，因为最简单的摧毁市场办法就是破坏人们对自己财产安全的信念”②。拉古拉迈·拉詹和路易吉·津加莱斯则认为，“竞争性市场要发展起来，第一步就需要政府尊重和保护公民的财产权利，包括那些最弱和最无助的公民的财产权利”③。

建立统一开放、竞争有序的市场体系，核心是要保证市场的自由准入，交易的平等、开放和透明，政府在这里起着维护者和仲裁者的作用。政府本身的公正和透明是建立这样一种市场体系的基本要求。随着市场体系的演化，对平等、公正和透明的要求会越来越高。市场经济发展早期阶段的交易大多是简单的现货交易，欺行霸市、缺斤短两和以次充好等各种损害市场的行为往往很容易识别。但在像资本市场、现代服务业以及远期交易这样复杂的交易市场上，为防止内幕交易和商业欺诈而要求的信息披露就是难度很大的一项专业性工作，占据优势的一方也更容易操纵交易过程。

---

①［美］威廉·鲍莫尔、罗伯特·利坦、卡尔·施拉姆：《好的资本主义，坏的资本主义，以及增长与繁荣的经济学》，刘卫等译，中信出版社2008年版，第382页。

②［美］约翰·麦克米兰：《市场演进的故事》，余江译，中信出版社2006年版，第6页。

③［美］拉古拉迈·拉詹、路易吉·津加莱斯：《从资本家手中拯救资本主义：捍卫金融市场自由，创造财富和机会》“引言”，余江译，中信出版社2004年版。

规范的信息披露对中小投资者和现代服务业的消费者很重要，是资本市场和服务业稳定和繁荣的基础，但企业、大投资者或占有信息优势的一方可能会出于自身的利益而扭曲信息。因此，对于不断复杂化的交易，政府的有效监管和公正透明比以往任何时候都更为重要。不断出现的食品、药品事件和安全生产事件以及商业欺诈事件也一再提醒我们，完善的监管体制对于建立良好的市场竞争秩序和保护消费者权益极端重要。建立统一开放、竞争有序的市场体系，还需要打破地区封锁和地区之间的市场割裂；而解决这一问题的关键在于打破基于现有政绩考核体制和财税体制之上的行政垄断，这与政府职能的根本转变也是分不开的。

校正市场失灵是政府的一项重要使命。但是，政府在校正市场失灵时如果出现自身失灵，结果可能会更糟。因此，避免政府失灵对于推进国家治理体系和实现治理能力现代化，完善社会主义市场经济体制非常重要。政府失灵的原因是多方面的，如政府自身的信息局限和利益偏好，政府可能会被某些利益集团操纵，等等。而避免政府失灵首先需要转变政府职能。

加快转变政府职能也是加速转换经济发展方式的关键所在。过去30多年中国经济增长的明显特点是“要素驱动”和“政府投资驱动”，这种粗放式的增长模式在经济发展初期还是有效的，因为这时的政府角色相对明了，“提供道路、铁路、能源和其他基础设施以补充民营部门投资之不足，为自由贸易和投资政策提供条件以鼓励技术追赶，当市场与协调失灵问题抑制具有国际竞争力且符合本国比较优势的产业发展时，实施相应的产业政策”①。靠这种粗放式的增长模式，中国维持了30多年的高速经济增长。但这一增长模式已走到了尽头。一是人口、资源、环境等要素红利和全球化红利正在衰减，单纯的要素驱动和投资驱动无法推动中国跨越“中等收入陷阱”，无法让中国从中等收入国家迈入高收入国家。二是要素驱动和投资

① 世界银行和国务院发展研究中心联合课题组（2013）：《2030年的中国：建设现代、和谐、有创造力的社会》，中国财政经济出版社2013年版，第19页。

驱动会导致要素价格和要素市场的扭曲，高投入、高耗能、高排放、高污染、低创新、低附加值的增长模式难以扭转。同时，这一增长模式往往伴生机会不均、收入差距过大、社会矛盾尖锐等社会问题，不利于社会的和谐稳定。三是随着要素驱动和技术模仿潜力的衰减，社会需求的日益多样化，经济不确定性的增强，以及产业结构从价值链低端向高端的转移，创新作用凸显。在经济增长新阶段，政府直接介入经济活动，可能会阻碍而不是促进增长。“因此，政策重点需要更多转向发展民营部门，确保市场足够成熟以有效配置资源，同时使企业足够强健和富有创新能力，能够参与高技术领域的国际竞争。”①

二、 政府职能转变滞后与政策失灵

改革开放以来，我国政府职能一直在适应市场经济发展和经济全球化进程而不断进行调整和优化。但我国改革开放毕竟是从高度集中的计划经济体制出发的，政府在改革中始终处于强势地位；除非政府主动意识到自身改革的必要，或者面临较大的外部压力，否则，政府职能转变就会或多或少地受到政府自身的干扰。这些干扰，除了政府舍不得放弃权力和由此带来的利益外，另外一个重要的原因是，在市场和法治不完善的情况下，政府很自然地期望自己能够替代市场和企业家的作用。由于各种因素的综合作用，政府职能的转变明显滞后于整体改革进程，以至于成为全面深化改革的关键。

（一）政府“越位”与“缺位”

政府“越位”指政府干了本应该由市场、企业、个人和社会去干的事

① 世界银行和国务院发展研究中心联合课题组（2013）：《2030年的中国：建设现代、和谐、有创造力的社会》，中国财政经济出版社2013年版，第19页。

情；政府“缺位”则指本应由政府履行的职责，政府却没有尽职尽责。地方政府热衷于投资项目就是政府“越位”的一个明显例子。地方政府以其控制的庞大资源兴办投资项目，或直接介入企业投资活动，形成了一轮又一轮的投资冲动。地方政府对经济活动，特别是投资活动的直接参与，不仅是历次宏观经济波动的一个重要根源，而且是产能过剩的主要推手，造成了极大的资源浪费。根据相关数据，2012 年底，我国钢铁、水泥、电解铝、平板玻璃、船舶的产能利用率分别为 72%、73.7%、71.9%、73.1% 和 75%，明显低于国际通常水平。除了这些传统产业产能过剩以外，有色、石化如氮肥、电石等一度热销的产品也因供大于求而出现销售困难。一些新兴产业也出现产能过剩，如太阳能电池产能过剩达 95%，风电设备产能利用率低于 60%。产能过剩自 20 世纪 90 年代初期就开始出现了，是我国经济发展中的一大顽疾，长期得不到根治，一个重要原因就是地方政府的投资冲动。地方政府“实际上已经变成一个‘投资型企业’，借助地方融资平台进行资本运作，且组织得像一个一般的公司，官员行为也更像企业老总，其中心任务是通过各种手段扩大投资，以便创造更多的 GDP 和更多的财政收入。于是，政府直接介入微观经济活动，成为市场竞争的重要主体，但又不承担市场竞争的后果”①。

政府“越位”的另一个例子是政府至今仍保留着大量的行政性审批。2013 年，在全国 130 多个城市开发房地产项目的恒大集团，“从买地到竣工交楼，再到给小业主办房产证，少的要盖 50 多个章，多的要盖 110 多个章”；“而且有一些是‘雁过拔毛’的”，“行政审批时间一拉长，成本就上去了，房价也就上去了”②。政府对企业投资项目的审批可能是为了防止重复建设和投资失误，初衷是良好的。但政府部门没有信息和技术优势，也不承担相关责任，也就难以保证审批的科学性和公正性，失误同样难免。

① 张弛、张曙光：《靠市场化解过剩产能，促转型有赖深度开放》，《河北经贸大学学报》2014 年第 1 期。

② 许家印：《房地产行业雁过拔毛的太多》，《新京报》2014 年 3 月 6 日。

而且为了应对审批，企业需要花大量的时间和精力与政府部门打交道。伴随管制和审批的是政府的滥收费，“使得中国个体私营企业的成本不断提高”[①]。如果审批中夹杂着个人利益和部门利益，它扭曲资源配置的可能性和危害性就更大了。

在政府“越位”的同时，存在着大量政府“缺位”现象，突出表现在以下三个领域：信息基础设施、市场监管和公共服务。

第一，社会经济赖以顺畅运行的信息基础设施还没有建立起来。产权的法律确认、公众财产和收入信息库、公民和法人信誉（诚信）信息库、养老医疗账户全国统一信息库等，这些都是现代市场经济赖以运行的信息基础设施。如果没有完善的信息基础设施，市场的运转就会存在摩擦和阻力，交易成本就会很高，有些交易甚至不能进行。对于产权法律确认的重要性，马克思早就有深刻的分析。马克思在《黑格尔法哲学批判》中指出，“占有，是一个事实，是不可解释的事实，而不是权利。只是由于社会赋予实际占有以法律的规定，实际占有才具有合法占有的性质”[②]。也就是说，即使占有已经成为事实，但如果不在法律上加以确认，它就还不能成为一种具有真正排他性的经济、社会权利。我国目前产权法律确认工作滞后的一个明显例子就是土地、农民房屋等财产的测量、登记、颁证等确权工作还远没有完成，阻碍了土地使用权有序流动、农业规模经营、农民财产抵押、农民的市民化等，并从根本上损害了农村土地市场的发育。财产和收入信息库、公民和法人信誉信息库、养老医疗账户全国统一信息库是一个经济体的基本信息库，影响财税体制、交易透明度、劳动力流动，但这方面的工作才刚刚起步，远没有完成。

第二，没有有效履行监管职能。现代市场经济条件下，政府的微观经济职能不多，但仍有一项重要的微观经济职能，那就是市场监管

① 尹鸿伟：《告别“收费政府”还有多远》，《南风窗》2007 年第 11 期。

② 马克思：《黑格尔法哲学批判》，《马克思恩格斯全集》第 1 卷，人民出版社 1956 年版，第 382 页。

（包括经济监管和社会监管），以保障市场交易秩序、产品质量、工作场所和环境安全。在这方面，政府没有尽到应尽职责，导致产品质量安全事件、生产安全事件、环境污染事件以及商业欺诈和不公平交易事件频发，如“苏丹红”事件、“大头娃娃”（奶粉）事件、“太湖蓝藻”事件，以及煤矿安全和建筑安全事件，等等。

第三，公共服务职能不到位。教育、医疗、养老、环境保护是政府应该发挥重要职能的核心公共领域，但政府并没有把公共资源尽可能地投向这些领域，导致公共服务短缺和分布不均等。2012 年，在政府财政总支出中，教育支出占 16.86%，社会保障与就业支出占 9.99%，医疗卫生支出占 5.75%，节能环保支出占 2.35%，四项支出共占 34.95%，刚刚超过 1/3。因此，仅仅从财政支出结构上看，政府职能还没有转换到以提供公共服务为主上来。

（二）政府仍控制过多的经济资源

政府控制资源过多，是指政府实际控制的资源超过了政府履行自身应尽职能的需要。当政府实际控制的资源超过了适度的规模，行政配置资源的弊端就会充分显露出来，同时还滋生大量的腐败机会。

与传统体制相比，政府控制的资源在社会资源总量中的比例下降了，但政府仍通过多种途径控制着庞大的资源。首先是国有经济。经过多年的国有企业改革，国有经济的比重已明显下降。但政府退出的主要是那些竞争性领域中的中小企业，而垄断领域仍控制在国有企业手中，它们利用垄断地位获取超额利润，而且数量惊人。政府通过垄断部门国有企业和竞争领域的优质国有企业控制着大量的经济资源。

政府获取各类收入是政府控制经济资源（流量）的常用方式。改革开放以来，虽然政府财政收入占 GDP 的比例呈下降趋势，但政府通过预算外收入形式控制着巨额流量资源。土地出让金就被称为地方政府的第二财政。

2008 年以来，除个别年份，地方政府土地出让收入呈持续增长态势。2014 年，全国土地出让收入达 42940.30 亿元，创历史新高。土地出让收入占 GDP 的比例已经由 2008 年的 3.30% 上升到 2014 年的 6.75%，这说明，政府通过土地出让收入的形式占有了高速经济增长所带来的相当一部分财富增量。土地出让收入占政府财政收入的比例很高，2008 年为 16.92%，2014 年上升为 30.60%，说明政府通过土地出让收入吸取了相当一部分经济资源。土地出让收入已成为地方政府可支配财力的主要来源。有学者估计，2004—2012 年，土地出让收入占地方财政收入（本级）的比例多数在四成到七成之间。①

政府债务也是政府控制和实际占用资源的一种重要方式。根据国家审计署 2013 年 12 月发布的全国政府性债务审计结果公告，截至 2013 年 6 月底，全国各级政府负有偿还责任的债务 206988.65 亿元，负有担保责任的债务 29256.49 亿元，可能承担一定救助责任的债务 66504.56 亿。② 照此计算，2012 年，各级政府负有偿还责任的债务与 GDP 比例已经达到 39.9%，是当年财政收入的 1.77 倍。政府债务性收入在我国经济社会发展、基础设施建设和改善民生等方面发挥了重要作用，但考虑到地方政府支出有许多不合理的地方，巨额债务潜藏着大量经济资源的浪费和经济风险。

政府控制金融资源是我国政府控制经济资源的一种重要方式。我国金融体制改革滞后于整体改革，绝大多数金融机构为政府所有，或由政府控股，政企不分、政资不分现象尤其严重。政府有很多方式来控制金融资源的配置，金融资源的流动也明显受到政府政策、审批和官员的影响，存在严重的配置扭曲。

政府控制过多经济资源的一个直接后果就是国民收入分配、投资与消费以及投资结构的失衡。政府支配过多资源，而又往往偏好于投资，结果

---

① 参见《“土地财政”将再破 3 万亿》，《第一财经日报》2013 年 12 月 30 日。

② 参见国家审计署网站：http：//www.audit.gov.cn/n1992130/n1992150/n1992500/3432077.html.

投资不断膨胀，消费受到压抑，经济增长迟迟不能进入良性轨道。国民收入分配失衡、投资与消费失衡又导致了以巨额外贸顺差为特征的外部经济失衡，致使中国整体经济对外依赖性大大提高。由此可见，在政府实际控制大量资源的情况下，市场秩序的自然演进就会受阻，政府主导的发展模式就难以改变。

（三）政策失灵仍大量存在

与政府职能转变滞后相伴的是政策失灵的大量存在。所谓政策失灵，是指政府政策没有达到预期目的，甚至适得其反。现实经济生活中不难找到政策失灵的例子。2009 年以来，以抑制房价上涨为目标的房地产政策就是一例。2009 年，我国房价开始进入新一轮上涨周期。在之前刺激政策的作用下，2009 年上半年房价开始出现普遍上涨，北京、上海等大城市房价上涨更加迅猛。为了抑制房价的过快上涨，2009 年 6 月以来，国务院和相关政府部门密集出台了大量以抑制房价过快上涨为目标的调控政策，且越来越严厉，行政色彩越来越浓。据不完全统计，2009 年 12 月至 2013 年 2 月，国务院及有关部门共出台 9 项重大房地产调控政策，调控措施包括差别化利率、限贷、限购、限价等等。但这些房价调控政策并没有达到预期目标。统计数据显示，在 2009 年以来房价调控政策的密集出台期，房价一直处于上升态势，商品房平均销售价格涨幅一直在 6% 以上，一线城市房价上涨速度更是惊人。房价调控政策还减少了租房市场的可供出租的房屋数量，进而导致房租的上涨，这对低收入群体，特别是刚入职的年轻人造成了非常不利的影响，这可能是政策制定初期所没有预料到的。

政策失灵的原因是多方面的：

第一，政策失灵有其内在因素。应该承认，政府在决策时往往会面临信息约束，政府不可能对决策对象和政策的作用机理完全了解。在这种情况下，决策失误的可能性就难以避免。英国经济学家蒂莫西·贝斯利对政府所面临的信息局限做了分析。他认为，政府并不是全能的上帝，不可能在介入某一经济活动时对政策过程的各种可能情况都有完全的把握，而任何一种形式的无知都有可能导致政策决断的失误。政府调节微观经济活动和试图控制市场交易的政策需要大量的微观信息，而这些信息是极度分散和隐秘的，政府获取和处理这样的信息是极度困难的。因此，政府出台微观干预政策，如价格控制、产品和服务配给、信贷和生产要素配给等，所面临的信息约束更严厉，失误的可能性更大。

第二，经济体制转型期，政策效果在很大程度上受到中央与地方关系的影响。分权化改革既给了地方更多的独立利益，也给了地方更多的经济权力，从而形成中央与地方的博弈关系。地方政府往往会根据自身利益来选择性地执行中央政策，造成中央政策在执行过程中的扭曲。当许多地方政府都按自身利益行事时，就会造成大面积的违规行为，形成法不责众的局面。

第三，部门利益和既得利益集团利益也会导致政策失效。对某些部门而言，凡是能巩固、谋取自身利益的政策，则积极“作为”；凡是与自身利益相抵触、难以谋取自身利益的政策，则消极“不作为”。[①] 在部门利益膨胀的同时，各种利益集团迅速产生和发展起来，它们也对公共政策的制定和执行产生广泛而深远的影响。总之，部门利益和利益集团的影响会导致政策扭曲、迟滞和无效。

三、 加快政府职能根本转变的着力点

基于改革开放30多年的经验，依据社会主义市场经济体制的内在逻辑，加快政府职能转换需要从以下五个基本方面着手。

---

① 参见江涌：《警惕部门利益膨胀》，《瞭望新闻周刊》2006年第41期。

（一）从现代市场经济的内在逻辑出发，科学界定政府职能

“让市场在资源配置中起决定性作用”应成为界定政府经济职能的基本准则。社会主义市场经济是现代市场经济，必须遵循一个基本理念，那就是“让市场在资源配置中起决定性作用”，并以此来界定政府的作用范围。实践证明，市场机制是迄今为止人类所拥有的最为有效的资源配置工具，因为市场机制能够以最快的速度、最廉价的费用、最简单的形式把资源配置的信息传递给利益相关者，而利益相关者又能够自主决策并做出迅速的反应，从而使各类资源处于有效流动和动态优化配置之中。

市场经济的最大优势在于，它通过市场中错综复杂的网络和千丝万缕的联系，动员起了潜藏在千百万人中的财富、资源、知识、信息、技能和各种潜在的创造力，使它们成为生产力发展的不竭源泉。人民群众是财富的创造者，而市场机制是动员人民群众参与财富创造的好机制。而且，借助于市场机制，人民群众不仅创造着财富，同时也分享着财富，享受着选择的自由。

因此，绝大部分资源配置活动和基于个人偏好的选择，都应该交给市场主体，同时把相应的责任和风险分散到做出决策的主体身上。政府只做那些市场做不好，或做起来经济收益低的事务。从这一逻辑出发，在社会主义市场经济中，政府的作用可以概括为构建“四大框架”：一是构建现代市场经济的制度框架，主要构建完善的产权保护和市场监管制度；二是构建现代生产力框架，包括构建完善的基础设施网络，使之与产业结构和消费结构的现代化相适应，特别要加快信息基础设施的建设和完善，使各类信息的流动更加顺畅，费用更加低廉；三是构建完善的社会福利框架，提供养老、医疗、教育、生态、扶贫和系统性社会风险等方面的资金保障，提高人民群众的安全感和幸福感；四是构建完善的宏观调控框架，通过有效的预调、微调机制，确保微观主体确立良好而稳定的预期，实现经济的

平稳增长。在明确界定了政府职能以后，政府就应该把公共资源和行政能力集中投入到自己的职能领域。

（二）把政府支配的资源量控制在政府履行自身应尽职能的水平上

回顾政府职能转变的历程，不难看出，如果不把政府支配的资源缩减到政府履行应尽职能所需要的合理水平上，政府职能就不可能实现根本性转变，政治对经济的僭越就不可避免，市场主体对政府机构和官员的依附也就不可避免。把政府支配的经济资源减少到合理水平，就能为市场配置资源释放尽可能大的空间，同时为那些与政府谈判力较弱，和距离远但能够对经济增长做出更大贡献的市场主体创造出更宽松的环境。政府减少对经济资源控制，也就降低了政府扭曲要素配置和要素价格的可能，同时增强政府作为市场公平竞争维护者的可能。如果让市场来做更多的选择，政府政策偏差将会小许多。

当企业而不是政府成为经济增长的基本诉求者和推动力时，就能够淡化依靠 GDP 考核推动经济增长的作用。政府更有可能把注意力转移到保护产权、维护市场秩序、管理宏观经济和提供公共产品上来。

减少政府支配的资源量，着力点是加快推进金融体制改革、审批制度改革和土地市场发育，使非政府资源的配置尽可能地市场化。

（三）重塑政府间关系

重塑政府间关系涉及两个方面：一是合理配置政府间事权和财权；二是建立科学的官员政绩考核体系。在科学界定政府职能的前提下，地方分权格局不能改变。分权的实质就是使公共政策的决策者尽可能靠近他所影响的公众。对于地方公共事务，地方政府通常拥有信息优势，地方政府的决策往往更有利于民众的参与，地方政府的行为往往更易于监督。在明确划分事权的基础上，合理划分政府间财权，使财权与事权相匹配，同时建立起科学、规范、透明的政府间财政转移支付体系。对政府官员的考核要改变以往以 GDP 为核心的状况，除 GDP 增长外，尽可能把社会安全状况、环境质量、居民收入、就业水平、生活水平，乃至居民的日常生活感受纳入官员政绩考核之中。更为重要的是，要把政府的服务对象——公众对政府施政的满意度和个人感受纳入官员的政绩考核之中，同时加强新闻媒体的监督作用。只有这样，目前存在的政府之间的策略博弈才能得以缓解。

（四）建立有效的政府治理结构

“推进国家治理体系和治理能力的现代化”有赖于建立有效的政府治理结构，而对政府权力实施有效约束是建立有效政府的重要前提。法治是建立良好政府治理和提升制度质量的基石，改善政府治理的首要任务是建立法治政府，用法律规范和制约政府权力，使之在法律框架内运行。政务活动信息的公开、透明和自由流动对于提高政府效率，方便公众参与，从而改善政府治理也很重要。政务信息透明和自由流动把政府及其工作人员直接置于公众的监督之下，而公众的监督是一种最为广泛、最为持久和最为有效的监督。

（五）加快推进公共服务领域改革

公共服务领域是政府的主要职能领域，也是目前问题很多、公众反映最为强烈的领域。对于公共服务领域的改革，有三点值得强调。一是强化政府的公共服务责任，特别是投入责任，提高基本公共服务的水平和质量。二是改革政府履行公共服务职责的方式，使其与现代市场经济的运行机理相融合。具体而言，政府将主要通过规划、支出和监管的方式来履行提供公共品和公共服务的职责。三是在公共服务领域引进竞争机制和非政府力量，通过建立公私伙伴关系，提高公共服务的品质和效率。

（原载于《中州学刊》，2015 年第 10 期）

政府职能转变与供给侧结构性改革

供给侧结构性改革，就是要用改革的办法来推进经济结构调整，实质仍是实现经济发展方式的转换。改革开放以来，我国在提高生产力水平和经济总量增长方面取得了举世瞩目的成就，但以 GDP 总量增长为核心的粗放型发展方式的弊端也逐渐暴露出来。耗竭性使用资源，高排放污染环境，带来的是大量低端供给和无效供给。为了推动经济持续、健康发展，我们虽然采取了许多力度很大的刺激总需求的政策，但是供给侧结构性失衡使需求管理政策越来越难以获得理想的效果。

当前面临的供给侧结构性失衡问题，在很大程度上源于政府对经济活动的不当干预或者过度干预。因此，推进供给侧结构性改革，关键在于切实推动政府职能的根本转变，通过处理好政府与市场的关系，使市场在资源配置中起决定性作用和更好发挥政府的作用，以此提高供给质量和效率，改善经济结构，增进人民福利。

一、 我国供给体系质量和效率不高与政府职能转变不到位有密切关系

政府职能是动态变化的。新中国成立以来，根据不同时期经济、社会发展的需要，我国政府职能的重心不尽相同。但从总体上看，政府在经济建设过程中一直发挥着重要的作用：通过制定产业政策、行政审批和货币

政策等影响实体经济的发展；通过直接投资、财政补贴以及税收减免等方式直接作用于实体经济，从而使我国经济增长带有浓厚的政府干预色彩。

（一）政府投资驱动经济增长导致一些产业周期性产能过剩

马克思认为，固定资本的大规模更新是经济周期性变动的原因，说明投资对经济增长有重要影响。在消费、投资和净出口这“三驾马车”中，投资对于经济总量增长的推动效果更为显著和及时。但投资是一把“双刃剑”，它在增加短期需求的同时，也会增加未来的供给。因此，大规模不合理的投资不仅会掩盖一些产业本已存在的产能过剩，还会使产能过剩进一步加剧。投资在一定时期内的高速增长也使得资源的消耗大量增加，导致生态环境进一步恶化。

经济刺激计划与产业振兴政策往往会选择一些特定的产业进行扶持，这表明政府投资促进经济增长本身就具有某种以政府选择替代市场择优的特征。由于中央与地方、政府与企业之间存在严重的信息不对称，以及政府的层级结构问题，产业振兴政策在具体执行过程中会产生放大效应，从而使被支持的产业易于陷入产能过剩的泥潭。市场竞争一般会淘汰技术落后、不能有效满足社会需求的企业，但某些地方政府出于政绩或社会稳定的考虑，往往会选择持续不断地补贴、支持这类企业，使之存活下来甚至变大，结果一些本该退出和淘汰的落后产能不但没有及时退出，甚至会畸形发展，低端供给和无效供给充斥市场。与上一级政府投资计划配套的地方政府投资和民间投资往往是通过不断加杠杆来实现的，而杠杆率的持续提高会使经济系统孕育的风险大大增加。

必须明确的是，尽管供给侧结构性失衡及其各种问题的出现与政府投资行为有关，但投资本身并不是供给侧结构性失衡的根本原因。因此，供给侧结构性改革并不是要放弃投资拉动经济的作用，而是要通过改变政府投资行为和强化市场选择来形成有效、适度投资，使投资所形成的产能可以有效满足社会的实际需要，而不是形成存货和积压。

（二）刺激起来的消费与供给侧产品结构不匹配

马克思认为“生产直接是消费，消费直接是生产”①。一方面，产品只是在消费中才成为现实的产品；另一方面，消费能创造出新的生产需要，因而能创造出生产的观念上的内在动机，后者是生产的前提。刺激消费需求经常被现代经济理论和政策实践作为推动经济增长的重要工具。“重投资，轻消费，依赖出口”曾经是对我国改革开放后经济增长动力的描述。2008年后，为了抵御国际经济环境对我国经济发展的不利影响，积极的财政政策和适度宽松的货币政策开始致力于扩大内需，消费被视为我国经济新常态下促进经济增长的重要动力之一。促进消费增长的政策措施着眼于提高居民收入水平以提升城乡居民消费能力，降低流通成本以优化消费环境，完善社会保障以改善城乡居民消费预期。一系列刺激消费的政策在应对经济下滑以及稳定经济增长方面发挥了重要的作用。

值得注意的是，与我国侧重于宏观经济总量调控的消费刺激政策效果相伴随而出现的，是居民消费结构的变化。消费理论的核心是消费结构，消费结构的改善能直接影响产业结构的优化升级，进而影响经济增长。② 刺激消费的政策，无论是减税还是补贴，亦或收入政策，最终都体现为人们可支配收入的提高。当可支配收入提高时，消费结构会向较高层次变化。《2016年消费市场发展报告》指出，我国居民消费现在更讲究品质，更注重品牌，更追求品位，更展现品格，消费者对商品的需求已经从满足生存需要上升到了提升生活品质的层面。但我国供给侧商品结构和品质与随可支配收入增长而激发出来的消费需求结构提升并不匹配，导致一部分消费力

---

①《马克思恩格斯全集》第46卷（上），人民出版社1979年版，第28页。

② 陈建宝、李坤明：《收入分配、人口结构与消费结构：理论与实证研究》，《上海经济研究》2013年第4期。

流向国外市场。

可见，由于供给结构与需求结构错位，依靠刺激需求端来拉动经济增长的政策效果并不尽如人意，结合消费需求的动态变化从供给侧入手进行结构性改革才是解决问题的关键。同时，刺激需求的政策应该找到能够激发人们消费欲望的消费亮点，或者出台政策培养大规模的消费热点，注重新的消费模式、消费环境的生成，这样才能真正激发消费对整体经济的推动作用。

（三）出口拉动经济增长导致外向型供给体系

一国的对外贸易政策，将对该国产业结构的变迁发挥重要的作用。长期以来，“出口导向”是我国对外贸易政策的重要特征；在这一对外贸易政策引导下，我国产业结构一定程度上具有“外向型供给体系”特征。全球金融危机爆发以后，这种外向型供给体系使我国经济的持续稳定增长受到了较大的限制。世界市场对我国出口产品的需求急剧萎缩，致使我国涉外产业部门生产的产品出现了总量过剩。

从实践看，我国的出口导向型战略充分利用了我国人口红利，促进了出口和就业目标的实现。但是，贸易总量的增加却没有带来国内产业结构的较快升级。为了应对全球金融危机的冲击，我国政府出台了一系列稳定外贸增长的政策措施，但受国际经济环境的影响，政策效果并不明显。为适应我国经济增长动力转换和消费结构的升级，我们必须变革外向型供给体系，以我国产业结构转型升级和居民生活质量提高为基本遵循。

（四）体制性障碍导致供给成本居高不下

我国企业在实际经营过程中存在供给成本居高不下的问题，其中融资成本、税费成本等制度性交易成本是重要原因，这些归根结底都与政府职能转变不到位有关。

制度性交易成本是指由于体制机制障碍给企业带来的经济成本、时间成本、机会成本等各种成本，包括企业在经营过程中的各种税费、融资成本以及其他与政府行为有关而必须由企业承担的成本。据测算，中国企业的综合税费负担平均约40%①，远高于发达国家的税费负担水平。高税费使中国企业的盈利能力削弱，在很大程度上削弱了企业的自主创新和自我发展能力。除了直接成本外，企业还面临各种审批所带来的交易成本，导致企业决策迟滞，适应市场的灵活性不足。

融资难、融资成本高是企业普遍面临的难题，一方面与我国直接融资市场不发达有关，另一方面也与我国政府与金融机构之间的特殊关系有关。我国资本市场不发达，大部分的融资是通过金融机构来进行的，而银行部门在某种程度上还是执行经济政策的中介机构。银行等金融机构仍在按非市场原则进行融资活动，加剧了供给侧结构性失衡。同时，由于存在信息不对称，银行等金融机构为规避风险，更倾向于向政府偏好的产业和企业提供融资服务，也加剧了一些新兴产业部门融资难、融资贵的问题。

二、 供给侧结构性改革过程中地方政府职能仍存在误区

供给侧结构性失衡是以经济问题呈现出来的，但实质上，产能过剩、库存过大、杠杆和成本过高、公共服务短缺等都是与政府行为密切相关的，政府以行政手段配置资源是导致供给体系质量不高、效率低下的主要原因。因此，转变政府职能，加大行政改革力度，为供给侧结构性改革提供体制机制保障，是供给侧结构性改革取得成效的关键。本届政府大力推进简政放权、放管结合、优化服务改革，在政府职能转变方面取得了新的突破。但相对于推进供给侧结构性改革的需要，政府职能，尤其是地方政府职能转换依然滞后。一方面，在完成“去产能、去库存、去杠杆、降成本和补

① 吕红星：《降低企业成本要解决好两个问题》，《中国经济时报》2016年8月25日。

短板”五大任务方面，存在政府越位的现象，政府管了很多不该管的事情；另一方面，在保障供给侧结构性改革顺利推进方面，存在政府缺位的现象，政府监管和提供公共服务方面的薄弱环节还很多。

（一）供给侧结构性改革中的政府越位

供给侧结构性失衡与政府过度干预有关，因此，供给侧结构性改革的内在要求之一就是要彻底转变政府职能，解决政府过度干预的问题。但在现实中，供给侧结构的改善往往被认为应由行政主导，寄希望于通过自上而下的计划、下达行政性指标来推进。我们常常可以看到，在以往改革中取消的某些政府干预，一些地方政府又以供给侧结构性改革的名义恢复起来，甚至加以强化。

深化市场经济体制改革的核心是使市场在资源配置中起决定性作用和更好发挥政府作用。通过市场出清的办法去产能、去库存，同时在去产能、去库存的过程中，政府通过财政补贴等措施解决下岗职工再就业和生活方面的困难，从而实现市场与政府的相互配合。

以去产能为例，去产能就是要让一些无效、低效、浪费资源的企业从市场中退出，清理“僵尸企业”就成为去产能的一项具体工作。数据测算的结果显示，“僵尸企业”比例最高的五个行业包括钢铁、房地产、建筑装饰、商业贸易和综合类；从地域上看，“僵尸企业”在经济发展水平较高的东部、南部地区比例较低，在经济发展水平较低的西南部、西北部和东北部比例较高。[①] 去产能清理“僵尸企业”的过程，也是企业之间、政府之间以及政府与企业之间的博弈过程。从企业自身看，能“扛”到最后就有可能“峰回路转”。而对地方政府来说，有些“僵尸企业”恰恰就是地方政府的政绩工程，维持这些“僵尸企业”不破产对地方政府有利；有些企业是

① 聂辉华等：《中国僵尸企业研究报告——现状、原因和对策》，《中国人民大学国家发展与战略研究院反腐败与新政治经济学研究中心年度研究报告》，2016 年。

地方经济的支柱，出于保证就业维护社会稳定的目的，地方政府也会不断以补贴等方式向这些企业输血。因此，在清理“僵尸企业”这一问题上，地方政府和企业之间会存在“合谋”。

虽然供给侧结构性失衡在相当程度上与过去政府对市场的过度干预有关，但当前供给侧结构性改革过程中若由政府直接调节、管理供给侧，由政府直接采取具体措施推进供给侧结构性改革，却未必能实现预期目标。长期以来形成的“政策依赖型”惯性，会使企业缺乏市场主体性，当政府利用行政力量推动供给侧结构性改革时，政策效果往往会不尽如人意。因此，科学界定供给侧结构性改革中的政府职能，让政府从全能型政府、经营型政府向服务型政府转变，减少政府对企业的微观干预，才能更好地发挥市场的优胜劣汰作用，提高经济增长的质量和效益。

（二）供给侧结构性改革过程中的政府职能缺位

在马克思和恩格斯看来，政府职能的内涵是动态变化的。马克思指出，社会产生着它所不能缺少的某些共同职能，而国家正是执行这些共同职能的“独立的人”。这些共同的职能在不同历史时期包含着不同的内容，在未来社会，“社会职能将失去其政治性质，而变为维护社会利益的简单的管理职能”①，“国家的职务会只限于几项符合于普遍性、全国性目的的职务”②。可见，不论到什么时候，政府维护社会利益、公共利益的职能都不会发生变化。政府要从各种具体的生产、经营活动中抽身出来，在普遍性的、全国性的社会需要方面发挥作用。政府作为一个国家最为重要的制度治理主体，之所以能区别于社会其他主体，最根本的特征就在于政府具有强大的政策、法令制定能力和执行能力，从而保证对社会的有力掌控，顺利地贯

---

①《马克思恩格斯全集》第 18 卷，人民出版社 1964 年版，第 344 页。

②《马克思恩格斯全集》第 17 卷，人民出版社 1963 年版，第 593 页。

彻落实自己的意志，并适应性地进行制度协调，推动社会经济的持续稳定发展。[①]

现代政府仍然承担着维护社会利益、公共利益的基本职责。因此，在供给侧结构性改革中，政府要及时弥补市场失灵、营造和维护市场机制赖以发挥作用的环境，增进社会公共福利，着力于推进供给侧结构性改革中的制度供给、公共产品供给、社会保障供给、市场监督以及科技创新等。而恰恰在这些领域，政府仍存在缺位现象。近年来，各地政府通过负面清单、权力清单、责任清单等制度建设，深入推进简政放权，取得了积极成效，但仍存在简政放权不到位、监管缺失疏漏等问题。在各级地方政府根据当地经济发展特点列出权力清单的同时，还应完善配套监督制度。食品药品安全、产品质量监管、生产安全、环境保护等领域的问题长期得不到有效治理，前两者在很大程度上是导致消费者海外消费的直接原因。这些问题的长期存在，重要原因就是有关政府部门的监管职责不到位及执法部门执法不严。另外，产业结构优化还需要政府加大对教育体系和科技体系的制度建设和支持力度。

三、 以政府职能转变推进供给侧结构性改革

全面深化改革要以问题为导向。我国经济运行和发展中面临的要害问题是供给侧结构性失衡，是供给与需求的错位和资源配置、利用的低效。供给侧结构性失衡与我国政府职能转变不到位密切相关，加之在供给侧结构性改革中政府职能仍然存在误区，因此，必须从进一步转变政府职能入手，处理好政府与市场关系，发挥政府引导、企业主体、市场决定的作用，从根本上转变经济发展方式。

---

① 景维民、倪沙：《中国国家治理的本质要求及其内在逻辑》，《经济学动态》2016 年第 8 期。

（一）合理定位政府职能，处理好政府与市场的关系

进一步转变政府职能，就我国经济社会发展的实践来说，根本问题就是进一步处理好政府和市场的关系问题。政府和市场的关系涉及以下几个层面。

首先，划清政府和市场的边界，让市场在资源配置中发挥决定性作用。凡是市场机制能解决的问题，政府就不要直接干预。对于市场机制本身的局限性，即市场解决不了的问题，比如经济外部性问题、生态外部性问题、公共物品供给问题、社会监督与管理问题等，政府要更好地发挥作用。通过“去产能、去库存、去杠杆、降成本、补短板”这五大任务推进供给侧结构性改革，就是要把生产要素从产能过剩、低端供给的产业和企业抽取出来，重新配置到供给短缺、效率和品质高的产业和企业。在化解产能过剩的过程中，哪些企业该退出，哪些企业该减产以及减产多少，这些问题主要交由市场机制去识别、筛选，通过竞争实现优胜劣汰。对于那些由政策推动扩张起来的产能，在退出市场的过程中必然会伴随着人员安置等社会保障问题，政府要承担起托底责任，以维护社会稳定；对于一些创新性产业、高技术领域，由于高风险性和未来收益的不确定性，需要政府以投资和财政补贴等方式引导生产要素的流入，以构筑整个经济的新的生产可能性边界。①

其次，合理定位各级政府职能，构建合理的政府分工体系。政府从应该退出的领域坚决退出，从全能型政府转变为服务型政府，这不是要建立一个“弱政府”，而是要建立一个“有效政府”。政府职能的发挥需要有完善的政府职能和分工体系。在供给侧结构性改革中，中央、省、市、县、乡级政府职能各有不同。中央政府的职能重在顶层制度设计、宏观调控、中长期发展规划、区域经济均衡发展和社会总体福利提高等，具有从战略

① 乔榛、曹利战：《中国居民收入增长的需求结构变迁效应分析》，《学习与探索》2015 年第 4 期。

上影响国家经济和社会发展的职能。省、市、县、乡级政府是供给侧结构性改革制度的具体推行者，其中省级政府的职能重点是按照中央顶层设计目标，根据当地经济社会发展的特色，制定具体政策，以投资引导、财政补贴、事中事后监管等，引导本区域内的生产力发展和市场有序运行。市、县、乡级政府则履行区域内市场监管、社会管理和公共服务等具体职责。

最后，更好发挥政府作用，就是要合理定位中央和地方政府的职能，建立起相互协同机制，营造有利于创新、有利于公平而有序竞争的体制和政策环境，提供促进供给侧结构性改革所需的各种公共服务，完善社会保障制度，做好保底线的兜底工作，等等；而不是由政府直接干预供给侧结构性调整和重新参与到资源配置活动中来。通过转变职能，地方政府要从追求投资和 GDP 政绩的角色中退出来，专注为市场主体和公众提供优质公共服务，从而使各级政府和市场各主体之间建立起一种相互促进、良性互动的有机联系，共同应对我国当前经济发展中面临的紧迫问题。

（二）在结构性改革中，政府的主要作用是完善“三去一降一补”体制机制

政府不直接参与供给侧结构性改革过程中的资源再配置活动，并不意味着政府就无所作为。在供给侧结构性改革过程中，政府的基本作用是完善“三去一降一补”体制机制，为市场主体的创业、创新活动创造良好的环境。

第一，在行政审批权下放的过程中，对于当前已经出现严重产能过剩的行业，对于可能会造成资源耗竭、严重破坏生态环境的项目，仍需要通过严格的行政审批制度达到事前防范的目的。除此之外，则需要尽可能取消行政审批，简化行政审批程序，优化审批流程，尤其是针对那些非国有资本出资的项目，以此来降低企业的时间成本、政府的行政成本和整个社会的交易成本。

第二，供给侧结构性改革中政府要以正确的投资方式和补贴方式，引

导整个社会经济向有利于产业结构优化的方向发展。政府投资一般情况下不应涉足于经营性项目，而是应当投向公益性项目。政府在基础设施和产业园区方面的投资，能够为社会资本带来良好的投资环境，降低企业的经营成本。政府用于生态环境改善方面的投资，一方面可以直接为社会提供生态产品；另一方面也可以引导社会资本提供生态产品，而生态产品正是当前我国居民提高生活品质迫切需要的基本公共物品。政府投资于高新技术研发和科技创新项目，可以诱导私人资本投资于创新活动，有利于创新驱动战略的实施。政府的补贴政策在供给侧结构性改革过程中也可以有所作为。但与以往有所不同，政府补贴不应该直接针对某个产业、某个企业，而是从我国经济社会发展的长期规划来看，对有益于产业结构优化、产品升级的经营活动进行补贴，对生态化生产、企业创新活动以及消费者的生态化消费等进行补贴，以引导企业、消费者主动参与到供给侧结构性改革中来。

第三，政府必须加强市场监督。公平而有序的竞争环境是激发市场主体活力的基本保障。建立体现公平、规范、简约的科学监管体制，对供给侧出现的假冒伪劣商品、破坏公平交易秩序的行为，要依法给予严厉打击，维护市场交易秩序；而对新技术、新业态、新模式，既要谨慎监管，严防滋生“新”风险，又要通过合理、有效、适度监管加以支持。

第四，政府要补齐公共产品和公共服务供给短板。“更好发挥政府作用”，包括政府在公共服务方面的职能不断优化。从目前实际情况看，我国各级政府在公共产品供给和公共服务提供方面还存在不少薄弱环节：一方面提高了供给侧生产者的成本，另一方面也不能很好地满足需求侧对公共产品和公共服务日益增长的需求。为了提高公共服务的质量和效率，可以利用 PPP 模式引入社会力量和市场机制的作用，形成多元主体协同供给的局面。

（三）政府职能转变的重要前提是改革政绩考核制度

长久以来，GDP 及其增长是对地方政府的政绩进行考核的主要指标，对 GDP 数量的追求致使地方政府追加投资，搞重复建设、形象工程和政绩工程，但往往忽略了造福民生的主旨，忽略了 GDP 增长过程中付出的生态环境代价，忽略了固定资产投资、招商引资规模扩大所带来的供给增加与需求增长之间的失衡。因此，改革地方政府政绩考核制度是政府职能转变的根本保障，也是供给侧结构性改革取得成功的根本保障。

近年来，新的政绩考核体系开始完善，各地政府有淡化政绩考核中 GDP 指标的色彩。但必须看到，以 GDP 为主的经济增长指标已经深入人心，人们对经济新常态下经济增长速度的下滑极度关切，这就给地方政府实施供给侧结构性改革造成了很大压力。同时，地方政府官员行为的短视效应还存在，在任期内要得到上级部门的认可，经济总量指标仍然是最直接、见效最快的绩效指标，这可能导致地方政府做出与供给侧结构性改革方向不一致的决策。

因此，供给侧结构性改革要求转变政府职能，而政绩考核制度改革是政府职能转变的重要前提。政绩考核制度改革首先是制度变革。中央要发挥顶层制度设计的职能，制定政绩考核指标体系。当前的考核指标体系虽然加重了科学发展指标的权重，降低了 GDP 指标的权重，但总的来说还是一种侧重于总量指标而缺乏结构性指标的考核体系。政绩考核指标体系的建立既要体现统一标准，又要适合各地发展特点。要根据不同地区生态环境特点、经济发展特点、产业结构特点，设置各有侧重的考核指标。就当前供给侧结构性改革而言，在“三去一降一补”指标和权重的设计上，要体现当地经济发展和产业技术水平的特点，充分发挥市场的识别和筛选功能。更重要的是，要通过制度建设，让当地居民的切身感受成为考核官员政绩的硬指标，从而让民意有效传递到政府决策中来，成为影响政府及官员行为的重要因素。

（原载于《学习与探索》，2017 年第 7 期；合作者：李繁荣）

地方政府“土地财政”依赖与利益分配格局
——基于东部地区Z镇调研数据的分析与思考

一、 土地出让收入规模

Z镇[①]地处东部沿海地区，2009年工农业总产值达224.5亿元，其中工业总产值为221.98亿元，占工农业总产值的比重高达98.88%；财政收入5.8亿元；城镇化率为44.4%，其中城镇外来人口13万左右，[②] 超过户籍人口。从这些指标可以看出，Z镇是一个经济发达的工业强镇，对于经济发达地区具有代表性，而经济欠发达地区的情况会有所不同，这是在运用本调研数据时需要注意的。

土地出让收入，亦被称为土地出让金。[③] 从Z镇财政所的财务报表看，土地出让收入被明确列入镇预算外收入，当作镇政府可支配财力的一部分。表1是Z镇2001—2009年的土地出让收入。

---

① 这里没有给出Z镇的具体名称，更多的是因为土地财政是一个体制现象。

② 除特殊说明外，本文的数据均来自于实地调研数据。

③“土地财政”比“土地出让收入”涉及的范围更广，它包括与土地相关的税收收入和非税收入（李尚蒲、罗必良，2010）。这里主要分析土地出让金收入，它是土地非税收入的主体。

表 1 2001—2009 年 Z 镇土地出让收入及其波动

年份	2001	2002	2003	2004	2005	2006	2007	2008	2009
土地出让收入（万元）	10521.8	8143	27521	6473	5459	7268.9	13740.4	3245.67	14423.44
波动幅度（%）	na.	-22.61	237.97	-76.48	-15.67	33.15	89.03	-76.38	344.39

表 1 显示，2001—2009 年，Z 镇每年所获得的土地出让收入都是十分惊人的。其中有 4 年土地出让收入过亿，2003 年高达 2.7521 亿元；最少的年份是 2008 年，也达到了 3245.67 万元。2001—2009 年，Z 镇土地出让收入共计 96796.21 万元；平均每年的土地出让收入为 10755.13 万元，超过 1 个亿。Z 镇土地财政在东部地区具有典型性。以浙江省为例，2007 年，浙江省共出让土地 10801 宗，出让面积 18196.06 公顷，成交价款 1679.5 亿元，土地出让金 1442.17 亿元，占地方财政收入的 87.43%。①

表 1 还显示，Z 镇的土地出让收入呈现出明显的不稳定特征，一些年份急剧增长，而另一些年份急剧下降，这是由土地供给和需求的性质决定的。2008 年土地出让收入最少，主要是 2008 年以来国际金融危机的影响造成的。Z 镇属于外向型经济，外贸依存度高，外贸对经济的拉动和支撑作用很强。2008 年，受国际金融危机、欧盟反倾销、人民币升值等因素的影响，Z 镇出口增幅下降，企业对土地需求随之下降，导致土地出让收入的减少。2009 年经济开始恢复和经济预期较好，土地需求（特别是工商企业用地需求）开始趋于活跃。

Z 镇之所以能够获得巨额土地出让收入，从大的背景看，与东部地区的迅速工业化、市场化和城镇化进程密切相关。有学者对土地财政与人均 GDP 水平的关系进行了研究，认为高收入地区土地财政占当地财政的比重高于中等收入和低收入地区。② 改革开放 30 多年，Z 镇已经从一个农业镇转型为一个典型的工业镇。2001—2006 年，Z 镇平均每年新设企业 2315 家，工业总产值平均每年增

① 吴灿燕、陈多长：《浙江省土地财政问题实证研究》，《财经论丛》2009 年第 3 期。

② 李尚蒲、罗必良：《我国土地财政规模估算》，《中央财经大学学报》2010 年第 5 期。

长16.3%。目前，已经形成了鞋业、服装、空压机、机床、新型建材等产业集群。由于工业的快速增长和产业结构的急剧转型，工商企业的用地需求一直居高不下，从而带来了地价的快速上涨。与此同时，随着工业发展和居民收入的增长，以及在此基础上的迅速城镇化，居民住房需求不断升温，房地产业快速发展，从而产生了对居住用地的巨大需求，也刺激了地价的快速上涨。从抽样调查数据看，2001—2004年，Z镇的土地需求主要是工商企业修建厂房等生产性用地需求，居住用地需求相对较少。而居住用地需求主要是居民自建房（主要是在镇政府所在地和其他商业聚集点居民自建的多层商、居两用房）的用地需求，商品房开发用地需求还不多。2005年开始，Z镇的土地需求结构开始发生变化，工商企业用地相对下降，而房地产开发用地大幅度上升。以2005年和2006年为例，在抽样数据中，用于商品房开发的土地面积，超过了工商企业的生产性用地。2007年，工商业企业用地需求又开始上升；2008年，工业用地需求下降，自建房用地相对提高；2009年，工业用地和居民建房用地需求趋于上升（参见表2）。可见，工商业用地需求和住房用地需求在一定时期呈现某种交错变动情形，并与宏观经济形势和政策松紧度密切相关。

表2　2001—2009年Z镇土地需求结构抽样数据

年份	出让地块样本数（宗）	工商企业用地		住居用地			
				自建房用地		商品房开发用地	
		宗数（宗）	面积（公顷）	宗数（宗）	面积（间）	宗数（宗）	面积（公顷）
2001	10	10	2.1869	0	0	0	0
2002	69	53	21.1823	15	126	1	0.3812
2003	74	61	49.66446	11	98	2	12.8274
2004	65	53	23.9196	12	88	0	0
2005	19	9	2.4106	2	4	8	4.5045
2006	21	9	7.3741	2	26	10	11.2629
2007	46	37	20.6469	3	33	6	0.4112
2008	8	3	0.3639	5	21	0	0
2009	21	10	8.67668	11	81	0	0

用地结构对政府土地出让收入是有显著影响的。从调研数据看，居住用地所带来的土地出让收入远远高于工商企业的生产性用地（参见表3）。以2002年为例，工商企业用地的地价仅为商品房开发用地的1/8左右，所带来的土地出让收入仅为商品房开发用地的1/22左右。因此，对于既定面积的可供地块，基于土地出让收入最大化，政府往往更倾向于从事商品房开发。而商品房用地地价的高低又是由商品房价格的高低决定的，高房价才能支撑起高地价。因此，基于获得高额土地出让收入，地方政府往往倾向于维持高房价，至少是不希望房价降下来。不过，与工商企业用地相比，目前房地产用地给政府带来的收入是一次性的。这是因为，我国绝大多数地方政府尚没有开征房地产税①，地方政府不能通过税收形式获得土地增值收益。与房地产开发用地不同，工商企业用地虽然带来的土地出让收入较低，但这些企业一旦开始经营，就可以不断地向地方政府纳税，从而带来长期收入流。同时，工商业的发展是平均地价的重要支撑力量，平均地价的持续上涨最终需要工商业的持续发展来带动。因此，尽管工商业用地所带来的土地出让收入相对较低，但地方政府仍然有强烈动机向工商业者出售土地。

表3　不同类型用地的土地出让收入差异（抽样数据）

年份	工商企业用地（元/m²）		自建房用地（元/m²）		商品房用地（元/m²）	
	平均地价	平均土地出让收入	平均地价	平均土地出让收入	平均地价	平均土地出让收入
2001	145.65	47.94	4040.84	3893.59	597.31	350.25
2002	137.44	44.92	5405.83	5217.95	1224.9	1098.71
2003	197.67	89.84	6572.73	6191.21	1750.75	1519.05
2004	142.50	43.95	8383.32	8283.21	na.	na.

① 重庆市和上海市于2011年1月28日启动对部分个人住房征收房产税改革试点，税率分别为0.5%—1.2%和0.6%。

（续表）

年份	工商企业用地（元/m²）		自建房用地（元/m²）		商品房用地（元/m²）	
	平均地价	平均土地出让收入	平均地价	平均土地出让收入	平均地价	平均土地出让收入
2005	224. 36	105. 46	11739. 57	3984. 75	1435. 19	1271. 95
2006	156. 01	59. 05	1030147	7984. 86	665. 45	655. 68
2007	366. 14	230. 60	11486. 65	11071. 90	2524. 32	2349. 77
2008	606. 90	287. 21	3851368	32321. 37	na.	na.
2009	1982. 58	394. 00	17075. 86	15018. 86	na.	na.

二、 土地出让收入对地方政府的重要性： 收入角度

为了准确把握土地出让收入对地方政府的重要性，需要从收入和支出两个角度来考察。从收入角度考察土地出让收入的重要性，笔者计算了三个比例：一是预算外收入占可支配财力的比例，二是土地出让收入占预算外收入的比例，三是土地出让收入占可支配财力的比例。表 4 给出了 Z 镇的这三个比例。

表 4 土地出让收入占可支配财力的比例

年份	预算外收入占可支配财力的比例（%）	土地出让收入占预算外收入的比例（%）	土地出让收入占可支配财力的比例（%）
2001	87. 25	64. 21	56. 02
2002	85. 06	85. 18	72. 45
2003	94. 58	96. 33	91. 11
2004	80. 09	83. 89	67. 19
2005	79. 28	69. 28	54. 92
2006	83. 08	64. 16	53. 30
2007	85. 39	76. 88	65. 65
2008	65. 69	51. 66	33. 93
2009	82. 47	87. 34	72. 03
平均	83. 47	80. 55	67. 24

表4显示，2001—2009年，Z镇可支配财力的主体部分是预算外收入。预算外收入占镇可支配财力的比例，最低（2008年）也达到了65.69%，最高（2003年）则达到94.58%，平均为83.47%。2001—2009年，Z镇预算外收入是预算内收入的55倍。可见，预算外收入是Z镇的主要财源。

预算外收入主要来源于土地出让收入。Z镇预算外收入包括两大块：一是土地出让收入；二是其他预算外收入，包括上级政府补助收入（主要是上级政府拨付的临时补助和各类一次性补助）、镇政府资产投资收益、计划生育社会抚养费返还、城建配套费返还等。土地出让收入占预算外收入的比例，最高（2003年）达到96.33%，最低（2008年）也达到了51.66%。2001—2009年，Z镇土地出让收入占预算外收入的比例平均为80.55%，其他预算外收入平均不到22%。

土地出让收入在Z镇可支配财力总量中所占的比例是相当高的。最高（2003年）达到91.11%，最低（2008年）也达到了33.93%。2001—2009年，土地出让收入占Z镇可支配财力的比例平均为67.24%。也就是说，如果没有土地出让收入，Z镇将失去平均近7成的可支配财力。对于任何一个地方政府而言，这都是非同寻常的。

土地财政还体现在地税对与土地有关的各种税的依赖上。从调研情况看，与土地有关的税收包括房地产企业缴纳的营业税和所得税、房产税和城市房地产税、城镇土地使用税和土地增值税。2004—2009年，Z镇地税收入总额共计94387万元，与土地有关的各种税为17919万元，占地税的18.98%（参见表5）。

表 5 地税对土地的依赖

年份	地税总额（万元）	与土地有关各税（万元）	比例（%）
2004	13161	3326	25.27
2005	12353	1892	15.32
2006	13379	1358	10.15
2007	16884	1541	9.13
2008	18428	3771	20.46
2009	20182	6031	29.88
平均	15731.17	2986.5	18.98

Z 镇土地财政是全国地方政府土地财政的一个缩影。有资料显示，2006 年全国土地出让收入为 0.7 万亿，2007 年超过 1.2 万亿，2008 年超过 0.96 万亿，2009 年为 1.59 万亿，1999—2008 年，全国土地出让收入累计达 5.3 万亿。

三、 土地出让收入对地方政府的重要性： 支出角度

从支出角度考察土地出让收入的重要性，笔者分别计算了 Z 镇预算外支出、财政总支出和主要支出项目对土地出让收入的依赖度。

从 Z 镇财政支出的总体结构看，预算外支出是主体，而预算内支出仅够维持党政机关和事业单位的日常运转，主要用于支付人员经费和日常办公经费。2001—2009 年，预算外支出占财政总支出的比例平均高达 85.35%，最高（2003 年）竟达 91.54%，最低（2008 年）也达 75.56%（参见表 6）。2001—2009 年，预算外支出是预算内支出的 5.83 倍。

表 6　预算外支出和财政总支出对土地出让收入的依赖度

年份	预算外支出占财政总支出的比例（%）	预算外支出对土地出让收入的依赖度（%）	财政总支出对土地出让收入的依赖度（%）
2001	86. 94	66. 72	58. 01
2002	88. 70	82. 24	72. 95
2003	91. 54	137. 60 *	125. 95 *
2004	89. 02	42. 46	37. 80
2005	80. 66	59. 71	48. 16
2006	80. 63	78. 94	63. 65
2007	85. 93	91. 35	78. 49
2008	75. 56	31. 84	24. 06
2009	83. 43	93. 36	77. 89
平均	85. 35	80. 69	68. 87

注：* 表示当年土地出让收入超过了预算外支出和财政总支出。

调研发现，预算外支出具有特别重要的意义，对于基础设施建设，尤其如此。在预算外支出中，居于前四位的支出项目是：基本建设支出、城市维护费、农林水利气象支出和行政管理费。2001—2009 年，基本建设支出占预算外支出的比例平均为 42. 54%，城市维护费平均为 18. 12%，农林水利气象支出平均为 11. 12%，行政管理费平均为 9. 32%。基本建设支出和城市维护费支出共计占预算外支出的 60. 66%。这说明，预算外支出支撑了 Z 镇的城镇化进程。由此不难推断，改革开放以来，我国快速城镇化进程的资金需求，有相当一部分是通过预算外支出解决的。

预算外支出主要是靠土地出让收入支撑的。表 6 具体测算出了 Z 镇预算外支出以及财政总支出对土地出让收入的依赖度。2001—2009 年，Z 镇预算外支出对土地出让收入的平均依赖度为 80. 69%，财政总支出对土地出让收入的平均依赖度为 68. 87%。可见，如果没有土地出让收入，Z 镇的预算外支出乃至财政总支出都是难以正常运转的。这一结论在经济发达地区和许多城镇都是成立的。

Z 镇的土地财政还表现在主要财政支出项目对土地出让收入的高度依赖上。Z 镇财政支出项目可划分为八大项：基本建设支出、农林水利气象支出、城市维护支出、工业交通等部门事业费、行政管理费、科教文卫支出、抚恤和社会福利救济费和其他支出。表 7 分别测算出以上财政支出项目对土地出让收入的平均依赖度。2001—2009 年，基本建设支出、农林水利气象支出、城市维护费、工业交通等部门事业费、行政管理费、科教文卫支出、其他支出对土地出让收入的平均依赖度均超过了 50%，基本建设支出、其他支出和农林水利气象支出对土地出让收入的平均依赖度排在前三位，分别高达 80.45%、77.86% 和 71.30%，属于严重依赖。可见，如果没有土地出让收入，大部分支出项目将处于瘫痪状态。

表 7 主要财政支出项目对土地出让收入的平均依赖度

年份	基本建设支出（%）	农林水利气象支出（%）	城市维护支出（%）	工业交通等部门事业费（%）	行政管理费（%）	科教文卫支出（%）	抚恤和社会福利救济费（%）	其他支出（%）
2001	66.72	65.05	0.00	na.	48.21	37.56	52.34	63.73
2002	53.66	72.44	79.53	80.41	56.90	63.32	22.55	80.79
2003	137.60	123.35	129.54	120.52	97.86	78.23	20.54	133.50
2004	42.46	36.35	36.68	35.81	20.48	27.42	10.04	41.89
2005	59.71	46.19	40.10	24.15	35.35	34.81	5.75	55.34
2006	78.94	72.45	41.84	65.63	51.86	39.93	41.74	76.32
2007	91.35	81.86	72.78	70.70	69.53	74.13	14.31	34.21
2008	31.84	22.01	26.95	26.92	14.04	10.92	2.43	2.93
2009	93.36	74.50	71.98	66.65	57.89	71.15	34.42	89.86
平均	80.45	71.30	70.14	66.77	51.31	50.52	20.92	77.86

四、 土地征收过程中的利益分配

从以上调研数据可以看出，现阶段，土地出让收入对于支撑我国工业化和城市化进程，保证地方政府正常运转和履行应尽职责具有重要作用。

但在目前的土地收益分配中，地方政府占大头，原土地使用者占小头，这种分配格局带来了严重的利益冲突，甚至成为社会不稳定的一个重要根源。①

分析土地收益的分配，涉及三个概念，而这三个概念都是以政府作为土地的所有者而提出的。这三个概念是出让地价款、土地出让成本和土地出让收益。出让地价款是政府将征用的土地出让给工商企业、房地产开发商和居民家庭所收取的总价款，它由土地出让成本和土地出让收益两部分构成。

土地出让成本是政府征用土地所支付的各种税费和土地整理、出售等方面的支出，包括征地补偿费、土地出让报批税费、耕地占用税、土地管理费、水利建设基金、水土保持费、耕地开垦费、城镇配套设施费和广告宣传费等。征地补偿费是补偿给原土地使用者（主要是被征地农民）② 的费用，它是原土地使用者获取土地收益的主要方式。2003 年，Z 镇所在的市曾根据土地位置和原用途对全市不同级别、不同片区、不同用途的土地制定了统一的补偿标准，2008 年根据经济发展水平提高了补偿标准（参见表 8）。

出让地价款扣除土地出让成本以后就是土地出让收益，它主要在镇、市两级政府之间分配。

2001 年到 2004 年 2 月，土地出让收益被划分为两块：一块是城镇基础设施建设费（土地出让金），占 96.5%，由镇政府获得；另一块用于支付土地管理部门的承办经费，占 3.5%，由上一级政府的土地管理部门获得。从 2004 年 2 月开始，土地出让收益被划分为四块：城镇基础设施建设费（土地出让金），占 94%，由镇政府获得；村示范整治基金占 1%，标准农田建设基金占 3%，土地管理部门承办经费占 2%，均由上一级政府部门获得。2004 年 7 月，开始在土地收益中提取失土农民社会保障费，占 12%。2005

---

① 吴灿燕、陈多长：《浙江省土地财政问题实证研究》，《财经论丛》2009 年第 3 期。

② 土地原使用者还包括城镇宅基地的原使用者。政府通过拆迁征用城镇居民的宅基地，再出售给房地产开发商和工商企业，或用于公共目的，同样存在土地收益分配上的冲突。这里主要分析政府征用农民承包地转为建设用地的情形。

年开始从土地收益中提取省土地开发资金，每平方米 1.23 元。2006 年开始从土地出让收益中提取农业土地开发资金，占 2%。至 2008 年，土地出让收益被划分为五块：城市基础设施建设费（土地出让金），占土地出让收益的 80%，由镇财政获得；“十村示范百村整治”基金占 3%，由上一级政府财政获得；标准农田建设基金占 3%，由上一级政府财政获得；失土农民社会保障基金占 12%，由上一级政府财政部门收取；土地开发资金占 2%，由省政府获得。土地管理部门承办经费被计入土地出让成本。

表 8　2008 年开始执行的征地区片综合补偿标准

<table>
<tr><th>区片级别</th><th colspan="2">土地类型</th><th>征地价格
（万元/亩）</th><th>征地价格提高幅度（%）
（与 2003 年相比）</th></tr>
<tr><td rowspan="7">Ⅰ级</td><td rowspan="5">一类</td><td>耕地</td><td rowspan="5">7</td><td rowspan="5">25</td></tr>
<tr><td>园地</td></tr>
<tr><td>养殖水面</td></tr>
<tr><td>农田水利用地</td></tr>
<tr><td>建设用地</td></tr>
<tr><td rowspan="2">二类</td><td>林地</td><td rowspan="2">5</td><td rowspan="2">67</td></tr>
<tr><td>未利用地</td></tr>
<tr><td rowspan="7">Ⅱ级</td><td rowspan="5">一类</td><td>耕地</td><td rowspan="5">6</td><td rowspan="5">28</td></tr>
<tr><td>园地</td></tr>
<tr><td>养殖水面</td></tr>
<tr><td>农田水利用地</td></tr>
<tr><td>建设用地</td></tr>
<tr><td rowspan="2">二类</td><td>林地</td><td rowspan="2">4</td><td rowspan="2">67</td></tr>
<tr><td>未利用地</td></tr>
</table>

（续表）

<table>
<tr><th>区片级别</th><th colspan="2">土地类型</th><th>征地价格
（万元/亩）</th><th>征地价格提高幅度（%）
（与 2003 年相比）</th></tr>
<tr><td rowspan="7">Ⅲ级</td><td rowspan="5">一类</td><td>耕地</td><td rowspan="5">5</td><td rowspan="5">28</td></tr>
<tr><td>园地</td></tr>
<tr><td>养殖水面</td></tr>
<tr><td>农田水利用地</td></tr>
<tr><td>建设用地</td></tr>
<tr><td rowspan="2">二类</td><td>林地</td><td rowspan="2">3</td><td rowspan="2">50</td></tr>
<tr><td>未利用地</td></tr>
</table>

在构成出让地价款的所有项目中，只有征地补偿费和失地农民社会保障基金与失地农民的利益直接相关，而失地农民拿到手的只有征地补偿费。表 9 是 2006 年 2 月出让一块工业用地的土地收益分配情况。

表 9　工业用地出让土地收益分配案例

<table>
<tr><td>面积</td><td colspan="4">1. 1962 公顷</td></tr>
<tr><td>土地用途</td><td colspan="4">工业用地</td></tr>
<tr><td>出让日期</td><td colspan="4">2006 年 2 月 28 日</td></tr>
<tr><td>出让地价款</td><td colspan="4">1464149 元</td></tr>
<tr><td rowspan="2">出让成本</td><td rowspan="2">872030 元，占出让地价款的 59. 6%</td><td>征地补偿费</td><td>448575 元，占出让地价款的 30. 6%</td><td>失地农民获得</td></tr>
<tr><td>报批税费</td><td>4234548 元，占出让地价款的 29. 0%</td><td>税务部门获得</td></tr>
</table>

（续表）

土地出让收益在政府间分配	592119 元，占出让地价款的 40.4%	城镇基础设施建设	461853 元，占出让地价款的 31.5%	镇政府获得
		十村示范百村整治基金	17764 元，占出让地价款的 1.2%	市政府获得
		标准农田建设基金	17764 元，占出让地价款的 1.2%	
		失地农民社会保障基金	71054 元，占出让地价款的 4.8%	
		农业土地开发基金	11842 元，占出让地价款的 0.8%	
		土地管理部门承办经费	11842 元，占出让地价款的 0.8%	市国土资源局获得

在表 9 所示的案例中，失地农民得到的征地补偿费占出让地价款的 30.6%，镇政府得到的城市基础设施建设费（土地出让金）占 31.5%。如果把政府各部门所得到的税、费、基金加在一起，那么，政府所得到的土地出让收入共计占出让地价款的 69.4%。

为了更全面地了解 Z 镇土地转让过程中利益的实际分配状况，笔者分别对工商业用地和商品房开发用地转让的收益分配状况进行了抽样调查。

工商业用地转让的收益分配。共抽取了 265 个工商业用地样本，总面积为 151.75792 公顷，出让地价款共计 39966.9 万元。其中被征地农民获得的征地补偿费 16265.4 万元，占 40.70%；政府各部门获得的土地出让收益为 16259.4 万元，占 40.68%；镇政府获得的土地出让金为 14078.9 万元，占 35.23%（参见表 10）。从这些数字可以看出，政府各部门获得的土地收益与失地农民获得的征地补偿费相当，分别占出让地价款的 40.70% 和 40.68%；镇政府获得的土地出让金占出让地价款的 35.23%。

表 10　工商企业用地土地收益分配抽样调查

年份	样本数（个）	出让面积（公顷）	出让地价款（万元）	征地补偿费		政府部门获得的土地出让收益		镇政府获得的土地出让金	
				数量（万元）	比例（%）	数量（万元）	比例（%）	数量（万元）	比例（%）
2001	32	11.8599	1727.4	805.4	46.62	568.6	32.92	543.3	31.45
2002	53	22.6955	3119.2	1465.2	46.97	1019.6	32.69	983.9	31.54
2003	62	52.22962	10324.2	3399.5	32.93	4692.1	45.45	4457.9	43.18
2004	51	23.9196	3408.6	1506.9	44.21	1051.2	30.84	961.7	28.21
2005	8	2.2846	378.2	143.5	37.94	105.6	28.19	82.5	21.81
2006	11	10.582	1726.4	628.4	36.40	6416	37.16	505.8	29.30
2007	37	20.6469	7559.8	1792.6	23.71	4761.1	62.98	3808.9	50.38
2008	2	0.3639	220.9	92.5	41.87	1045	47.31	83.6	37.85
2009	9	7.1759	11502.2	6431.4	55.91	33141	28.81	26513	23.05
总计	265	151.75792	39966.9	16265.4	40.70	16259.4	40.68	14078.9	35.23

商品房开发用地转让的收益分配。共抽取了 2001—2007 年（除 2004 年）的 27 个样本，涉及 30.3344 公顷商品房开发用地的出让，出让地价款 38434 万元。政府各部门共获得土地收益 34437.2 万元，占出让地价款的 89.60%；镇政府获得土地出让金 30483.9 万元，占出让地价款的 79.31%。只收集到了 2001—2003 年原土地使用者得到的征地（拆迁）补偿费数据，这三年的土地补偿费共计 1074.3 万元，占同期出让地价款的 4.58%。可见，商品房开发用地收益的绝大部分为政府部门，主要是镇政府所获得，原土地使用者得到的收益很少。表 11 是商品房开发用地转让收益分配的抽样调查数据。

表 11 商品房开发用地土地收益分配抽样调查

年份	样本数（个）	出让面积（公顷）	出让地价款（万元）	征地补偿费		政府部门获得的土地出让收益		镇政府获得的土地出让金	
				数量（万元）	比例（%）	数量（万元）	比例（%）	数量（万元）	比例（%）
2001	2	0. 9472	511. 7	61. 4	12. 00	422. 3	82. 53	406. 1	79. 36
2002	1	0. 3812	466. 9	28. 0	6. 00	418. 8	89. 70	404. 2	86. 57
2003	2	12. 8274	22457. 6	984. 9	4. 39	19485. 5	86. 77	18559. 5	82. 64
2005	8	4. 5045	6464. 8	na.	na.	5729. 5	88. 63	4622. 5	71. 50
2006	10	11. 2629	7495. 0	na.	na.	7384. 9	98. 53	5701. 6	76. 07
2007	4	0. 4112	1038	na.	na.	996. 2	95. 97	790. 0	76. 11
总计	27	30. 3344	38434	1074. 3 *	4. 58 *	34437. 2	89. 60	30483. 9	79. 31

注：* 为 2001—2003 年的总计数。

对比表 10 和表 11 中的相应数据，可以清楚地看出，政府从出让商品房开发用地中所获得的土地收益高于从出让工商企业用地中所获得的收益。这可以在一定程度上解释近年来各地持续不退的商品房开发热潮。

五、 有关土地财政问题的思考

“土地财政”涉及两个基本理论问题：一是土地收益如何分配，二是“土地财政”还能持续多久。

（一） 土地收益的分配

土地收益的分配涉及两种分配关系：一是土地收益在政府之间的分配，二是土地收益在政府与原土地使用者之间的分配。下面对这两种分配关系逐一加以分析。

在分析土地收益在政府间的分配之前，先要分析土地，或者更直接地说，分析不动产升值的源泉。土地的价格取决于两个因素，一是稀缺性，二是位置。由于土地的供给是固定的，土地的稀缺性在很大程度上取决于对土地的需求。而对一个地区土地的需求则是由该地区的经济发展水平和居民生活水平决定的。一个地区的经济发展和居民生活水平越高，对该地区的土地需求就越高，其土地稀缺性就越高，土地价格也就越高；反之，土地价格就越低。同样道理，不同地区的相对地价取决于它们之间经济发展和居民生活的相对水平。而一个地区的经济发展和居民生活水平，包括当地的基础设施发展水平、工商业发展水平、城镇化水平、居民收入水平、社会治安状况、生态环境状况等，都是与当地政府的努力分不开的。决定土地价格的另一个因素是位置，位置的好坏除受自然地理位置的影响外，更受到经济活动分布、基础设施分布、居民生活环境和公共服务分布等经济、社会因素的影响，而这些因素同样与地方政府的努力密切相关。因此，一个地区的地价在很大程度上与当地政府的治理质量密切相关。在人口和生产要素能够自由流动的国家，这种相关性会更加明显。

由于土地升值与地方政府的努力程度和治理水平高度相关，因此，土地升值所带来的收益由地方政府获得具有经济上的合理性。从激励相容的角度看，将土地升值收益留给地方政府，会激励地方政府改善投资环境，发展地方经济，改善民生，注重治安、教育和生态环境保护，从而形成良性循环。

地方政府获得土地升值收益的方式主要有两种。一是通过出卖土地直接获得土地升值收益。如果一个国家处于快速工业化和城市化过程之中，且土地主要掌握在政府手中，那么，出售土地就会成为政府获得土地升值收益的主要方式。另一种获得土地升值收益的方式是征收房地产税（物业税）。土地升值最终会表现在房地产等不动产的升值上，通过征收房地产税，政府也可以获得土地升值的收益，形成比较稳定的收入流。在西方发达国家，政府主要通过征收房地产税获得土地升值收益，房地产税也是地方政府财政收入的主要来源。在美国，房地产税由各市、镇征收，大多数归地方政府获得，房地产税一般占地方财政收入的50%—80%，主要用于当地的基础设施建设。20世纪90年代以后，美国州政府税收逐渐退出房地产领域，房地产税基本留给州以下地方政府，州以下地方政府财政收入中约有85%—90%来自房地产税。

改革开放30多年来，我国处于快速工业化、市场化和城镇化过程之中，非农用地需求快速增长，土地迅速升值，从而产生了巨额的土地升值收益。巨额的土地升值收益基本由地方政府获得，用于基础设施建设。巨额的土地升值收益产生了强烈的激励作用。但目前我国地方政府获得土地收益的方式与西方国家迥然不同。由于至今没有开征房地产税（除重庆和上海外），地方政府不能通过征收房地产税来获得巨额的土地升值收益，而只能通过出售土地获得土地升值收益。通过出售土地获得土地升值收益会带来负效应，那就是诱使地方政府大量征地卖地，造成土地资源的浪费，损害原土地使用者的利益。与此同时，地方政府完善土地和房产二级市场的积极性不足，抑制了土地和房产资源的动态优化配置。

因此，土地收益分配制度改革的重点不是将土地升值收益收归上一级政府，而应聚焦在以下两个方面：第一，从短期看，应尽快将土地出让收入纳入正规的地方政府预算管理，提高土地出让收入及其使用的透明度和规范性；第二，考虑出台和推广房地产税，使其成为地方政府获得部分土地升值收益的主要渠道。

土地收益分配中的另一对矛盾是地方政府与土地使用者之间的利益矛盾。在现有的土地产权制度下，解决这一矛盾是有难度的。在我国，城市土地归国家所有，农村土地归集体所有，而土地所有权实际控制在地方政府手中。因此，从所有权的角度看，土地升值收益应该归政府所有。但是，我国的土地使用权（包括农业用地的承包权和住宅用地的使用权）是一种长期使用权，或者说是一种没有确定期限的使用权，从某种意义上讲，这种使用权可以视为一种准所有权（物权）。从准所有权（物权）的角度看，土地使用者亦有权获得土地升值收益。这里就产生了权利与权利的对立。而土地升值收益在地方政府与土地使用者之间的实际分配比例就取决于谁处于强势地位。目前的土地制度安排使地方政府处于强势地位。《中华人民共和国土地管理法》第11条规定："农民集体所有的土地，由县级人民政府登记、造册，核发证书，确认所有权。"第46条规定："国家征用土地，依照法定程序批准后，由县级人民政府予以公告并组织实施。"《中华人民共和国土地管理法实施条例》第25条规定："对补偿标准有争议的，由县级以上地方人民政府协调；协调不成的，由批准征用土地的人民政府裁决。征地补偿、安置争议不影响征用土地方案的实施。"可见，在征地过程中，地方政府履行着土地的"确权"与"确权纠纷的处置""补偿方案制定"与"补偿标准争议的处置"等权力，既是"运动员"，又是"裁判员"。正因为地方政府在土地征用中处于强势地位，开发商和工商企业等土地需求者往往只与地方政府谈判，农民等土地使用者被撇到了一边。

法律规定的征地补偿标准偏低。《中华人民共和国土地管理法》第47条规定："征收耕地的土地补偿费，为该耕地被征收前三年平均年产值的六至十倍。"而土地承包法则规定，土地的承包期为30年，期限届满可以延长。更为重要的是，无论是城市土地，还是农业用地（特别是城市郊区和经济发达地区的农业用地），随着市场深化，都已经被资本化了。土地在越来越多的时候被作为一种资本来交易。因此，土地价格就不能仅仅由土地上的附着物（如作物、树木、房屋）的价值来决定，而应该由它所带来的未来收入流的贴现值来决定。从Z镇的情况看，目前耕地补偿费最高每亩7万元。但在东部地区，土地的资本属性日益凸显，土地进入市场后可以带来高额的资本化收益，每亩只有7万多元征地费的土地却能带来几十万甚至几百万元的收益。因此，农民认为目前的补偿、分配办法不合理，有时会拒绝被征用土地。

解决地方政府与原土地使用者的利益矛盾应从以下三个方面着手。一是“确权”，真正确立农民作为土地长期使用者的地位，并真正赋予他们“准所有者”的资格。我国征地制度的根本缺陷是忽视农民的土地权利。[①]农民作为土地的准所有者，应该拥有自主交易的权利，有权抵制地方政府对土地的滥征滥用，有权按市场价格出让土地。只有这样，才能有效抑制地方政府的土地财政行为，同时形成基本农田的市场保护机制。二是以“资本”看待土地，改变目前的耕地补偿费形成机制。在确定征地补偿费时，应该以土地作为一种资本所带来的未来现金流为主要依据。以未来现金流为标准来确定征地补偿费，会提高政府的征地成本，从而使得某些在目前征地条件下可以进行的建设项目难以进行。但这并不全是一件坏事。它可以促使土地资源的节约，改善农民的经济地位，实现土地资源的可持续利用。三是更清晰地界定征地过程中的“公共利益”。《中华人民共和国土地管理法》第2条规定“国家为了公共利益的需要，可以依法对土地实行征收或者征用并给予补偿”，但并没有对“公共利益”给出明确的界定，这给地方政府以“公共利益”的名义滥征和低价征用土地留下了巨大空间。明确界定公共利益范围，可以缩小地方政府的征地自由度，强化市场机制在土地资源配置和土地资源保护方面的作用力度。

（二）“土地财政”还能持续多久

从Z镇的调研来看，土地出让金对于保证地方党政机关和事业单位的正常运转，特别是城镇基础设施建设至关重要。从全国来看，1994年实行分税制以来，政府间财力分配存在明显向上集中的趋势，但与此同时并没有建立起规范的政府间财政转移支付制度，地方政府从预算内渠道所获得的财力明显不足以应对它们所承担的责任。预算外收入，特别是土地出让金，对于地方政府具有非同寻常的意义。以土地出让金收入作为抵押或支

① 蒋三省、刘守英：《土地融资与财政和金融风险》，《中国土地科学》2005年第5期。

撑的地方融资平台[①]，对于地方基础设施建设起着十分重要的作用。问题是，地方政府依靠出卖土地来获得土地升值收益的“土地财政”还能持续多久？

一些学者，如汪利娜，对我国的“土地财政”的可持续性提出了质疑，是有道理的[②]。从总体上看，我国仍处于快速工业化、城市化和市场化的过程之中，在这个过程中必然会有大量的土地转化为非农用途，从而带来大量的土地收益。从这种宏观背景看，“土地财政”还能持续一段时期。但是，我国耕地转化为非农用地的空间已经不大了。2008 年度的全国土地变更调查表明，我国耕地面积为 18.257385 亿亩，离 18 亿亩“红线”还有 2573.85 万亩。1997—2005 年，非农建设占用耕地 2747 万亩，年均减少 305 万亩。[③] 按此大致匡算，距离“红线”的 2573.85 万亩不到 9 年就会消耗完毕。从 Z 镇的情况看，2005 年农业人口人均耕地只有 0.4685 亩，现在已几乎没有可以转化为建设用地的耕地了。从这个角度看，地方政府“土地财政”的潜力已经不大了。那么，如何化解“土地财政”困境呢？

第一，在政府财力向上集中的同时，应尽快建立起规范的政府间财政转移支付制度。2009 年，中央财政收入占财政总收入的比例为 52.4%，地方财政收入占 47.6%，而中央财政支出占财政总支出的 20%，地方财政支出占 80%。中央财政收入中 30% 左右用于财政转移支付。这么大规模的财政转移支付目前尚没有科学、明确的财政转移支付制度来保证。因此，应该尽快建立规范的转移支付制度，提高一般性转移支付的比例，在规范的预算内体制中建立起地方政府财权与事权相对称的机制，降低地方政府对土地出让金的依赖。

---

① 王飞、熊鹏：《我国地方政府融资平台贷款现状与风险：规模估算与情景模拟》，《中国经济问题》2011 年第 1 期。

② 汪利娜：《我国房地产市场的调整及“救市”建议》，《财经科学》2009 年第 5 期。

③ 林泉：《我国能保住 18 亿亩耕地红线吗——我国耕地保护工作的现状，对策与展望综述》，《国土资源》2009 年 6 月 16 日。

第二，推广房地产税，改变地方政府的收入结构。西方发达国家的实践证明，房地产税可以为地方政府提供可靠的收入来源，同时能够激励地方政府改善治理。

第三，通过发展土地二级市场，动员土地存量，来保证工业化、城镇化的用地需求。我国的工业化和城镇化进程还没有结束，到2005年，我国工业化水平综合指数为50，工业化进程进入中期后半阶段①，还需要大量土地支撑工业化和城市化。但是，不能再主要靠占用耕地来解决工业化和城镇的用地需求。要加快发展土地二级市场，通过土地二级市场来重新配置城镇现有土地资源，提高土地利用效率。我国城市人均占地面积133平方米，一些发展中国家人均也就只是80多平方米。② 因此，运用土地二级市场提高现有土地的配置效率和利用效率，有巨大空间。

（原载于《财贸经济》，2012年第5期）

① 陈佳贵、黄群慧、钟宏武等：《中国工业化进程报告》，社会科学文献2007年版。

② 盛洪：《18亿亩红线的制度含义》，http://blog.sina.com.cn/s/blog-5ddobed60100dbvy.html.

论完善产权保护制度

产权是所有制的核心。产权保护制度是市场经济的重要制度基础，它关系到人们财富积累的积极性、资源配置的积极性和生产要素的流动性，从而决定经济发展的内生动力和经济社会的持久活力，并最终决定社会生产力的发展水平和人们的福利水平。党的十八届三中全会通过的《中共中央关于全面深化改革若干重大问题的决定》把产权保护制度提高到了新的理论和实践高度，提出建立“归属清晰、权责明确、保护严格、流转顺畅的现代产权制度”。本文将从强化政府有效保护产权的职责，公平、有效保护各类产权，强化对农民土地产权保护三个方面论述我国产权保护制度的完善。

一、 有效保护产权是政府的基本职责

完善的产权制度包括清晰界定产权边界，通过法律等制度有效保护产权，允许产权持有者按照自己的意志自由运用产权，承认产权所带来的收益的合法性。有效的产权保护制度是现代产权制度的基本要素，它之所以重要，就在于它能够为各类经济主体提供正当的激励，鼓励人们积累和有效配置自己所支配的资源，并展开充分而有效的竞争。威廉·鲍莫尔、罗伯特·利坦和卡尔·施拉姆指出，如果不能有效保护人们的财产权，“就不

能指望个人会冒着失去自己的资金和时间的风险，投资于运气不济的冒险项目。这里，法治——特别是财产和合同权利——尤为重要”[①]。而冒险是创新的核心要素。拉古拉迈·拉詹和路易吉·津加莱斯认为：“竞争性市场要发展起来，第一步就需要政府尊重和保护公民的财产权利，包括那些最脆弱和最无助的公民的财产权利。”[②]

有效保护产权是政府的一项基本职责。以亚当·斯密为代表的古典经济学家认为，“看不见的手”，即自由的市场机制和自由企业制度，完全可以解决资源的最佳配置问题，政府不必插手，“关于可以把资本用在什么种类的国内产业上面，其生产物能有最大价值这一问题，每个人处在他当时的位置，显然能判断得比政治家和立法家好得多”[③]。他认为，政府只需要履行三项基本职能，其中一项就是保护产权，即“尽可能保护社会上各个人，使不受社会上任何其他人的侵害或压迫，这就是说，要设立严正的司法机关”[④]。这项职责可以具体理解为：用警察维持良好的社会安全秩序，设立公正的司法机关仲裁经济纠纷，制定和实施制度、规则以利自愿交易。古典经济学时期的法国经济学家让·巴蒂斯特·萨伊也把保护财产所有权不受侵犯和社会安宁作为政府的基本职责。他所谓的财产不受侵犯主要指：①保证财产所有权的实际稳定，只有这样，各种生产要素才能发挥最大的生产能力；②保证生产要素的所有者能安稳地享有其生产要素所带来的收入，只有这样，才能诱使生产要素的所有者积极运用生产要素；③保证人们自由运用生产要素进行生产活动的权利。[⑤] 让·巴蒂斯特·萨伊把保护人

---

①［美］威廉·鲍莫尔、罗伯特·利坦、卡尔·施拉姆：《好的资本主义，坏的资本主义，以及增长与繁荣的经济学》，刘卫等译，中信出版社2008年版，第6页。

②［美］拉古拉迈·拉詹、路易吉·津加莱斯：《从资本家手中拯救资本主义：捍卫金融市场自由，创造财富和机会》，余江译，中信出版社2004年版。

③［英］亚当·斯密：《国民财富的性质和原因的研究》，王亚南译，商务印书馆，1988年版，第27页。

④［英］亚当·斯密：《国民财富的性质和原因的研究》，王亚南译，商务印书馆，1988年版，第252—253页。

⑤让·巴蒂斯特·萨伊：《政治经济学概论》，商务印书馆，1997年版，第136—141页。

身和财产的安全看成政府鼓励生产的所有方法中最为有效的方法："在政府所能使用以鼓励生产的所有方法中，最有效的是保证人身和财产的安全。"①就连坚定信奉经济自由主义的奥地利经济学家冯·米塞斯也认为保护产权是政府的职责。他说："国家机器的任务只有一个，这就是保护人身安全和健康；保护人身自由和私有财产；抵御任何暴力侵犯和侵略。"②

与传统市场相比，现代市场具有更加复杂的结构。与衣服、食品这些简单的市场相比，汽车、知识、技术、人力资本、金融等现代服务和自然资源等市场具有高度的复杂性和不确定性，未来收益在人们的收入结构中作用越来越重要。在这种情况下，产权的界定和保护就显得尤其重要。约翰·麦克米兰认为："政府在市场设计中的一个基本任务就是确定财产权利，因为最简单的摧毁市场办法就是破坏人们对自己财产安全的信念。"③威廉·鲍莫尔、罗伯特·利坦和卡尔·施拉姆认为，对于成功的企业家型经济④，以下几个制度很重要："（有效实施的）法治、知识产权保护（但不能过度）、不是过度繁重的税收及促进特定环境中的模仿的回报和机制"，这几个方面都涉及到有效产权保护在内的现代产权制度。

为什么要由政府来保护产权呢？这主要是因为政府拥有其他组织所不具备的强制力，而这种强制力是保护产权所必需的⑤；政府可以设置司法机构对经济纠纷进行仲裁，并强制执行。当然，私人也可以动用自己的资源来保护自己的产权，但这样做既没有效率，也不经济合算，因为"他们必

---

①［法］让·巴蒂斯特·萨伊：《政治经济学概论》，陈福生等译，商务印书馆，1997年版，第221页。

②［奥］路德维希·冯·米塞斯：《自由与繁荣的国度》，韩光明等译，中国社会科学出版社1995年版，第90页。

③［美］约翰·麦克米兰：《市场演进的故事》，余江译，中信出版社2006年版，第11页。

④鲍莫尔、利坦和施拉姆认为，成功的企业家型经济最具创新性和效率：在这种经济中，"经济的大量参与者不仅有无穷的动力和激励进行创新，而且从事前沿性或突破性的创新并使之商业化"。（参见［美］威廉·鲍莫尔、罗伯特·利坦和卡尔·施拉姆：《好的资本主义，坏的资本主义，以及增长与繁荣的经济学》，刘卫等译，中信出版社2008年版，第78、96页。）

⑤政府所具有的强制力可以起到有效保护产权的作用，但如果不对这种强制力实施有效的制衡，它也可以演变成侵害私人产权的"掠夺之手"。

须筹集足够的军事资源来阻止其他人抢夺自己的劳动果实”。

目前，有效保护产权在我国已显得非常重要和迫切，有两个重要原因。

第一，经过36年的经济市场化和经济发展，财产的种类和各类财产数量急剧增加，不仅公有财产的数量大幅度增加，非公有财产，包括个体、私营企业财产和家庭财产，也大幅度增加了。数据显示，我国国有企业净资产2002年为66543.1亿元，2011年增至272991亿元，平均年增长16.98%，还有数量庞大的矿产资源、土地资源、水资源等国有和集体所有的自然资源。个体、私营企业资产的增长速度更快。1990年，我国个体工商户的注册资金为397亿元，2011年增至16177.6亿元，平均每年增长19.3%；私营经济注册资金由1990年的95亿元，增至2011年的257900亿元，平均每年增长45.7%。家庭财产的增长也非常迅速，包括银行存款、各类有价证券、房产等在内的居民家庭财产大幅度增长。据招商银行和贝恩公司的统计，2010年中国个人总体持有的可投资资产（现金、存款、股票、债券、基金、保险、银行理财产品、境外投资和其他类别投资等金融资产和投资性房产）规模达到62万亿元。要想使这些财产所支配的资本等生产要素不断投入到生产过程中，充分流动起来并得到合理的配置，有效的产权保护制度是基本条件。

第二，创新在经济发展中的重要性增加，这也凸现出产权保护的紧迫性。过去36年的高速经济增长，主要靠大规模要素投入、政府投资和技术模仿，大部分投资落在了价值链低端和基础设施领域，创新在经济增长中作用不明显。“中国当前的增长模式已对土地、空气和水等环境因素产生了很大的压力，对自然资源供给的压力也日益增加”①，因而是不可持续的。经济发展的动力要转向更多依靠创新、民营部门和企业家精神，需要动员起千百万人的智慧和力量，这就需要有完善的产权保护制度来保障人们的

① 世界银行和国务院发展研究中心联合课题组（2013）：《2030年的中国：建设现代、和谐、有创造力的社会》（中文版），中国财政经济出版社2013年版，第9页。

利益。威廉·鲍莫尔、罗伯特·利坦和卡尔·施拉姆在谈到法治、财产权和合同权利对创新型经济的重要性时指出："创新型企业家行为是一种有风险的活动，承担这些风险的个人必须得到恰当的补偿。也就是说，当他们成功实现其努力时，对由此产生的结果，资金、土地、产品或全部三种财产，他们必须享有。此外，企业家和所有企业必须相信，他们与其他各方签署的合同是得到承认的。"①

改革开放36年来我国经济持续高速增长，一个重要原因是我国产权保护状况得到了不断改善。威廉·鲍莫尔、罗伯特·利坦和卡尔·施拉姆就认为，中国模式的成功，原因之一是它在两个要素上取得了进步，"这两个要素是有效实施的产权和合约权，能够为企业家提供资本用于支持其企业的金融体系"②。但我国产权保护状况，特别是非公有产权的保护状况并不乐观。企业家论坛2010年调查结果表明，28.6%的企业家表示财产不安全，44.2%的企业家认为企业法规不能够保障企业的利益，半数企业家认为知识产权保护不到位。③ 据世界银行与国际金融公司研究报告《中国营商环境2012》测算，2011年和2012年，在182个国家和地区中，中国投资者保护分别排第93位和97位，投资者保护强度指数（强度指数范围从1到10）为5，属中等强度保护。

由于对私有产权保护不力，自2006年开始出现了第三波移民潮。④ 根据招商银行和贝恩公司联合发布的《2011中国私人财富报告》中的数据，中国个人境外资产增长迅速，2008—2010年年均复合增长率达到约100%。

---

①［美］威廉·鲍莫尔、罗伯特·利坦、卡尔·施拉姆：《好的资本主义，坏的资本主义，以及增长与繁荣的经济学》，刘卫等译，中信出版社2008年版，第96页。

②［美］威廉·鲍莫尔、罗伯特·利坦、卡尔·施拉姆：《好的资本主义，坏的资本主义，以及增长与繁荣的经济学》，刘卫等译，中信出版社2008年版，第132页。

③ 冯兴元、何文广等：《中国民营企业生存环境报告2012》，中国经济出版社2013年版。

④ 有学者认为，我国出现了三波移民潮：第一波是"文化大革命"结束后，第二波是20世纪80年代末和90年代初，第三波从2006年开始，还没有结束。（参见冯兴元、苏小松：《第三波移民潮：法律安全作为一大原因》，《中国民商》，2013年第3期。）

与此同时，近年来中国向境外投资移民人数出现快速增加。据浙江新通出入境公司等机构的保守统计，目前浙江每年至少有1500人成功实现投资移民，并以每年10%—20%的速度增长。移民中，掌握财富、知识和技术的人最多，其中很多是民营企业家。

缺乏稳定、公正和可以预期的司法体系，是投资移民的原因之一。据招商银行和贝恩公司的调查，出于保障财富安全目的而移民的占43%。[①]

二、 平等保护各类产权

各种类型的财产获得有效而同等的法律保护，是市场机制顺利运转和各种所有制经济平等竞争的前提条件。因此，必须建立公平而有效的产权保护制度，以确保“当合同纠纷出现时，无论纠纷发生在私人之间还是私人与政府之间，纠纷各方不仅可以获得法律救助，而且应该享有一个透明有效、执法时不畏权势并不偏不倚的司法制度”[②]。因此，平等而有效地保护各类产权，是完善我国产权保护制度首先要解决的问题。

改革开放以来，非公有制经济及其财产的法律地位和受保护程度是不断上升的。1982年通过的《宪法修正案》允许成立雇员不超过7人的个体经济。1988年通过的《宪法修正案》允许成立雇员超过7人的私营企业。1999年通过的《宪法修正案》将个体经济和私营经济等非公有制经济作为社会主义市场经济的重要组成部分，个体、私营经济的法律和经济地位得到明显提升。2004年通过的《宪法修正案》对非公有财产保护的规定进一步加强了，指出，“国家保护个体经济、私营经济等非公有制经济的合法的权益和利益”，“公民的合法私有财产不受侵犯”，“国家依照法律规定保护

① 根据招商银行和贝恩公司的调研，高净值人士投资移民的三个主要原因是：方便子女教育，占58%，保障财富安全，占43%，为未来养老做准备，占32%。（参见招商银行和贝恩公司：《2011中国私人财富报告》。）

② 世界银行和国务院发展研究中心联合课题组（2013）：《2030年的中国：建设现代、和谐、有创造力的社会》，中国财政经济出版社2013年版。

公民的私有财产权和继承权”。2007 年通过的《物权法》规定，“保障一切市场主体的平等法律地位和发展权利”，“国家、集体、私人的物权和其他权利人的物权受法律保护，任何单位和个人不得侵犯”。2007 年，党的十七大报告指出，“坚持平等保护物权，形成各种所有制经济平等竞争、相互促进的格局”。2012 年，党的十八大报告重申，“保证各种所有制经济依法平等使用生产要素、公平参与市场竞争、同等受到法律保护”。2013 年，党的十八届三中全会指出，“公有制经济财产权不受侵犯，非公有制经济财产权同样不可侵犯”。可以说，迄今为止，我国已经确立起了公有制经济财产和非公有制经济财产的平等法律地位。

尽管有关保护非公有制经济产权和确立它们平等法律地位的立法取得了历史性进步，但在现实实践中，非公有制经济的产权保护状况和平等法律地位不容乐观。

非公有制经济产权没能得到足够的保护，主要表现在以下几个方面：

第一，政府机构拥有巨大的行政权力，而不受限制的行政权力往往成为侵害非公有制经济产权的一个根源。这方面的一个案例就是山西煤炭行业的整合。鉴于煤炭价格上涨、煤矿安全事故频出，2008 年山西省政府发布了《关于加快推进煤矿企业兼并重组的实施意见》，旨在加快煤炭产业结构调整，提高煤炭业的集中度和产业水平。但在实际操作中，私人煤矿的产权没有得到充分的保护，大量煤炭资源通过行政手段集中到少数几家大型国有集团手中。

第二，司法系统没能做到对非公有制经济的公平裁决。当非公有企业的财产受到侵害时，立案、判决和执行都面临许多困难。当非公有制企业与国有企业发生财产、合同等经济纠纷时，裁决及其执行往往偏向于国有企业。

第三，非国有企业税费负担过重。过高的税费负担可以视为对私人产权的一种侵害。一是税收占比高。中小企业（三要是民营企业）整体税收负担占销售收入的6.81%，高于全国企业总体水平6.65%，部分企业缴税总额高于净利润。二是缴费项目多。据粗略统计，目前向中小企业征收行政性收费的部门达18个，收费项目达69大类。三是社保负担重。以北京为例，“五险”占工资比例为44%，单位缴费达到32.8%—43.3%。[①]

非公有制财产得不到公平、有效的保护，有意识形态、理论、法律、政策和执行等层面的原因，因此，构建公平而有效的保护非公有制财产的法治环境就需要从以下几个层面上努力。

第一，营造有利于非公有制经济发展的社会舆论环境。这需要从社会意识形态和理论方面着手。

在社会意识形态方面，不能再把“公”和“私”、“公”和“非公”绝对对立起来，更不能把“非公有制经济”与“自私”“剥削”等直接联系起来，不能认为，只要是“非公有制经济”就丧失了“道德的制高点”[②]。我们必须调动一切积极因素，最大限度地激发各类资本、技术和智力的潜力，让一切劳动、知识、技术、管理和资本的活力竞相迸发。因此，无论是“公”还是“非公”，只要是社会财富创造的源泉，都应该得到积极评价和公平对待。

从理论上讲，还需要进一步深化对“财富”和“私有财产”的认识。在现代市场经济中，“财富”不仅仅是用于消费的金钱，更是经济循环过程中的一种“生产要素”。财富，无论是“公有”还是“私有”，只要它重新投入到经济流转过程之中，它就能创造出新的就业岗位，生产出新的产品和服务，它就是在为社会利益服务，就具有“社会性”。从现实来看，大量私有财产和非公有制经济的存在，创造了大量就业岗位，特别是适合弱势群体的就业岗位，提高了低收入者的收入，产生了“涓滴效应”。对于私有财产，我们则应该把它放在社会财产结构和企业产权结构的变迁中去理解

① 参见黄孟复：《中国民营经济发展报告（2011—2012）》，社会科学文献出版社。

② 参见黄孟复：《改革要怎么改？改什么?》，《中国民商》，2013年第3期。

它的性质。用传统“公”和“私”的概念来区分企业经济属性已不再适应社会主义市场经济发展的现实。经过多年的发展，各种企业内部股权结构已经发生了深刻变化，相当多的民营企业通过股份制改造或上市，实现了股权结构社会化和分散化，成为公众公司；特别是基金公司和投资公司等新的经济组织形式大量涌现，企业社会化的程度相当高。因此，民营经济中的股份制公司、混合所有制公司、全员持股等股权社会化的企业，不仅为社会上众多民众创造了财产性收入，也将企业置于政府、社会和人民群众的监督之下，已经成为社会主义市场经济中公有制的一种有效实现形式。[①] 马克思、恩格斯当年对股份制性质的论述，对于我们当下认识私有财产的性质具有重要启迪。马克思指出公司的资本，“在这里直接取得了社会资本（即那些直接联合起来的个人的资本）的形式，而与私人资本相对立，并且它的企业也表现为社会企业，而与私人企业相对立”[②]。恩格斯则指出，“由股份公司经营的资本主义生产，已经不再是私人生产，而是由许多人联合负责的生产”[③]。

第二，法律、政策条文或解释需要进一步完善。从根源上讲，许多法律和政策条文，以及对这些条文的不当理解，不利于营造非公有制经济发展的公平法治环境。从基本经济制度上看，我国实行的是“以公有制为主体、多种所有制经济形式共同发展的基本经济制度”，这符合我国国家制度的社会主义性质和社会主义市场经济的实际，是必须坚持的。但需要对“公有制”的主体地位做科学的理解。不能把公有制的主体地位理解为公有制企业可以在法律和市场竞争规则面前凌驾于非公有制企业之上，在产权保护和合同仲裁上天然享有特殊优待。国有经济的主体地位主要体现在国有资本集中在关系国家安全和国民经济命脉的重要行业和关键领域。同时，

---

① 黄孟复：《坚定不移地促进民营经济蓬勃发展》，《中国流通经济》，第12期。

②《资本论》第3卷，人民出版社2004年版，第494页。

③《马克思恩格斯文集》第4卷，人民出版社2009年版，第410页。

社会主义基本经济制度也需要随着实践的发展而不断完善。现在，非公有制经济在产值、就业、投资、税收、创新等主要指标上所占的比重不断提升，有些已超过了公有制经济所占的比重，在新的历史条件下，对公有制的主体地位需要做出新的科学解释。

一些法律条文有时也容易导致对非公有财产的侵害。例如，《宪法》第十三条规定“公民的合法的私有财产不受侵犯”，“国家依照法律规定保护公民的私有财产权和继承权”；但同时又规定“国家为了公共利益的需要，可以依照法律规定对公民的私有财产实行征收或者征用并给予补偿”。但对“公共利益”目前还没有明确的界定，对如何界定“公共利益”也没有明确的规定，这就容易导致借“公共利益”之名侵害和掠夺非公有财产的现象出现。

第三，消除对非公有制经济的司法偏见。构建公平的法治环境，执法和司法环节至关重要。从立法层面上看，平等保护各类财产和经济活动的法律、法规和政策并不缺乏，问题是它们并没有得到有效执行。美国学者雷厄姆·艾利森曾指出：“在达到政府目标的过程中，方案确定的功能只占10%，而其余90%取决于有效执行。”① 这同样可以用在法律、法规和政策的制定和执行上。肯尼思·达姆教授说得更明白：“保护合同和财产的立法或规定只停留在书本上是不够的，这两者都必须得到有效的执行。”② 这就要求司法机关和政策执行机关在面对公有制经济单位与非公有制经济单位的财产、合同及其他经济纠纷时，能够抛弃所有制偏见，依据法律条文，公平、公正地裁决。

---

① 陈振明：《公共政策分析》，中国人民大学出版社2003年版，第235页。

② 鲍莫尔、利坦和施拉姆认为，成功的企业家型经济最具创新性和效率：在这种经济中，“经济的大量参与者不仅有无穷的动力和激励进行创新，而且从事前沿性或突破性的创新并使之商业化”。（参见威廉·鲍莫尔、罗伯特·利坦和卡尔·施拉姆：《好的资本主义，坏的资本主义，以及增长与繁荣的经济学》，刘卫等译，中信出版社2008年版，第78、96页。）

三、 强化对农民土地产权的保护

农民财产权的保护，以及保障农民从自己财产中获得合理的经济收益，是我国产权保护制度的一个薄弱环节。党的十八大指出，“让广大农民平等参与现代化进程、共享现代化成果”，“依法维护农民土地承包经营权、宅基地使用权、集体收益分配权”，“改革征地制度，提高农民在土地增值收益中的分配比例”，等等。所有这一切，都取决于有效保护农民的产权。

农民的财产已日趋多元化了，包括集体土地（包括林地）承包权、宅基地的使用权及其宅基地房屋所有权，以及农民家庭银行存款和有价证券等金融资产，而土地承包权、宅基地的使用权和房屋所有权是农民最重要的财产权。下面以土地承包权为例分析如何强化对农民财产权的保护。

（一）农民土地确权

强化对农民产权保护的第一步是土地确权，即明确土地承包权的主体以及位置、面积，并颁发具有法律约束力的土地产权证书。产权只有得到法律上的确认并颁发具有法律约束力的证书，才能使产权得到清晰的界定，产权主体的权益才能够得到最大限度的保护。马克思在论述法律确认对私有财产的重要性时指出：“私有财产的真正基础，即占有，是一个事实，是不可解释的事实，而不是权利。只是由于社会赋予实际占有以法律的规定，实际占有才具有合法占有的性质，才具有私人财产的性质。”① 从法律确认的角度看，我国农民的土地产权还是一种非正式的产权（物权）。在农业市场化程度不高、土地价值低（即土地的价值仅以土地年产物的价值来衡量）、土地市场不发育的情况下，不完善的土地产权尚可满足农业生产的需要。但不确定的土地产权不能确保农民土地产权的安全，不利于土地的流

①《马克思恩格斯全集》第1卷，人民出版社1956年版，第382页。

转和农村金融市场的发育。当土地越来越成为一种稀缺经济资源、土地流转的规模和频率越来越高、由土地所引起的纠纷越来越多时，就需要正规的土地所有权。正规的土地所有权可以提供确切的所有者信息，从而带来有保障的、可转让和可诉讼的财产权。

世界银行2002年的研究表明，“增加土地所有权的安全性，可以提高投资的预期收益，并降低信贷的制约作用。这反过来会增加投资和提高生产率。有保障的土地所有权可以使投资者确信，他们的投资收益将不会被政府或私人机构所剥夺。更安全的土地所有权还可以增加获得贷款的机会，因为土地可用于贷款的抵押”。世界银行还发现，颁发有文件证书、经注册登记的土地所有权起着越来越大的作用。不仅如此，正规的土地所有权还是提高穷人生活水平的关键，这对我国尤其重要。

我国一些地区的土地确权实践已经带来了积极的效应。据厉以宁教授2013年的调研，浙江杭州、嘉兴、湖州三个市的土地确权就使“农民心里踏实了”，农民说：“我们不怕别人随意侵占土地了，他不敢！承包地的经营权、宅基地的使用权、宅基地上房屋的房产权都已经明确了，他能够随便圈我的地吗？能够不经过我们同意就把房子拆了吗？他不敢！”土地确权还促进了土地流转，提高了农民的收入。浙江省嘉兴市在土地确权以前，城市人均收入与农村人均收入之比是3.1∶1，土地确权以后缩小为1.9∶1。可见，农民土地的确权颁证工作是有效保护农民产权，提高农民经济地位的一项基础性制度建设工作。

（二）切实保障农民行使土地产权

农民仅仅有土地产权证书还是远远不够的，法律制度要切实保障农民对土地产权的行使，行政权力不能僭越农民的土地产权，农民因土地纠纷所提起的法律诉讼要得到公平的裁决，法律文书要得到不折不扣地执行。

目前，农民土地产权受到侵害的一个重要情形是行政权力对农民土地产权的侵害，在征地过程中，农民往往被排除在决策和讨价还价过程之外。基层政府出于土地财政、甚至官员私利而侵害农民土地产权的现象时有发生。

有效保护农民土地产权面临理论和实践困境。一方面，农村土地归集体所有，集体经济组织享有土地的所有权，有权处置土地。而在实际运作中，集体土地所有权往往控制在地方政府，甚至主要官员手中。另一方面，农民享有土地使用权（包括农业用地的承包权和住宅用地的使用权），这是一种长期使用权，或者说是一种没有确定期限的使用权，这种使用权可以视为一种准所有权（物权）。从准所有权（物权）的角度看，农民亦有权处置土地。这里就产生了权利与权利的对立。从土地产权的实际运行看，基层地方政府处于强势地位，农民的权利受到压制。在法律条文上，《中华人民共和国土地管理法》第 11 条规定，“农民集体所有的土地，由县级人民政府登记、造册，核发证书，确认所有权”；第 46 条规定，“国家征用土地，依照法定程序批准后，由县级人民政府予以公告并组织实施”；《中华人民共和国土地管理法实施条例》第 25 条规定，“对补偿标准有争议的，由县级以上地方人民政府协调；协调不成的，由批准征用土地的人民政府裁决。征地补偿、安置争议不影响征用土地方案的实施”。可见，在征地过程中，地方政府履行着土地的“确权”与“确权纠纷的处置”，“补偿方案制定”与“补偿标准争议的处置”等权力，既是运动员，又是裁判员。正因为地方政府在土地征用中处于强势地位，开发商和工商企业等土地需求者往往只与地方政府谈判，农民等土地使用者被撇到了一边。

土地是一种特殊的生产要素，农民作为土地产权的一个主体，其所拥有的产权肯定不是一种完全意义上的产权，在土地集体所有制的情况下更是如此。在不完全产权的情况下有效保障农民行使产权，需要注意以下几个方面的问题。

第一，完善集体经济组织的治理结构，以有效制衡集体经济组织领导人的行为。在集体经济组织中，农民享有双重身份，均可以形成权力制衡：一是农民是集体经济组织的成员，是土地所有者中的一员，他有权参与集体经济组织的重大决策，尤其是有关土地征收、转让、流转以及补偿等方面的重要决策。把农民排除在土地征收、出让、流转及补偿决策过程之外，违背了集体经济组织的基本性质。要完善集体经济组织的治理结构，形成权力制衡机制，切实保障信息的公开透明、决策的民主参与，以有效抑制行政权力和官员私利对农民利益的侵占。二是农民作为土地的长期承包者，享有准土地所有权，这种准土地所有权应该构成行政权力的有效制衡。除非为了满足公共利益的需要，征收农民的土地，必须获得农民的同意，并给予经济上合理的补偿。

第二，在满足土地规划和用途管制的条件下，充分保障农民在土地流转和收益方面的权利。农民行使土地产权要受到土地规划和用途管制的限制，基本农田不能转做他用，这是农民土地产权不完全的一种重要表现。但在满足土地规划和用途管制的条件下，农民有权按照市场原则出租、转让、抵押土地，可以用土地入股，并获得相应的收益。对于按政策规定转为经营性用地的土地，农民则应享有比较充分的产权，包括处置权、交易权和收益权。

第三，清晰界定公共利益，防止借公共利益之名侵害农民的土地产权。我国《宪法修正案》规定："国家为了公共利益的需要，可以依照法律规定对公民的私有财产实行征收、征用并给予补偿。"出于公共利益而对私有财产的征收具有强制性，产权主体无法依据产权进行抵制，而且对征收的补偿往往难以覆盖所有的损失，例如，生计损失一般难以获得充分补偿，财产的特殊价值更加难以弥补。虽然我国《宪法》规定为了"公共利益的需要"，可以依法"征用"私有财产，但何为"公共利益的需要"，一直没有明确。在财产征用实践中，判断公共利益及其合理限度的权力主要集中于政治领导人和行政官员，许多被冠以"公共利益"之名的项目，其公益因素十分有限甚至根本没有。[①] 清晰界定公共利益，是保护农民土地产权的重要前提之一。所谓公共利益，就是公众的共同利益，用于“公共利益”的土地主要包括国防用地、基础设施用地（公路、铁路、港口、管道等）、公用事业用地（学校、医院、公园、基本养老设施等）等，它们是社会、经济发展的基础条件。从理论和实践上讲，公共利益的范围是不难确定的。目前对公共利益的界定过宽，把促进经济建设，甚至增加地方财政收入的项目都纳入“公共利益”的范畴，以至招商引资、房地产开发都被纳入征地范围。在清晰界定公共利益以后，只有用于公共利益的土地，政府才可以采取行政手段征收。而即便是出于公共利益而征用的土地，也要给予经济上合理的补偿，以避免由被征用人来承担公共利益的成本，同时也有助于准确评估公共利益的成本，提高经济资源用于公共利益的效率。

（三）保障农民获得合理的土地增值收益

获得合理的土地增值收益是农民土地产权的重要体现，也是农民分享经济发展成果的重要途径。农民是经济发展和经济市场化的受益者，但从总体上看，农民分享经济发展成果的比例低于他们所做的贡献。改革开放之前，由于工农产品的价格“剪刀差”，农民所创造的价值被转移到城市和政府手中。改革开放后，大量农民外出务工，推动了经济快速增长，但他们仅仅挣得较低的工资收入，所创造的经济剩余留在了务工地或进入了国家财政，但他们没有享受到务工地的公共服务和社会福利，在社会总体公共服务中也没有享受到相应的比例。幸运的是，农民的土地随着经济发展水平的提高和经济市场化程度的加深在快速升值，让农民从土地升值中获益，是改善农民经济地位、实现农民产权、增加农民收入的难得机遇。

但受制于地方政府土地财政，农民在土地增值收益中获取的比例很低。据东部某省一个镇的调查，失地农民得到的征地补偿费仅占出让地价款比

---

① 刘庆社：《试析我国宪法对私有财产的保护》，《法治博览》2014年第1期。

例的 30.6%，而各级政府部门所得到的税、费、基金占出让地价款的比例高达 69.4%，土地增值收益的绝大部分为政府部门所得。

农民获得的土地增值收益偏低有两个原因。一是法律规定的征地补偿标准就偏低。《中华人民共和国土地管理法》第 47 条规定："征收耕地的土地补偿费，为该耕地被征收前三年平均年产值的六至十倍。"而土地承包法则规定，土地的承包期为 30 年，期限届满可以延长，补偿的期限远短于承包期限。二是征地补偿费的计算标准不合理。目前土地补偿费是以土地年产物或附着其上的建筑物的价值为标准计算的，这种计算方法只适合农业社会，而不适合现代市场经济。在我国，无论是城市土地还是农业用地（特别是城市郊区和经济发达地区的农业用地），随着市场深化，都已经被资本化了。土地越来越被作为一种资本来交易。因此，土地征收价格就不能仅仅由土地的年产物和附着物（房屋）的价值来决定，而应该由它所带来的未来收入流的贴现值来决定。从东部某省一个镇的情况看，目前耕地补偿费最高每亩 7 万元，已经超过了政策规定的补偿标准。但在东部地区，土地的资本属性日益凸显，土地进入市场后可以带来高额的资本化收益，每亩交易价格高达几十万甚至几百万元。

保障农民获得合理的土地增值收益，以下两点很重要。

第一，回归农民作为土地产权主体的地位，确保农民行使产权主体应该享有的各项权利。对于符合规划和用途管制而进入建设领域的土地，要确保农民的交易主体资格，土地价格由市场决定，土地收入归农民和农村集体经济组织所有。国家可以通过资本税来分享一部分土地增值收益①，并助以调节农民因土地增值而获得的过高收入。

第二，以"资本"看待土地，改变目前以土地年产物和附着物价值来确定土地征收价格的做法。土地的交易价格应该以土地作为一种资本所带

---

① 基础设施水平、经济发展水平、环境条件、治安状况、营商环境及公共服务水平等都会显著提升土地价格，而这些都与政府的努力和公共财政投入密切相关。因此，政府获得一部分土地增值收益具有经济上的合理性。

来的未来现金流为主要依据。以未来现金流为标准来确定土地价格，会提高土地使用成本，从而使得某些在目前征地条件下可以进行的建设项目难以进行。但这并不是一件坏事，它可以促使土地资源的节约，实现土地资源的可持续利用，为后代留下宝贵的经济资源。

（原载于《经济学动态》，2014 年第 5 期）

构建各种所有制经济平等竞争共同发展的体制机制

一、 构建有效保护各类产权的公平法治环境

各种类型的财产获得有效而同等的法律保护，是市场经济顺利运转的制度基础，也是各种所有制经济平等竞争的前提条件。经济学把产权的清晰界定和有效保护，以及合同的有效执行和纠纷的公平仲裁，视为市场经济最基本的支持性制度。产权界定和保护之所以重要，就在于它能为各经济主体提供正当的激励，并鼓励充分的竞争。

改革开放以来，非公有制经济及其财产的法律地位和受保护程度是不断上升的。1954 年的《宪法》规定限制和逐步取消资本家私有制；1982 年通过的《宪法修正案》允许成立雇员不超过 7 人的个体经济；1988 年通过的《宪法修正案》允许成立雇员超过 7 人的私营企业；1999 年通过的《宪法修正案》将个体经济和私营经济等非公有制经济作为社会主义市场经济的重要组成部分，个体、私营经济的法律和经济地位得到明显提升。2004 年通过的《宪法修正案》对非公有财产保护的规定进一步加强，该修正案指出，“国家保护个体经济、私营经济等非公有制经济的合法的权益和利益”，“公民的合法的私有财产不受侵犯”，“国家依照法律规定保护公民的私有财产权和继承权”。2007 年通过的《物权法》规定，“保障一切市场主体的平等法律地位和发展权利”，“国家、集体、私人的物权和其他权利人的物权受法律保护，任何单位和个人不得侵犯”。2007 年党的十七大报告指

出，“坚持平等保护物权，形成各种所有制经济平等竞争、相互促进的格局”。2012年党的十八大报告重申，“保证各种所有制经济依法平等使用生产要素、公平参与市场竞争、同等受到法律保护”。

尽管有关保护非公有制经济产权和确立它们平等法律地位的立法取得了历史性进步，但在实践中，非公有制经济的产权保护状况和平等法律地位不容乐观。企业家论坛2010年调查结果表明，28.6%的企业家表示财产不安全，44.2%的企业家认为企业法规不能够保障企业的利益，半数企业家认为知识产权保护不到位。[①] 另据世界银行与国际金融公司研究报告《中国营商环境2012》测算，2011年和2012年，在182个国家和地区中，中国投资者保护分别排第93位和97位，投资者保护强度指数为5（强度指数范围从1—10），属中等强度保护。

非公有制经济产权没能得到足够的保护，主要表现在以下几个方面：

第一，政府机构拥有巨大的行政权力，而不受限制的行政权力往往成为侵害非公有制经济产权的一个根源。这方面的一个案例就是山西煤炭行业的整合。鉴于煤炭价格上涨、煤矿安全事故频出，2008年山西省政府发布了《关于加快推进煤矿企业兼并重组的实施意见》，旨在加快煤炭产业结构调整，提高煤炭业的集中度和产业水平。但在实际操作中，私人煤矿的产权没有得到充分保护，大量煤炭资源通过行政手段集中到少数几家大型国有集团手中。

第二，司法系统没能做到对非公有制经济的公平裁决。当非公有制企业的财产受到侵害时，立案、判决和执行都面临许多困难。当非公有制企业与国有企业发生财产、合同等经济纠纷时，裁决及其执行往往偏向于国有企业。

第三，非国有企业税费负担过重。过高的税费负担可以视为对私人产权的一种侵害。这方面的表现，一是税收占比高，中小企业（主要是民营企

---

① 冯兴元、何文广：《中国民营企业生存环境报告2012》，中国经济出版社2013年第1版。

业）整体税收负担占销售收入的6.81%，高于全国企业总体水平6.65%，部分企业缴税总额高于净利润；二是缴费项目多，据粗略统计，目前向中小企业征收行政性收费的部门达18个，收费项目达69大类；三是社保负担重，以北京为例，“五险”占工资比例为44%，单位缴费达到32.8%—43.3%[①]。

由于对私有产权保护不力，自2006年开始出现了第三波移民潮。[②] 根据招商银行和贝恩公司联合发布的《2011中国私人财富报告》，中国个人境外资产增长迅速，2008—2010年年均复合增长率达到约100%。与此同时，近年来中国向境外投资移民人数快速增加。据浙江新通出入境公司等机构的保守统计，浙江目前每年至少有1500人成功实现投资移民，并以每年10%—20%的速度增长。移民中，掌握财富、知识和技术的人最多，其中很多是民营企业家，他们的离去将给中国经济社会发展造成重要影响。

缺乏稳定、公正和可以预期的司法体系，是投资移民的重要原因之一。据招商银行和贝恩公司的调查，出于保障财富安全目的而移民的比例达到43%。[③]

非公有制财产得不到公平、有效的保护，有意识形态、理论、法律、政策和执行等层面的原因，因此，构建公平而有效的保护非公有制财产的法治环境就需要从以下几个层面努力。

第一，营造有利于非公有制经济发展的社会舆论环境。这需要从社会意识形态和理论方面着手。在社会意识形态方面，不能再把“公”和“私”、“公”和“非公”绝对对立起来；更不能把“非公有制经济”与“自私”“剥削”等直接联系起来；不能认为，只要是“非公有制经济”就

---

① 参见黄孟复：《中国民营经济发展报告（2011—2012）》，社会科学文献出版社。

② 有学者认为，我国出现了三波移民潮：第一波是“文化大革命”结束后，第二波是20世纪80年代末和90年代初，第三波从2006年开始，还没有结束。参见冯兴元、苏小松（2013）。

③ 根据招商银行和贝恩公司的调研，高净值人士投资移民的三个主要原因是：方便子女教育（占58%）、保障财富安全（占43%）、为未来养老做准备（占32%）。参见招商银行和贝恩公司发布的《2011中国私人财富报告》。

丧失了“道德的制高点”[①]。我们必须调动一切积极因素，最大限度地激发各类资本、技术和智力的潜力，让一切劳动、知识、技术、管理和资本的活力竞相迸发。因此，无论是“公”还是“非公”，只要是社会财富创造的源泉，都应该都到积极评价和公平对待。

从理论上讲，还需要进一步深化对“财富”和“私有财产”的认识。在现代市场经济中，“财富”不仅仅是用于消费的金钱，更是经济循环过程中的一种“生产要素”。财富，无论是“公有”还是“私有”，只要它重新投入到经济流转过程之中，它就能创造出新的就业岗位，生产出新的产品和服务，它就是在为社会利益服务，就具有“社会性”。从现实来看，大量私有财产和非公有制经济的存在，创造了大量就业岗位，特别是适合弱势群体的就业岗位，提高了低收入者的收入，产生了“涓滴效应”。对于私有财产，我们则应该把它放在社会财产结构和企业产权结构的变迁中去理解它的性质。用传统“公”和“私”的概念来区分企业经济属性已不再适应社会主义市场经济发展的现实。经过多年的发展，各种企业内部股权结构已经发生了深刻变化，相当多的民营企业通过股份制改造或上市，实现了股权结构社会化和分散化，成为公众公司；特别是基金公司和投资公司等新的经济组织形式大量涌现，企业社会化的程度相当高。因此，民营经济中的股份制公司、混合所有制公司、全员持股等股权社会化的企业，不仅为社会上众多民众创造了财产性收入，也将企业置于政府、社会和人民群众的监督之下，已经成为社会主义市场经济中公有制的一种有效实现形式。[②] 马克思、恩格斯当年对股份制性质的论述，对于我们当下认识私有财产的性质具有重要启迪。马克思在谈到股份公司成立时提到，“在这里直接取得了社会资本（即那些直接联合起来的个人的资本）的形式，而与私人

---

① 参见黄孟复：《改革要怎么改？改什么？》，《中国民商》，2013 年第 3 期。

② 黄孟复：《坚定不移地促进民营经济蓬勃发展》，《中国流通经济》第 12 期。

资本相对立，并且它的企业也表现为社会企业，而与私人企业相对立”①。恩格斯则指出：“由股份公司经营的资本主义生产，已经不再是私人生产，而是由许多人联合负责的生产”②。

第二，法律、政策条文或解释需要进一步完善。从根源上讲，许多法律和政策条文，以及对这些条文的不当理解，不利于营造非公有制经济发展的公平法治环境。从基本经济制度上看，我国实行的是“以公有制为主体、多种所有制经济形式共同发展的基本经济制度”，这符合我国国家制度的社会主义性质和社会主义市场经济的实际，是必须坚持的。但需要对“公有制”的主体地位做科学的理解。不能把公有制的主体地位理解为公有制企业可以在法律和市场竞争规则面前凌驾于非公有制企业之上，在产权保护和合同仲裁上天然享有特殊优待。国有经济的主体地位主要体现在国有资本集中在关系国家安全和国民经济命脉的重要行业和关键领域。同时，社会主义基本经济制度也需要随着实践的发展而不断完善。现在，非公有制经济在产值、就业、投资、税收、创新等主要指标上所占的比重不断提升，有些已超过了公有制经济所占的比重，在新的历史条件下，对公有制的主体地位需要做出新的科学解释。

一些法律条文有时也容易导致对非公有财产的侵害。例如，《宪法》第十三条规定：“公民的合法的私有财产不受侵犯”，“国家依照法律规定保护公民的私有财产权和继承权”；但同时又规定“国家为了公共利益的需要，可以依照法律规定对公民的私有财产实行征收或者征用并给予补偿”。但对“公共利益”目前还没有明确的界定，对如何界定“公共利益”也没有明确的规定，这就容易导致借“公共利益”之名侵害和掠夺非公有财产的现象出现。

第三，消除对非公有制经济的司法偏见。构建公平的法治环境，执法

---

①《资本论》第3卷，人民出版社2004年版，第494页。

②《马克思恩格斯文集》第4卷，人民出版社2019年版，第410页。

和司法环节至关重要。

从立法层面上看，平等保护各类财产和经济活动的法律、法规和政策并不缺乏，问题是它们并没有得到有效执行。美国学者雷厄姆·艾利森曾指出："在达到政府目标的过程中，方案确定的功能只占10%，而其余90%取决于有效执行。"① 这同样可以用在法律、法规和政策的制定和执行上。强化已有法律、法规和政策的执行，是构建各类所有制经济平等竞争、共同发展的关键。这就要求司法机关和政策执行机关在面对公有制经济单位与非公有制经济单位的财产、合同及其他经济纠纷时，能够抛弃所有制偏见，依据法律条文，公平、公正裁决。

二、 构建非公有制经济自由进入机制

生产要素的自由流动，企业的投资自由，是价值规律和市场机制发挥资源配置基础性作用的基本前提。因此，放松对非公有制经济投资领域的限制，使其能够自由进入和退出特定行业，是建立公平竞争市场环境，完善社会主义市场经济体制的内在要求。

进入21世纪，国务院出台了许多重要的拓宽非公有制经济投资领域的政策性文件。2005年2月，国务院颁布了《关于鼓励支持和引导个体私营等非公有制经济发展的若干意见》，俗称非公经济"旧36条"。该文件把放宽市场准入作为促进非公有制经济发展的基本政策措施，提出"贯彻平等准入、公平待遇原则""允许非公有资本进入法律法规未禁入的行业和领域"，并具体指明了非公有制经济可以进入的领域，包括电力、电信、铁路、民航、石油等能源、交通、通信领域；城镇供水、供气、供热、公共交通、污水垃圾处理等公用事业和基础设施领域；教育、科研、卫生、文化、体育等社会事业领域；银行、证券、保险等金融领域；国防科技工业

① 陈振明：《公共政策学》，中国人民大学出版社2004年版，第283页。

建设领域，以及参与国有经济结构调整和国有企业重组，西部大开发、东北地区等老工业基地振兴和中部地区崛起。

为了进一步促进民间投资的发展，拓展非公有制经济的发展空间，2010年5月国务院又颁布了《关于鼓励和引导民间投资健康发展的若干意见》，俗称非公经济“新36条”。“新36条”与“旧36条”相比，对非公有制经济开放的领域更广泛、更明确和更具体。该文件对进一步拓宽民间投资领域和范围提出了以下原则：一是鼓励和引导民间资本进入法律法规未明确禁止准入的行业和领域，对各类投资主体同等对待，不得单对民间资本设置附加条件；二是政府投资主要用于关系国家安全、市场不能有效配置资源的经济和社会领域，对于可以实现市场化运作的基础设施、市政工程和其他公共服务领域，应鼓励和支持民间资本进入；三是国有资本的重点领域是关系国民经济命脉的重要行业和关键领域，在一般性竞争领域，要为民间资本营造更广阔的市场空间；四是将民办社会事业作为社会公共事业的重要补充，加快形成政府投入为主，民间投资为辅的公共服务体系。

国务院的非公经济“旧36条”和非公经济“新36条”对民营经济几乎放开了可以放开的所有领域，不仅包括一般性的竞争领域，而且包括垄断领域的竞争性环节，基础设施领域和社会事业领域可以放开的部分，甚至开放了国防科技工业建设领域，这在某种程度上来讲，开放得很彻底。2012年，为了具体落实对非公经济的开放政策，国务院要求相关部委制订鼓励和引导民间投资的实施细则。截至2012年7月底，42项民间投资实施细则已按国务院要求全部出齐。

各级政府对非公经济的开放政策取得了实效，民营资本的投资空间扩大了，并开始迈向基础设施领域、现代服务业领域和社会服务领域。但非公有制经济市场准入仍然很困难，许多在政策上已经对非公有制经济开放，甚至鼓励非公有制经济进入的领域，仍然挡着一道“玻璃门”或“弹簧门”，可望而不可即。

从私人控股企业固定资产投资的行业分布完全可以看出私人资本进入某些重要领域仍比较困难。2007—2011 年，私人控股企业固定资产投资主要分布在制造业、批发和零售业、住宿和餐饮业、房地产业、农林牧渔业、居民服务和其他服务业等传统的一般竞争性领域，而分布于电力、热力的生产和供应业、交通运输、仓储和邮政业、金融业、水利、环境和公共设施管理业、教育、卫生、社会保障和社会福利业等产业的比例较低（见表 1）。

表 1 分行业私人控股企业固定资产投资比重

行业	2007	2008	2009	2010	2011
制造业（%）	57.3	60.4	67.0	69.0	71.8
批发和零售业（%）	65.6	67.3	71.5	71.4	70.8
住宿和餐饮业（%）	64.3	66.6	71.8	70.8	70.0
房地产业（%）	61.7	56.3	54.8	55.6	52.9
农、林、牧、渔业（%）	33.4	40.1	40.3	42.1	49.9
居民服务和其他服务业（%）	55.2	61.6	55.2	48.1	43.2
采矿业（%）	26.2	29.6	34.5	38.3	41.8
文化、体育和娱乐业（%）	20.0	23.8	29.4	31.5	34.7
租赁和商务服务业（%）	32.0	35.3	32.9	13.7	39.5
科学研究、技术服务和地质勘查业（%）	18.5	24.7	25.5	26.9	32.0
建筑业（%）	33.3	32.0	31.7	29.5	28.3
电力、热力的生产和供应业（%）	12.9	13.6	13.6	15.4	19.0
金融业（%）	9.5	9.6	13.9	13.4	16.4
信息传输、计算机服务和软件业（%）	4.0	7.8	8.6	10.7	14.2
卫生、社会保障和社会福利业（%）	10.9	11.8	11.4	10.4	11.1
交通运输、仓储和邮政业（%）	5.9	7.5	7.6	8.6	11.5
教育（%）	10.7	12.3	11.0	10.8	10.8
水利、环境和公共设施管理业（%）	6.1	6.6	6.7	7.6	9.7
公共管理和社会组织（%）	4.0	5.9	5.8	6.9	7.6

资料来源：2008—2012 年《中国统计年鉴》。

在一般竞争性领域，非公有制经济已经可以比较自由地进入和退出，但政府的宏观调控政策、产业政策和信贷政策往往构成非公有制经济的进入障碍。在宏观经济紧缩时期，民营经济往往首当其冲，其投资项目往往得不到批准和银行信贷。在产业政策领域，政府往往出于“重复建设”和“产能过剩”的考虑而限制民营企业进入某些行业。

在教育领域，1987 年，国家教委颁布了《关于社会力量办学的若干暂行规定》；1997 年，国务院颁布了《社会力量办学条例》；2002 年，颁布了《中华人民共和国民办教育促进法》，民营资本已经开始进入各级各类教育领域。据统计，2011 年，我国民办高校有 698 家，独立学院 309 家，民办其他高等教育机构 830 家，民办高中阶段教育机构 5250 家，民办初中阶段教育机构 4282 家，民办普通小学 5186 家，民办幼儿园 115404 家，民办培训机构 21403 家。[①] 但民营资本进入教育领域仍存在一些障碍，主要是政策不配套和公办与民办教育机构的地位不平等。比如，政府往往对民办高校不授予硕士生或博士生招生和学位授予资格，民办教育机构的教师在职称评定、工资津贴、档案调转、养老、医疗保险等方面不能享受与公办学校同等待遇，民办学校的学生在助学贷款、购买火车票半价优惠等方面不能享受与公办学校学生同等待遇。政府对民办学校的盈利限制也比较严格。《社会力量办学条例》规定，民办学校不得以营利为目的，这也在一定程度上阻止了民营资本进入教育领域。

在医疗卫生领域，2000 年，国务院体改办等八部门联合下发了《关于城镇医疗卫生体制改革的指导意见的通知》；2010 年，国办发布了《关于进一步鼓励和引导社会资本举办医疗机构意见》；2012 年，国务院印发了《“十二五”期间深化医疗卫生体制改革规划暨实施方案》。截至 2011 年底，全国民营医疗机构数为 45.7 万所，占医疗机构总数的 47.9%，占总床位数的 9.7%。但民间资本进入医疗卫生领域仍面临着许多障碍，如获得政府部

① 参见中华人民共和国统计局：《中国统计年鉴 2012》中国统计出版社，2012 年版。

门的审批较难；与公立医院相比，民营医院在人才、资金等方面不享有平等待遇；民营医疗机构大多不是医疗保险和公费医疗报销的定点医院；等等。

在传统垄断行业，民营资本的进入难度很大。2011 年，石油和天然气开采行业私人投资仅占全部投资的 4%，电力、燃气及水的生产和供应业为 15%，电力、热力的生产和供应业为 15%，燃气生产和供应业为 29%，交通运输、仓储和邮政业为 9%，电信和其他信息传输服务业为 4%，水利、环境和公共设施为 8%。[①] 在这些行业中，有些是因为“自然垄断”特征使目前的在位企业（主要是国有企业）居于垄断地位，导致许多潜在的竞争者被排斥在该行业之外，甚至一些竞争性业务也由于被授予行政垄断权而使潜在竞争者受到排挤和打压。

在公用事业和基础设施领域，民营资本的进入难度亦很大。虽然非公经济“旧 36 条”和“新 36 条”开放了包括城市供水、供热、供气、公共交通、排水、污水处理、市政设施、垃圾处理和城市绿化等公用事业和基础设施领域，但民营资本进入的障碍很多，主要是行政垄断和垂直一体化的市场结构阻碍着民营经济的进入。

破除民营经济进入障碍，构建平等竞争环境，需要从以下几个方面着手。

第一，破除意识形态障碍。非公有制经济进入的意识形态障碍几乎涉及所有产业。在公众和决策者的潜意识中，只要有可能，最好还是让公有制经济从事相应的投资，提供相应的产品和服务。在那些涉及文化宣传、有关国计民生和盈利性较高的领域，如教育、新闻出版、公用事业、基础设施、医疗、金融等领域，意识形态方面的进入障碍更为突出和严重。因此，消除意识形态障碍，特别是审批官员的意识形态偏见，对于打破非公有制进入的“玻璃门”的障碍是很重要的。

---

① 数据来源于冯兴元、何文广：《中国民营企业生存环境报告 2012》，其统计口径与表 1 数据口径有差异。

第二，消除国有经济和非公有制经济市场力量不对称。进入21世纪以来，非公有制企业的数量迅速增加，实力也在增强。2005—2011年，全国私营企业户数从471.95万户增加到967.68万户，增加了1.05倍，平均每年增加12.7%；个体工商户从2463.9万户增加到3756.47万户，增加了0.52倍，平均每年增加7.3%。户均注册资本，私营企业由129.9万元增加到266.5万元，个体工商户由2.4万元增加到4.3万元[①]。但相对国有经济，非公有制经济仍处于弱势。国有经济依靠自己的资本实力，同时借助政府的行政力量，在市场上拥有非公有经济无法比拟的特殊优势。非公有制经济无论是在经济实力还是市场影响力上，都远不如国有经济，从而造成它们之间竞争力量的不对称和市场地位的不平等。

国有经济的许多竞争优势实际上是从政府政策上获取的。如2006年《国务院办公厅转发国资委关于推进国有资本调整和国有企业重组指导意见》规定，国有企业要在以下11个重点行业占据主导位：煤炭开采和洗选业，石油和天然气开采业，黑色金属矿采选业，有色金属矿采选业，石油加工、炼焦及核燃料加工业，黑色金属冶炼及压延加工业，有色金属冶炼及压延加工业，加工运输设备制造业，电力、热力的生产和供应业，燃气生产和供应业，水的生产和供应业。通过对这11个行业相关数据的分析可以发现，国有企业确实占据绝对优势，而私营企业明显处于劣势。

一些国有企业是凭借国有资本优势和在金融市场上的特殊地位获得竞争优势，它们带着这些优势进入到竞争性领域，排挤和打压非公有制企业。以房地产业为例，最先进入房地产业的是民营企业。但随着房地产业的发展，特别是房价和利润的飙升，许多资本实力雄厚的国有企业纷纷进入房地产业，参与土地竞买，“地王”频繁出现于各大城市的土地拍卖市场上。2011年8月，国务院法制办发布《房地产开发企业资质管理规定（征求意见稿)》，全面提高了房地产企业从一到四级房地产开发资质的认定门槛。

① 参见黄孟复：《中国民营经济发展报告（2011—2012)》，社会科学文献出版社。

其中规定，一级资质的注册资本由原来的不低于 5000 万元提高到不低于 2 亿元，房地产行业的进入难度提高。

消除力量对比的不均衡是构建平等竞争的前提。首先，需要调整国有经济结构和缩减国有经济部门，使国有经济和国有资本主要分布在自身功能领域，即公共品领域。国有经济和国有资本的规模和结构应主要由这一点来决定。世界银行和国务院发展研究中心联合课题组（2013）在一份研究报告中指出，“要重新定义中国的国有经济政策，需要强调国有企业的重点应当是进行公共品提供”。在竞争能够发挥作用的领域，应该由民营经济和民营资本唱主角，国有经济不能凭借行政力量和资本优势来打压民营资本。只有国有经济回归到自己的本位，才能从总体上改变国有经济与非公有制经济力量对比悬殊和竞争地位不平等的局面。其次，需要对国有经济的“主导地位”进行科学的理解。国有经济居于“主导地位”的部门不能过于宽泛，不能用行政手段来确保国有经济的“主导地位”，在国有经济居于“主导地位”的部门和领域，不一定需要政府提供大部分资本，政府可以通过资金扶持来支持民营经济进入，借助民营经济来完成政府想实现的某些经济社会功能，同时提高该领域的竞争性。

第三，打破垄断的市场结构。垄断的市场结构是非国有经济进入某些重要领域的重要障碍。电力、电信、铁路、民航、邮政等自然垄断性领域，政府政策都对非国有经济实行了开放，但目前垄断性的垂直一体化市场结构把非国有经济挡在了这些领域之外。

在自然垄断领域，既有自然垄断性业务，也有竞争性业务，而且垄断性业务和竞争性业务往往呈现垂直一体化结构。垄断性业务由于规模经济和沉淀成本巨大，需要由一家或少数几家企业经营，而竞争性业务则可以放开，自由进入。目前，垄断性业务由政府授权给国有企业经营，同时国有企业还经营竞争性业务。这样，国有企业就在自然垄断领域占据了绝对优势地位，它们可以出于自身利益的需要，通过控制垄断环节来阻止潜在竞争者提供竞争性业务。

这方面的例子很多。以电力行业为例，非公经济“旧36条”和“新36条”都对电力行业的开放做了明确规定。2012年6月，国家电力监管委员会发布《加强电力监管支持民间资本投资电力的实施意见》，在市场准入、监督电网公平调度、可再生能源无歧视接入电网、电价改革等方面做出了具体规定，但民营企业投资电力的兴趣依然不大。其主要原因是五大中央企业控制着国家电网，同时经营发电业务，它们完全可以通过对输电业务的垄断阻止民间资本投资发电业务。20世纪80年代，发电领域民间资本的比例达15%，如今已下降到3%以内，五家电力中央企业占到我国电力市场份额的66%①。

打破垂直一体化的垄断市场结构，对于民营经济进入重要行业，特别是自然垄断行业尤其重要。一方面，必须把自然垄断领域中的垄断业务与竞争性业务分开，垄断业务实行垄断经营，竞争性业务则彻底开放；另一方面，在垂直一体化的市场结构中，经营垄断业务的企业不能同时经营竞争性业务，以免经营垄断业务的经营者凭借垄断环节阻止其他企业进入竞争性业务领域。

第四，大幅度削减行政审批。行政审批往往会把非公有制经济挡在某些领域之外，大力精简行政审批，是打破“玻璃门”“弹簧门”的重要举措。

表2 江苏省民营企业市场准入障碍（占调查企业数的百分比）

市场准入标准	资金要求过高（%）	43.5
	市场要求过高（%）	49.5
	技术标准过高（%）	38.4
	不同企业差距待遇（%）	35.5
	其他（%）	1.4

① 冯兴元、何文广：《中国民营企业生存环境报告2012》，中国经济出版社2013年版。

非公有制经济之所以难以进入到许多政策允许进入的行业和领域，与政府审批环节过多、审批标准过高、对民营企业要求偏严、审批官员意识形态偏见和规避政治风险有很大关系。李克强总理在“国务院机构职能转变动员电视电话会上的讲话”中举了一个企业“审批难”的例子：“企业新上一个项目，要经过27个部门、50多个环节，时间长达6—10个月。”对1539家企业近3年审批情况的调查也表明了大致一样的情况，平均每家企业每年要向政府申报审批项目17.67个，单个项目涉及的审批部门平均为5.67个，审批程序平均为9.4道，受调查企业审批时间平均值为171.35天，其中最长约为1500天①。另据对江苏省民营企业准入调查，许多企业都认为，审批环节对民营企业的资金、技术和市场标准要求过高（见表2），从而导致民营企业难以进入某些行业和领域。

社会主义市场经济的基本要义是把市场机制作为资源配置的基本手段。因此，除了环境、生产安全、食品药品安全等涉及外部性的方面需要行政审批外，资源配置活动、投资活动都应由市场主体自主决策和自担风险。市场主体的自我激励和自我约束基本能够保证资源得到最佳配置。

我国行政审批制度改革已经取得了明显成就，2002—2012年，国务院分6批共取消和调整了2497项行政审批项目，占原总数的69.3%。新一届政府加大了行政审批改革的步伐，至目前共取消和下放了165项行政审批事项，重点是经济领域投资、生产经营活动的项目，包括一些对企业投资项目的核准，涉及企业生产经营活动的许可，企业、社会组织和个人的资质资格认定等。但是，行政审批改革还没有完成，还必须进一步削减行政审批事项，减少行政审批环节；同时，审批官员要抛弃所有制偏见和意识形态偏见，在审批事项和审批标准上对各类市场主体同等对待，做到公平、公正和公开。

---

① 陈清泰、张永伟：《行政审批何其多》，人民网—人民日报2013年6月17日。

三、 构建各种所有制经济平等使用生产要素的体制环境

土地、资本和劳动力是三种基本生产要素，平等获取和使用这些生产要素的权利，是各种所有制经济公平竞争、共同发展的基本条件，也是市场机制配置资源的基本前提。

党和政府的重要文件对各种所有制经济依法平等使用生产要素做出了比较明确的规定。党的十六大报告指出，对于私营、个体等非公有制经济，要“在投融资、税收、土地使用和对外贸易等方面采取措施，实现公平竞争”，党的十六届三中全会通过的《中共中央关于完善社会主义市场经济体制若干问题的决定》重申了这一点。非公经济“旧 36 条”提出，加大对非公有制经济的信贷支持力度，拓宽直接融资渠道，“非公有制企业在资本市场发行上市与国有企业一视同仁”。《国务院关于进一步促进中小企业发展的若干意见》针对中小企业“融资难”提出了改善中小企业金融服务、拓宽中小企业融资渠道、完善中小企业贷款体系等方面的政策措施。《中共中央关于制定国民经济和社会发展第十二个五年规划的建议》指出，“营造各种所有制经济依法平等使用生产要素、公平参与市场竞争、同等受到法律保护的体制环境”，党的十八大报告重申“保证各种所有制经济依法平等使用生产要素、公平参与市场竞争、同等受到法律保护”。

改革开放以来，我国生产要素市场，特别是劳动力市场得到了长足的发展，各种市场主体都有获得生产要素的机会。但是，不同所有制经济获取生产要素，特别是重要生产要素的权利还是不平等的，国有经济享有超越其他所有制经济的地位和优先权。这在金融市场上表现得极为明显。表 3 显示，个体私营经济在银行信贷中所占的比例与它们在经济增长和就业上的贡献是明显不对称的。2006—2011 年，个体私营经济贷款占全部银行贷

款的比例平均为14.12%，比它们在全社会固定资产投资中所占的比例低11.38个百分点，比它们在全社会就业中所占的比例低5.27个百分点。

表3　个体私营经济获得的贷款与它的贡献不相称

年份	个体私营经济固定资产投资占全社会固定资产投资的比例（%）	个体私营经济就业占全社会就业的比例（%）	个体私营经济贷款占全部贷款的比例（%）
2006	22.21	15.66	9.42
2007	24.11	16.93	14.34
2008	24.75	18.10	13.75
2009	24.84	20.04	12.77
2010	27.84	21.58	14.76
2011	26.27	23.95	16.59
2006—2011平均	25.50	19.39	14.12

资料来源：2007—2012年《中国统计年鉴》和黄孟复：《中国民营经济发展报告（2011—2012）》。

民营经济不仅存在“融资难”，而且存在“用地难”。据对江苏省民营企业用地情况的调查，民营企业公平用地的权利目前无法保证，用地和建设程序烦琐、用地指标不足、土地价格高是制约民营经济发展的重要因素，分别占总样本的54.9%、54.6%和52.5%，还有17.2%的企业认为土地出让过程不透明（见表4）。

表4　江苏省民营企业用地难调查

调查主题	选项	占总调查企业的比例（%）
用地政策问题	用地和建设程序烦琐	54.9
	用地指标不足	54.6
	土地价格高	52.5
	土地出让不透明	17.2
	其他	1.8

资料来源：徐志明：《江苏省关于支持民营经济发展的政策措施落实情况的调研和分析》。

保障各种所有制经济公平使用生产要素的权利，最重要的是进一步改革我国的金融市场（特别是银行体系和资本市场）和土地市场。撇开贷款审批环节的意识形态偏见，我国金融市场的结构从根本上讲不适合非公有制经济的融资需要。非公有制经济主要是一些中小微企业，它们的信贷需求具有数额较少、周期较短、时间性和灵活性强、缺乏抵押品等特点，而服务于当地的民间银行能够较好地满足中小微企业的融资需求。但是，我国的银行结构以国有大银行为主，大银行基于信息和业务成本等方面的考虑，往往偏好于大企业的大笔信贷业务和金融批发业务，而向中小微企业贷款对它们来说则是不划算的。尽管为了解决中小微企业的贷款难问题，中国工商银行等国有大银行成立了中小企业信贷部，但这仍不能解决中小微企业的贷款难问题。

不仅如此，拉·波塔的研究表明，政府所有权在银行业中占过高的比例，会对金融发展产生抑制作用："我们发现，政府对银行更高的所有权与随后金融体制更慢的发展、更低的经济增长率，特别与更低的生产率联系在一起。"可以认为，国有资本占绝对优势的大银行制度会导致金融抑制，不利于激发经济活力，阻碍了全要素生产率的提高。

因此，放开民间资本进入银行业，对于非公有制经济公平获得生产要素，特别是信贷资本尤其重要。从更广泛的意义上讲，放开民间资本进入银行业，会促进我国金融深化。民间资本进入银行业的政策依据已经比较充分，国务院颁布的非公经济"旧36条"明确指出，"允许非公有资本进入金融服务业"，"允许非公有资本进入区域性股份制银行和合作性金融机构"，"允许符合条件的非公有制企业参与银行、证券、保险等金融机构的改组改制"。非公有经济"新36条"明确提出，"允许民间资本兴办金融机构"，"支持民间资本以入股方式参与商业银行的增资扩股，参与农村信用社、城市信用社的改制工作"，"鼓励民间资本发起或参与设立村镇银行、贷款公司、农村资金互助社等金融机构"。2013年6月19日，李克强总理主持召开国务院常务会，提出推动民间资本进入金融业，鼓励民间资本参与金融机构重组改造，探索设立民间资本发起自担风险的民营银行和金融租赁公司、消费金融公司等，进一步发挥民间资本在村镇银行改革发展中的作用。但是，民间资本进入银行业的程度还很低，金融抑制现象还很严重。出于维护存款人和公共利益的考虑，银监局对设立新的银行机构采取了审慎的态度，一直以来实行严格的审批制，而不是核准制或登记制。一些民营企业希望获得直接设立银行机构的机会，但由于严格的机构准入限制，实际上难以进入金融业。

推进民间资本进入银行业需要采取切实有效的措施，以消除“玻璃门”问题。一是扩大民间资本在大型商业银行的参股比例，以改善大型商业银行的治理结构、信贷行为和各类经济主体与金融机构之间的信息、信誉传递机制；二是科学制定民间资本进入银行业的准入标准，推动民营银行的设立，这一点在目前显得尤为重要。民间中小型金融机构的设立标准不必过高、过严，应该让民营资本自我识别机会和自担风险，更大程度地发挥市场机制在甄别风险上的作用。同时，进一步加强金融监管，并尽快建立存款保险制度，分散存款人风险，保证存款人的资金安全，控制金融体系的系统性风险和维持金融体系的稳定。

一旦民营银行成长起来，非公有制经济的“融资难”问题就可望从根本上得到解决。同时，民营银行和国有资本主导的大型商业银行还能形成良性的分工合作关系。国有大型商业银行从事大企业（既包括国有大企业，也包括非国有大企业）的贷款和金融批发业务，民营银行则从事中小微型企业的贷款和金融零售业务，以发挥自身在信息和地缘、人缘方面的优势。

除了推进民营银行的设立外，还要加快利率市场化改革，提高债券融资比重，深化股票市场改革，给非公有制经济提供更多的融资机会。

土地制度改革和土地市场发育对于保证非公有制经济平等获得土地这

一重要生产要素是十分重要的。要改革政府垄断的征地制度和政府在土地一级市场上的垄断地位，发挥土地市场在土地资源配置中的基础性作用。要加快培育土地二级市场，重新配置存量土地资源，以提高土地供应量和交易量，借以增加非公有制经济主体获得土地资源的机会，降低土地价格。要精简非公有制经济用地程序，增加土地市场透明度，消除公有制经济主体在获取土地资源上享有的优先权和其他特权。

（原载于《财贸经济》，2013 年第 12 期）

推进由“先富”到“共富”的阶段性转换

“共同富裕”是社会主义的本质特征和根本目标，是社会主义制度最大的优越性。在《政治经济学批判大纲》中，马克思就已明确指出，在新社会制度中，“社会生产力的发展将如此迅速……生产将以所有人的富裕为目的”。邓小平将“共同富裕”作为社会主义的本质之一，指出“社会主义的本质，是解放生产力、发展生产力，消灭剥削，消除两极分化，最终达到共同富裕”①。

经过30多年的改革开放，我国综合国力显著提高，但贫富差距明显扩大，已演变为各种社会经济矛盾的一个重要根源。因此，从总体上把握，我国已迈进从“先富”到“共富”的转换阶段。

一、 从纵向和横向角度把握我国贫富差距的历史和现状

经过改革开放30多年的快速发展，我国已经成为中等收入国家②，较为顺利地完成了“先富”阶段的战略目标，为“共富”目标的实现打下了坚实的物质基础。但与此同时，我国的居民贫富差距在这一过程中快速拉

---

① 邓小平：《在武昌、深圳、珠海、上海等地的谈话要点》，《邓小平文选》第3卷，人民出版社1993年版，第373页。

② 2010年世界银行对不同国家收入水平的分组标准：按人均GNI（国民总收入）计算，1005美元以下是低收入国家；1006—3975美元是中等偏下水平；3976—12275美元是中等偏上水平；12276美元以上为富裕国家。

大，攀升至高位。我们可以从纵向的时序比较和横向的国际比较两个方面来具体把握这一问题。

1. 改革开放以来中国居民收入差距拉大速度过快。

改革开放初期，我国居民收入基尼系数一直维持在0.3左右的较低水平，进入20世纪90年代后开始迅速攀升，并于1994年首次超过0.4的警戒线。[①] 其后虽有短暂回落，但总体的上升趋势依然明显。2003年基尼系数超过0.46，之后居民收入差距逐渐稳定，并徘徊于0.47左右的较高水平（见图1）。需要指出的是，由于高收入群体普遍存在瞒报、低报收入的现象，依据官方数据计算的基尼系数往往会低估真实的收入差距状况。[②] 有证据表明，这一低估的程度已越来越大。近些年来，国内高收入群体逐渐展现了强大的消费能力，仍不富裕的中国已成为世界第二大奢侈品消费市场；2012年6月1日，美国波士顿咨询公司（BCG）发布的《全球财富报告》指出，中国百万美元富豪家庭数量达1432万户，排名全球第3。《福布斯》杂志对此评论道，"2009年中国在超级富豪人数榜上还是第13位，没有一个国家实现过这样的跳跃"；由于高收入的被调查者倾向于瞒报收入，官方的城乡居民收入调查数据较之资金流量表的数据低估了居民总收入。考虑到上述问题，有学者估计，我国2007年的真实基尼系数应为0.53[③]，这较之官方调查数据的计算结果高出了12.5%。由于未列入官方统计的瞒报收入、灰色收入呈不断上升的趋势，2003年后真实的基尼系数很可能仍将略有上升。

---

① 照国际惯例，基尼系数在0.2以下表示居民之间收入分配"高度平均"，在0.2—0.4之间为"比较合理"，0.4—0.6为"差距偏大"，0.6以上为"高度不平均"。国际上一般以0.4作为警戒线，在此水平之上，社会不稳定性将会凸现。如果超过0.6时，社会将处于高度不稳定状态，易于出现大规模的动乱乃至爆发革命。

② 王小鲁认为：问卷里还设计了这么一个问题：如果有统计员来采集你的家庭收入数据，你会不会把真实情况告诉他？最低收入组大概有70%的人说会，最高收入组大概有70%的人说不会。接下来还有一个题：如果不会，你可能会告之你的收入为多少？被调查人需要填一个数，再拿这个数和其声明是真实的收入做比较，平均计算下来前者是后者的30%。这和统计局得出的与我们直接估算出来的比例差不多。这样看来，高收入居民特别是最高收入居民的收入在统计的时候有大量的遗漏。（参见：http：//veisen. blog. soho. com/54451954. html.）

③ 李实、罗楚亮：《中国收入差距究竟有多大？——对修正样本结构偏差的尝试》，《经济研究》，2011年第4期。

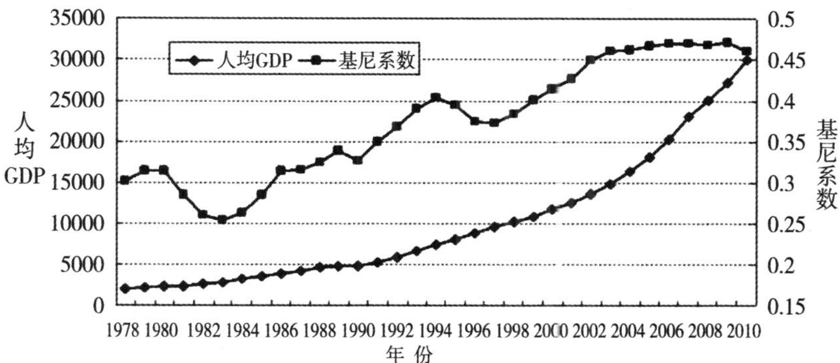

图 1　中国改革开放以来经济发展过程中所伴随的收入差距扩大（1978—2010 年）

数据来源：根据相关历年《中国统计年鉴》数据采用城乡加权法计算。

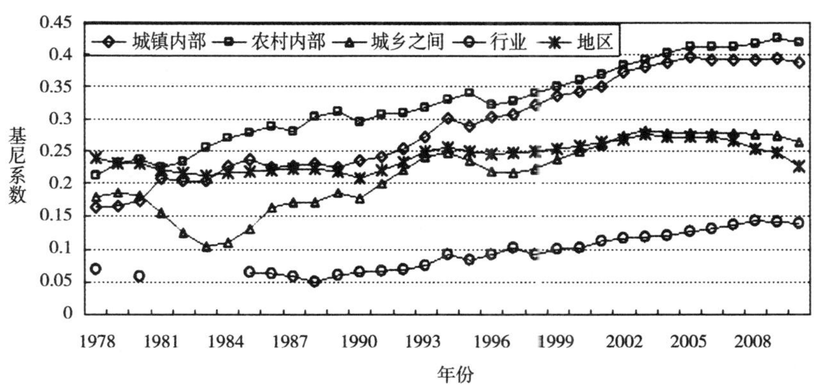

图 2　中国改革开放以来各种类型收入差距的演进（1978—2010 年）

注：地区差距运用的是分省人均 GDP 数据；① 行业差距运用的是行业门类的工资数据，其中 1979、1981—1984 年未公布相应数据。

数据来源：根据相关历年《中国统计年鉴》《新中国统计六十年资料汇编》中数据计算。

① 地区间居民的生活水平差异，或者更全面地概括为福利水平的差异，不仅包括个人收入的差异，还包括诸如医疗、卫生、教育、交通基础设施等公共产品享受方面的差异，而上述公共产品的提供是以地区经济发展水平为基础的，包括政府等部门的支出。因此，人均国内生产总值这一指标较之居民人均收入在衡量地区差距时更具代表意义。

图2展示了按城乡、行业、地区等特征划分的居民收入差距演进情况。从中可以看出，除地区收入差距外，各种收入差距整体上均处于上升态势。其中，农村内部差距在2004年便超过了基尼系数0.4，城镇内部差距也已十分接近这一警戒线水平。伴随着城市化进程中的大规模城乡人口流动，城乡收入差距持续快速扩大的态势得以抑制，但城乡收入依然悬殊。城乡收入差距占据了中国总体收入差距的一半左右，是中国收入差距最大的结构性来源。行业收入差距目前所采用的是行业门类的统计口径，若进一步将行业细分，所计算出来的基尼系数还将进一步上升至0.181以上。[①] 另外，垄断行业高收入的问题十分突出，仅从公开的工资数据计算，行业垄断就已导致行业收入差距上升约25%，与非垄断行业相比，垄断行业非合理地高出相当于平均收入水平1/4的份额。[②] 如果加入非公开的收入和各种隐性的福利等，我国的行业收入差距程度还将更大。

收入差距衡量的是财富流量上的不平等，由于贫富群体间的收入流动性一般较低，现实中骤富骤贫的现象并不普遍，这就使得收入差距会沿着流量变化的方向累积，进而导致居民间财富不平等的同向扩大。由于边际消费倾向递减[③]，财富存量不平等的扩大速度要快于我们所经常讨论的收入不平等扩大速度，进而财富的不平等程度远大于收入的不平等程度。《中国家庭金融调查报告》估算，中国城市家庭总资产均值为247.6万元，中位值为405万元。这意味着中国城镇家庭财富呈严重的右偏分布，穷人较之富人的数量极多，富人较之穷人的财富极大，社会财富占有高度不均。该调查的主持者甘犁指出："抽样调查的样本里，非常有钱的人很

① 武鹏、周云波：《行业收入差距细分与演进轨迹：1990—2008》，《改革》2011年第1期。

② 武鹏：《行业垄断对中国行业收入差距的影响》，《中国工业经济》，2011年第10期。

③ 边际消费倾向递减使得富人较之穷人在满足消费之后有更多的收入用以储蓄，比如，穷人年收入为x，边际消费倾向为a，富人年收入为y，边际消费倾向为b，那么$x<y$，$a>b$，由此可知，财富积累$(1-a)x<(1-b)y$，且$(1-b)y/(1-a)x>y/x$。

多，资产最多的10%的家庭占全部家庭总资产的比例高达84.6%。”① 依此估算，我国的财富基尼系数可能达到0.8左右。这也在很大程度上解释了为什么在当前中国人民普遍并不富裕的情况下，房价却持续上涨且需求依然充沛，2011年70%的瑞士名表为中国人所购买，世界豪车、跑车生产商开始专门为中国消费者量身设计车型等一系列“反常”现象。

2. 中国已位居收入差距偏大国家的行列。

根据世界银行的报告，以基尼系数衡量的中国居民收入差距已高达0.49，在所统计的全球124个国家中排在第95位，处于下四分位之后；根据联合国《人类发展报告2007—2008》，以基尼系数衡量的中国居民收入差距高达0.469，在所统计的全球126个国家中排在第93位，接近于下四分位。上述两组横向可比的权威数据均表明，中国目前已位列收入差距偏大国家的行列，收入不平等状况不容乐观。根据《人类发展报告2007—2008》提供的数据，我们绘制了世界各国居民收入基尼系数的密度分布图（见图3）。该图显示，各国收入差距水平呈单峰右偏分布，总体均值为基尼系数0.409，峰值（即众数值）约为基尼系数0.37。基尼系数0.5以上和0.3以下区间内的国家分布较稀疏，大部分国家集中分布于基尼系数0.3—0.5的区间内。总体而言，世界上大部分国家的收入差距都能够控制在警戒线以内；但从均值来看，收入差距过大目前仍是一个世界性的问题，收入差距水平偏大的国家需进一步加大缩小收入差距的努力。中国的基尼系数位于密度峰值和总体均值的右侧，意味着中国已位列收入差距偏大的国家之一，并且所面临的抑制收入差距扩大的要求相对更为迫切，任务也更为艰巨。

---

① 项凤华、马乐乐：《中国城市家庭资产平均247万元？众网友齐声自嘲“拖后腿了”〈中国家庭金融调查报告〉负责人接受快报采访，回应四大质疑》，《现代快报》，2012年5月16日。

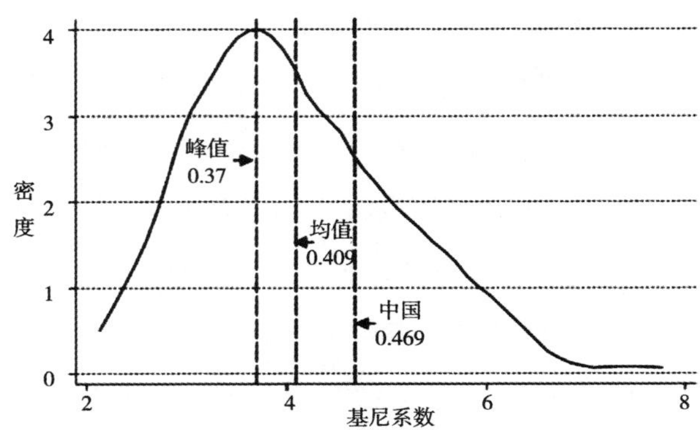

图 3 以基尼系数衡量的世界各国收入差距水平密度分布状况（2006）

数据来源：据《人类发展报告 2007—2008》（Human Development Report 2007/2008）中数据整理。

二、 从国际经验看经济发展与收入差距的关系

在经济学研究中，公平与效率的取舍一直是个颇具争议的话题。打破平均主义大锅饭、推动效率优先的改革，在某种程度上意味着暂时牺牲平等乃至公平，以换取 GDP 的快速增长，这蕴含着公平与效率不可兼得的命题。现在我们对这一命题展开思考，迫切需要弄清两点问题：一是以公平换增长的政策应以何标准来捕捉转折点，进而在此后将公平摆在更为突出的战略位置；二是公平与效率的置换比率如何，两者是否在任何发展阶段都是不可兼得的。西蒙·史密斯·库兹涅茨在 1955 年发表的《经济发展与收入不平等》中提出了著名的“倒 U”假说，指出“收入分配不平等的长期趋势可以假设为在前工业文明向工业文明过渡的经济增长早期阶段迅速扩大，而后是短暂稳定，然后在增长的后期逐渐缩小”。一个国家或地区经

济发展过程中伴随着收入差距“先恶化，后改善”的趋势近乎是必然的。①对此，我们绘制了2006年各个国家或地区基尼系数与对数人均GDP的散点图（见图4），以考察经济发展水平与收入差距之间的联系。

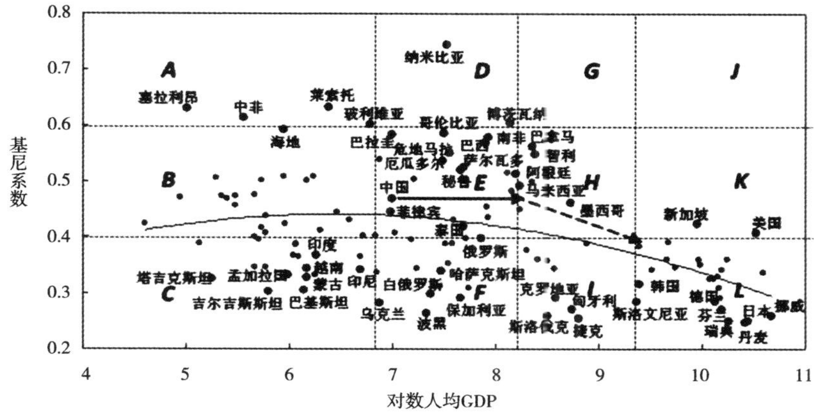

图4　各个国家或地区基尼系数与对数人均GDP的散点图（2006）

注：纵轴虚线依据基尼系数0.4、0.6将世界各个国家或地区划分为收入分配比较合理、差距偏大和高度不平均3组；横轴虚线依据世界银行提出的标准，以人均GDP 905美元、3595美元、11116美元为界将世界各个国家或地区划分为低收入、中下等收入、中上等收入和高收入国家或地区4组。

数据来源：《人类发展报告2007/2008》（Human Development Report 2007/2008）；《世界发展指数2008》（World Development Indicators 2008）。

---

① 西蒙·史密斯·库兹涅茨在解释“倒U”假说时认为，收入差距在经济发展早期阶段逐步恶化的原因有两个：一是储蓄和积累集中在少数富裕阶层，而储蓄和积累又是经济增长的动力，因而在经济增长中必然是穷者越穷，富者越富；二是工业化和城市化是经济增长的必然结果，而城市的居民收入比农村更加不平等，所以城市化水平的提高必然带来收入分配的恶化。他认为现实中有一些因素能够抵消收入分配差距的扩大，从而使收入不平等的状况由恶化向逐步缓和转变。这些因素是：法律干预和政治决策，如遗产税、累进所得税制和救济法的实施；人口中富人的比重由于其比穷人更倾向于控制生育而下降，导致若干年后固定比重的最富裕阶层中有收入相对较低的人口进入，从而使这一阶层的相对收入份额下降；技术进步和新兴行业的不断出现，不可避免地导致来源于旧行业的财产和收入的比重在总收入中逐步减少。

图4按基尼系数由低到高，将各国划分为收入分配比较合理（0.2—0.4）、差距偏大（0.4—0.6）和高度不平均（0.6以上）三组。[①] 在横轴方向上，依据世界银行提出的标准，按人均GDP由低到高，将世界各国（或地区）划分为低收入（905美元以下）、中下等收入（906—3595美元）、中上等收入（3595—11116美元）和高收入国家（或地区）（11116美元以上）四组。上述分组相互交叉，共得到12个子区域，分别由A～L标识。图4中还绘制了一条回归线以拟合分布趋势，经反复实验，二次项方程的拟合优度最高，这也意味着经济增长与收入分配之间在一定程度上存在着“倒U”形的演进轨迹。在各个国家（或地区）散点中，我们着重标识了四类国家和地区：一是在各个经济发展水平上收入差距离均差较大的国家，直观来看就是远离共同趋势线的“瑕点”国家和地区，包括高于和低于趋势线两类国家和地区；二是重要的发达国家和地区、发展中国家和地区，如美国、日本、德国三大资本主义经济体和俄罗斯、巴西、印度、南非等金砖国家；三是中国周边的邻近国家和地区；四是与我国发展阶段相仿的新兴经济体。有的国家和地区兼具上述几个特征。从比较分析中可以得出以下四点结论。①趋势线的上升阶段仅限于低收入区间，在中等和高收入区间中均是下降的，并且在高收入国家中，伴随着收入水平的提高，收入差距下降的速度呈现加速态势。②样本相对于趋势线的离散程度随着收入水平的提高而减弱，发达国家尤为明显地向共同趋势集中。G、J两个远离趋势线的区域没有样本分布，K区域仅有几个少数靠近该区域收入差距下限的样本。发达国家高度集中于L区域，中上等收入国家分布于H和I两个低差距区域，低收入和中低收入国家则跨越了三个收入分配区间。③相对于经济发展水平而言，拉美和南部非洲国家的收入差距水平明显偏高，苏东转型国家和北欧福利国家的收入差距水平明显偏低，而中国则属于差距水平相

① 现实中，以国别划分的基尼系数低于0.2的高度平均的社会并不存在，因此我们的分组未考虑这一情况，反映在纵轴上便是以基尼系数0.2为起点来绘图。

对偏高的国家。这里需要引起我们关注的是，传统资本主义国家和前社会主义转型国家，在收入分配上相对更为平等，与收入差距较高的我国形成了鲜明的对比。这易于使广大中低收入群众联想到，资本主义制度比社会主义制度更有利于形成惠及他们的分配格局，从而动摇他们对社会主义能够实现公平正义的信念。④中国周边各国大多位于趋势线以下，说明它们在经济发展过程中大多保持了相对良好的收入分配格局。尤其是日本和韩国，在成长为发达经济体的过程中，收入差距一直维持在较低的水平，实现了公平和效率的兼得。这里需要引起我们关注的是，周边各国与我国的联系相对更为紧密，分配不平等方面的反差也更易于被国内观察到，进而人们的相关心理落差也更易于被放大，这使得我们较之拉美和南部非洲国家更易于凸显自身收入差距偏大的问题。另外，目前周边国家中仅有尼泊尔在收入差距程度上高于我国，缅甸虽然没有相应数据，但估计亦不下于我国，也正是在这两个国家，政治和社会长期处于动荡之中。这些经验性的事实应引起我们的高度重视。

上述分析对库兹涅茨规律既有否定的一面，也有支持的一面，具体地说，不发达阶段，国家的经济增长未必以收入差距的快速扩大为必要条件；而收入趋于平等却是发达国家的一项必要条件和必备特征；发展中国家要避免落入“中等收入陷阱”，跃升为发达国家，必须实现收入差距的稳步下降。

参考图 4 中箭头所示，目前，中国已跃升为中上等收入国家，但是收入差距过大状况却没有明显改观，且偏离趋势线的程度在不断地扩大，这显然有悖于以上总结的规律。如果继续保持这一状况不变，中国很可能将长期停留于中等收入陷阱 H 区域，而无法像日本、韩国等国家一样跨入高收入发达国家的行列。因此，我国发展路径的选择，应是沿着虚线箭头所示方向，在经济快速发展的过程中，致力于缩小收入差距，从而由中等收入陷阱 H 区域成功跨入标准的发达国家 L 区域。

三、收入差距过大损害经济社会发展基础

收入差距过大是步入中等收入陷阱国家的一个突出特征。过大的收入差距将会给经济、社会带来方方面面的负面影响，其中的某些潜在影响在我国已经开始显现。

第一，收入差距过大易于造成社会不稳定、治安恶化，从而增加产权保护和社会维稳的成本。有诸多的研究证据对此进行了支持和描述。联合国“犯罪趋势与刑事司法体系运转情况调查”显示，凶杀率与收入不平等状况最显著相关，在富裕程度相仿的条件下，收入不平等程度更高的美国比英国高出4倍多，比日本高出12倍多。从1988年至今，中国刑事犯罪率的年均增长速度达到了12.5%，超过了同期人均GDP的年均增长速度[①]，其中，2004年的犯罪增长率更是高达14%。虽然目前中国的犯罪率仍低于西方发达国家，但是改革开放以来中国犯罪率的增长速度却是同期西方发达国家的3到4倍。[②] 1988—2004年，中国的相对收入差距每上升1%，将导致刑事犯罪率显著上升0.37%；绝对收入差距每上升1%，刑事犯罪率将显著上升0.38%。[③]

第二，收入差距持续扩大到一定程度，将可能引发政治动荡。对于这一风险，邓小平早在1990年就曾直接指出，“中国有十一亿人口，如果十分之一富裕，就是一亿多人富裕，相应地有九亿多人摆脱不了贫困，就不能不革命啊！九亿多人就要革命”[④]。我们在改革和发展的过程中，始终要

---

① 胡联合、胡鞍钢、徐绍刚：《贫富差距对违法犯罪活动影响的实证分析》，《管理世界》，2005年第6期。

② 胡联合：《转型犯罪：中国转型期犯罪问题的实证研究》，中央党校出版社2006年版。

③ 陈春良、易君健：《收入差距与刑事犯罪：基于中国省级面板数据的经验研究》，《世界经济》，2009年第1期。

④ 中共中央文献研究室：《邓小平年谱（一九七五——一九九七）》，中央文献出版社2004年版，第1317页。

强调“稳定高于一切”。

第三，收入差距过大禁锢了社会阶层间流动，造成了不平等的世代传递，有违社会公平正义的原则，阻碍了人的自由发展。社会资源主要由经济资源、组织资源和文化资源组成，与这三种资源相对应的收入、权力、声望，往往统一掌握在少部分群体手上。利用这些资源及关系网络，社会顶端阶层可利用各种方式和选择来实现优势地位的代际传递，如利用社会关系在上学就业和事业发展过程中为子女提供诸多便利等。蔡志强总结指出，中国至今尚未形成稳定的橄榄型社会结构，中间阶层总体比例较小，阶层固化的趋势明显加速，表现为社会纵向流动的通道日渐狭窄，下层社会向上流动受阻，社会结构调整速度变慢，制度变革与调整的动力减弱。①

第四，收入差距过大滋长了现代社会的浮躁心态与激进情绪，这给我国当前的经济和社会发展埋下了诸多隐患。联合国儿童基金会一份关于儿童幸福的报告，展示了收入不平等与15岁儿童理想之间的关系。在收入越不平等的国家或地区，儿童长大后越不愿意从事低技能的工作。但是，在较不平等的国家中，理想和实际机会与期望值之间存在巨大差距。② 在收入差距偏大的社会中，一方面，人们普遍抱有“当大官，发大财”“成名成腕儿”的功利性诉求，然而却又普遍缺乏脚踏实地、吃苦耐劳的精神和相应的突出技能；另一方面，在盲目汲汲以求的社会中，人们更专注于如何快速实现自身诉求，而较少考虑相应的社会责任和道德义务，由此导致了普世道德的约束力急剧减弱。《2012中国大学生就业压力调查报告》显示，近70%的大学毕业生期望在副省级以上城市和省会城市工作，愿意在乡镇工作的比例只有0.8%。2011年2月20日，全国总工会发布的《新生代农民工调查报告》指出，与传统的进城务工人员相比，他们更注重自我，然而职

---

① 蔡志强：《社会阶层固化的成因与对策》，《理论导报》，2012年5月20日。

② 参见理查德·威尔森、凯特·皮克特：《不平等的痛苦——收入差距如何导致社会问题》，安鹏译，新华出版社2010年版。

业发展空间小，无法满足实现自我发展的愿望，导致他们的工作满意度较低，工作更换频率是传统进城务工人员的2.9倍。甚至面对现实与理想的落差，很多80后、90后的年轻人选择了消极逃避的态度，以致中国总体上的就业压力较大，但是很多工作岗位却缺乏应聘者，工资的大幅提高依然无法解决民工荒问题。

第五，收入差距过大所导致的社会不稳定，令聚集了大量财富的富裕阶层缺乏安全感，从而热衷于投资移民。与此同时，巨额的财富也被转移至国外，国家经济发展的成果亦随之蒸发。近两年，这一问题在我国已高度凸显出来。美国移民局2012年6月公布的数据显示，2011年美国的投资移民中70%来自中国大陆。富豪阶层作为改革开放政策的最大受益者，却逃避了为国家和民族应尽的义务和责任，他们当下所进行的大规模资产外移活动，将中国经济快速发展的成果大量交由外国来分享，而中国未来经济发展的财富基础却遭到了严重的削弱。

四、实现工作重心由“先富”到“共富”的阶段性转换

选择恰当的时机将经济工作的重心由“先富”转向“共富”是改革初期便确立的一项既定发展战略，也是社会主义共同富裕本质的必然要求。根据世界各国经济发展规律和经验的启示，同时鉴于收入差距过大所带来的越来越多的负面影响和各种危害，我国当前已迎来了由“先富”到“共富”阶段转变的时机。20世纪末以来陆续制定和实施的西部大开发战略、农村税费改革、东北振兴和中部崛起战略，即为这一阶段性转变的几个突出性的标志事件。① 2010年，收入分配改革第一次被写进了政府工作报告，

① 邓小平同志早在1992年就已谈到这个政策转向的时间问题，他说：“中国发展到一定程度后，一定要考虑分配问题……到20世纪末就应该考虑这个问题了。”参见中共中央文献研究室：《邓小平年谱（一九七五——一九九七）》，中央文献出版社2004年版，第1356—1357页。

2011 年又写入了“十二五”规划，意味着这一阶段性转变即将全面推开。随着前期一系列政策的效果逐步显现，我国地区居民之间、城乡居民之间的生活、收入水平差距在近几年已开始逐渐缩小，共同富裕发展战略的阶段性转变开局良好。例如，我国的总体基尼系数自 2003 年以来便已不再明显上升，2006 年达到顶点后开始逐年缓降；城乡间差距作为总体收入差距形成的重要因素，在 2003 年达到顶点后一直保持稳定。但是，由于前期不平衡的增长具有的惯性，整体收入分配改革的具体方案尚处于酝酿之中，涉及经济结构的收入分配调节在短期内见效缓慢，共同富裕的目标仍需长期的艰苦努力才能基本实现。

从战略高度出发，在政策上正式明确我国经济发展已经由“先富”向“共富”的阶段转换，具有重要的理论和现实意义。一方面，改革开放以来所取得的经济成就为调节收入分配和构建和谐社会创造了必要的物质基础，公有制为主体、多种所有制经济共同发展的基本经济制度为此提供了强有力的制度基础；另一方面，缩小贫富差距，避免陷入中等收入陷阱的客观要求已十分迫切。基于这两个基本因素，我们认为，将中国发展的战略重心由“先富”转向“共富”的时机已经成熟，这既具备必要的物质条件，也具有很强的现实紧迫性。对此，除了持续大力推进西部大开发和收入分配改革等战略措施外，还应正式将“先富带后富，最终实现共同富裕”确立为未来经济发展的工作重心，从而使全社会的力量更加集中到实现共同富裕这一社会主义的根本目标上来。

（原载于《经济学动态》，2012 年第 12 期；合作者：武鹏）

当前公有制促进共同富裕的三个着力点

一、 国有企业的利润分配、 社会责任与共同富裕

国有企业在促进落后地区和民族地区的经济增长，推动区域均衡发展中发挥了重要作用。据测算，在城市内部、农村内部、城乡间和行业间收入差距持续扩大之时，我国的地区差距在窄幅波动中趋向下降，地区差距的基尼系数已由2003年峰值时的0.2757下降到2010年的0.2267，降幅达17.8%。[①] 这在一定程度上得益于国有企业的贡献，尤其是国有企业在中西部地区的投资。

自1999年提出西部大开发战略以来，面对中央出台的多项促进各地区、各民族共同富裕的战略举措，国有企业参与其中，收到了良好的区域均衡发展效果。例如，在西部大开发过程中，国有企业承担了大部分建设投资。2010年，国有经济固定资产投资占西部地区的40%，显著高于27%的全国投资平均水平。2010年新疆工作会议之后，中央直属国有企业加大了参与民族地区建设的力度，预计“十二五”期间在新疆的投资规模将超过1万亿元，对新疆工业增加值的贡献率将超过70%。[②] 区域均衡发展的实践表

① 参见武鹏：《共同富裕思想与中国地区发展差距》，《当代经济研究》，2012年第3期。

② 郑晓波：《豪掷1000多亿，百余家央企产业援疆》，《证券时报》，2011年8月22日。

明，在“允许一部分人先富裕起来，先富带后富，最后达到共同富裕”的战略实施过程中，基于公有制经济的资源调控能力、“集中力量办大事”等社会主义特有的制度优势表现明显。

但是，在居民收入分配领域，国有企业所扮演的角色却往往遭受诟病。例如，国有垄断企业的员工往往获取了过高的收入，拉大了居民之间的收入差距；部分国有企业生产经营过程中铺张浪费现象严重，造成了不良的社会影响；国有企业的收益并未充分用于提供基本公共服务；等等。实现公有制的主体地位和国有经济的主导作用，必须发挥它们在促进共同富裕方面的功能。目前重点需要抓住以下三个关键环节。

1. 合理提取和配置国有企业利润，将更多的国有资本收益用之于民。国有企业红利作为国有资本收益，是国有资本所有权的重要体现，是国家代表全体人民收取和管理的重要社会财富，理应合理提取，用之于民。计划经济时期，国有企业上缴的红利曾是国家财政的重要组成部分，但鉴于经济体制转型过程中各种矛盾和历史负担亟须梳理和克服，该制度自 1994 年予以暂停，直至 2007 年 9 月国务院发布《关于试行国有资本经营预算的意见》后才重告恢复。此后，国有企业上缴红利的数额和比例逐年增加。但即便如此，目前的上缴比例仍显过低。2010 年，中央企业实现净利润总额 8490 亿元，共上缴红利 788 亿元，尚不到净利润总额的 10%。① 若考虑到大部分尚未列入征缴范围的部分央企和地方国有企业，国有资本收益的上缴比例将更低。按照国际惯例，上市公司股东分红比例为税后可分配利润的 30% 到 40%，而国有资本向国家上缴盈利普遍高于这个水平，如英国盈利较好的国有企业上缴的盈利相当于其税后利润的 70% 至 80%。而自 2007 年恢复红利征缴以来，我国中央企业中上缴比例最高的资源性行业和

① 相关数据来源于国务院国资委新闻发言人彭华岗 2011 年 11 月 9 日接受新华社记者专访。详细内容请参见：http：//www. sasac. gov. cn/n1180/n1566/n259730/n6971460/13225387. html.

垄断行业，也仅仅只有税后利润的10%。即使2011年后将上限提高到15%，也仍不及国际通行水平的一半。除了未能实现“合理提取”外，国有企业红利在支出使用方面，也未能充分实现“用之于民”。如在已上缴红利中，用于民生方面的公共支出和补充社保基金的部分只有90亿元，仅占红利总额的11.4%。[①]

尽管在国有资本红利征收和使用的具体方式上有所差别，但提取国有企业中国有资本的经营收益，并用于社会公共事业和改善民生，在很多国家已形成了一套系统性通行规则。未来，我国应当继续提高国有企业的红利上缴比例，彰显国有资本属于全体人民的所有制本质。参照发达国家的相关成熟经验，最终达到的合理缴纳比例应为50%左右。其中，资源性和垄断性国有企业的红利上缴比例还应在此基础上进一步提高。在红利的使用方面，应加强对民生方面的投入，除了用于民生性公共支出和补充社会保障基金外，还应拓展到扶贫、助学等再分配支出领域，以缩小初次分配所形成的收入差距，尤其是打破贫穷的代际传递，逐渐实现人的基本发展机会的公平。

2. 强化对国有企业收益流向的监管，防止国有资本收益内部化、私有化。部分国有企业，尤其是垄断性国有企业，高管和员工的高收入和高福利已引起全社会的广泛诟病和不满，甚至有的国有企业在亏损的同时，仍旧派发高额的工资和福利。这种行为实质上是将国有资本的收益内部化、私有化。例如，2010年，中央企业实现利润总额为1.13万亿元，其中，公积金等留存收益约占25%，红利上缴仅占7%。[②] 据测算，国有资本占据主导地位的垄断行业，工资水平高出全社会平均工资水平的1/4，引致行业收入差距上升约25%。[③] 这意味着，部分公有经济不仅未能促进社会财富的公

① 相关数据来源于《国企收益内部化知多少》，《网易解读》第312期。

② 相关数据来源于《国企收益内部化知多少》，《网易解读》第312期。

③ 武鹏：《行业垄断对中国行业收入差距的影响》，《中国工业经济》，2011年第10期。

平分配，反而拉大了收入差距。这与社会主义共同富裕的目标明显背道而驰，也有违公有制的本质属性。

除了工资福利超发外，国有企业生产经营过程中的过度消费行为也较为突出，不时有“天价茅台”“办公楼奢华装修”等事件曝光，大量国有资本收益被恣意挥霍。詹森（M. Jensen）和麦克林（W. Mecking）1976 年在“委托—代理”理论的开创伊始就已指出，企业管理人员会利用所掌握的资源配置权利，对可以提高自身利益的项目进行投资，如扩张企业规模、修建豪华办公室和购置高级办公设备等。由于所有者缺位问题尚没得到有效解决，国有企业所面临的“委托—代理”困境较之其他所有制企业更为严峻，如果没有更加严格的制度化监管，资产流失、收益浪费等问题将难以得到较好的治理。

一些典型的高收入国有垄断企业在超发工资和福利的同时，还在向政府申请巨额补贴，变相索回已上缴的红利。例如，中石油、中石化等国有垄断石油企业每年均向中央财政要求上百亿元的补贴，远超过所上缴的红利数额。以 2008 年的中石化为例，共获得了 503 亿元财政补贴，而其归属于本公司股东的利润仅为 297.69 亿元，按 10% 国有红利上缴比例计算，上缴数额不到 30 亿元，远远低于国家财政补贴的规模。

综合上述问题，政府应加强对国有企业尤其是国有垄断企业的监督审计，制定科学合理的劳动力成本控制标准和薪酬标准，并将这些标准纳入对企业经营者的考评，与其升迁奖惩相挂钩。就垄断行业而言，虽然企业之间很容易实现合谋以攫取更多的垄断收益，但企业的管理经营者在升迁的道路上存在竞争关系，这会抑制他们之间的合谋行为。在具体的评价过程中，可以采用“标尺竞争”的方式来解决监管者所面临的信息不对称。而要控制低效率的过度投资、降低铺张浪费等代理成本，则应限制国有企业管理人员可支配的现金数量。对此，分派红利和提高分红比例是一个有效易行的措施。政府补贴必须与行业劳动报酬水平相挂钩，对职工收入高于社会平均水平的垄断企业，政府补贴应更加谨慎，以免政府补贴最终转化成垄断行业的职工收入，这不仅不能达到补贴的初衷，还会恶化行业间的收入差距。对于确实有正当申请理由的，政府应密切跟踪审计补贴的使用情况，谨防补贴被垄断企业内化成自身收益。通过采取上述措施，一方面可以抑制收入差距的不合理拉大，另一方面可以增加可供上缴的红利，以资助民生支出。

3. 国有企业应切实肩负起应尽的社会责任，注重实现社会效益。很多国有企业的经营业务具有公益性质，这在中央企业层面包括石油石化、电网、通信服务等领域的企业，在地方企业层面包括供水、供气、污水处理、公共交通等领域的企业。国有企业作为市场经营的主体，经济效益自然是其目标之一。但与此同时，由于国有资本的属性，国有企业还应注重社会效益的创造，肩负起高质量地满足民生需求的责任。

较之世界其他国家，我国国有企业在社会效益创造方面尚有较大的差距。如国有电信企业长期获取巨额垄断收益，但通信资费远高于发达国家，宽带网速远低于世界平均水平。全球最大的 CDN 服务商美国 Akamai 公司 2012 年 1 月 31 日公布的 2011 年全球网速数据显示，平均网络连接速度最快的是韩国，中国仅排在第 90 名。在“网速低于 256Kbps 的慢速互联网用户比例”的比较中，中国的表现仅优于印度，位列全球“第二慢”。另有 DC-CI 互联网数据中心发布的《中国宽带用户调查》指出，中国绝大部分互联网用户使用的是“假宽带”，即实际宽带下载速率低于运营商提供的名义宽带速率。中国内地网民实际每月为 1Mbps 宽带的支出是越南的 3 倍，美国的 4 倍，韩国的 29 倍，中国香港地区的 469 倍。再如成品油价格问题，当国际油价上涨时，国有石化企业积极推动国内成品油提价；而当国际油价下降时，它们则拖延乃至阻挠国内成品油价格相应地下调。

长期以来，国有公益性企业，尤其是自然垄断行业中的国有企业，财务收支不透明，极易出现隐瞒谎报实际经营支出、抬高名义经营成本的问题，由此所产生的公共品和服务价格虚高，严重侵蚀了人民群众的利益。如2011年2月至2012年2月，广州市价格成本调查队对广州市自来水公司2008年至2010年度的供水成本进行了监审。在这份“监审清单”中，一立方水被企业多报成本0.348元，比真实成本2.016元“虚高”了17.26%。期间，为改善水源，广州实施了西江引水工程，由于项目建设成本超支，广州自来水公司意欲调高水价。该项目总投资79.7亿元中政府投入的17.3亿元被计入了定价成本，而按成本监审规定是不应计入的。此外，还有诸如吃喝等业务招待费用多报了449万元，虚报管网漏损率增列成本3168万元等账目问题。但就在广州自来水公司自身违规、粗放、欺诈性经营已昭然若揭的情况下，其供水范围内的水费仍由1.32元/立方米上涨到1.98元/立方米，广州市民自此将多支付50%的水费。[①] 诸如一边声称经营亏损一边发放高额工资和福利的现象，在电力等其他公益性垄断国有企业也是存在的。

因此，政府一方面应强化对公益性国有企业社会效益的考核，使得包括低收入群体在内的全体国民都能够普遍享受到国有资产所带来的廉价便利的通信、水电等公共服务，提升生活质量和幸福感；另一方面应增强公益性国有企业经营情况的透明度，晒出他们的“业务账单”供社会、群众评判，抑制其侵害群众权益、变相侵夺公众财富的行为。

二、国有经济、社会保障体系建设与共同富裕

健全的社会保障制度是社会和谐稳定的安全网，是社会文明进步的重

① 参见《一方水虚报3毛5？——一份供水成本监审报告揭示的秘密》，http://news.xinhuanet.com/fortune/2012—06/26/c_112290860.html.

要标志。20 世纪 90 年代以来，我国以国际上前所未有的速度实施了一系列社会保障项目，包括城镇与农村人口养老和医疗保险，工伤和生育保险，“低保”和社会救助等。但现有的社会保障网还难以应对人口老龄化、城乡一体化、劳动力和社会保障权利大规模流动等挑战。建立一个包容性强、可持续的社会保障制度，急切需要做以下工作。一是提高养老保险的覆盖面，把农村居民、进城务工人员、城镇非正规部门就业者都纳入到养老保险体系中来。目前，作为一个重要社会经济群体的进城务工人员，参加养老保险的比例只占其总数的 1/4。二是提高社会保障的统筹层次，解决社会保障网碎片化问题，促进劳动力跨地区、跨行业、跨所有制流动。三是确保社会保障体系的财务可持续性，特别是要偿还社会保障的历史欠账，做实个人账户“空账”。据世界银行 2012 年的粗略估计，我国养老金的隐性债务相当于 2008 年 GDP 的 82%—130%。党的十八大提出，“以增强公平性、适应流动性、保证可持续性为重点，全面建成覆盖城乡居民的社会保障体系”，“整合城乡居民基本养老保险和基本医疗保险制度，逐步做实养老保险个人账户，实现基础养老金全国统筹”。应对以上挑战，构建一张可靠的社会安全网，需要向社会保障体系注入大量资本和现金流，在这方面，国有经济基于自身性质，应该有所作为，并且可以大有作为。

2009 年我国启动了“减持”“转持”部分国有股充实全国社会保障基金的工作①，到 2011 年底，全国社保基金累计转持境内国有股 1036. 22 亿元，其中股票 813. 44 亿元，现金 222. 78 亿元；2005 年执行境外国有股“减持改转持”政策，至 2011 年底，全国社保基金累计转持境外国有股 542. 79 亿元。② 截至 2011 年底，中央财政性资金累计拨入社保基金的 4920

① 根据《境内证券市场转持部分国有股充实全国社会保障基金实施办法》，股权分置改革新老划断后，在境内首次公开发行股票并上市的含国有股的股份公司，须按首次公开发行时股份数量的 10%，将股份公司部分国有股转由全国社保基金理事会持有，股权不足 10% 或已经卖掉的则划拨现金。

② 相关数据来自于全国社会保障基金理事会发布的《2011 年全国社会保障基金年度报告》。

亿元中，其中源于国有股减转持的收入占43.1%，金额达2119亿元。[①] 在上述举措的推动之下，我国社保基金规模实现了快速增长，满足了支出规模加速扩张的资金需求，推进了社会保障项目的“全覆盖”进程。2012年，全国参加城镇职工基本养老保险、基本医疗保险、失业保险、工伤保险和生育保险人数分别为30379万人、53589万人、15225万人、18993万人和15445万人，比2011年分别增长了7.0%、13.2%、6.3%、7.3%和11.2%。[②] 社会保障待遇水平稳步提高。企业退休人员基本养老金连续多年统一调整，由2000年的月人均544元提高到2011年调整后的1511元，6000多万企业离退休人员养老金做到了按时足额发放。2011年，职工基本医疗保险住院医疗费用中统筹基金次均支付6112元，比上年增长8.2%；城镇居民基本医疗保险住院医疗费用中基金次均支付2891元，比上年增长10.7%。“低保”标准和失业、工伤保险待遇标准多次提高。[③] 在我国整体经济发展水平不高、社会保障历史欠账较多、经济转型过程中各种矛盾错综复杂的背景下，将社会保障提高到现有水平，是难能可贵的，国有经济和国有资本发挥了重要作用。

但还应看到，随着社会保障覆盖范围的不断扩大和待遇水平的提高，资金筹措将面临越来越大的压力。提交给第十二届全国人民代表大会第一次会议审议的2013年全国社保基金预算报告显示，2013年社保基金预算收入增速为9.9%，而支出增速为16.8%，两者相差近7个百分点，以致2013年全国社保基金收支结余与2012年相比将下降1000亿元。依这一趋势发展下去，尤其是考虑到人口老龄化阶段的快速到来，社保资金缺口的潜在隐

① 相关数据来自于全国社会保障基金理事会第四届理事大会第二次会议上戴相龙理事长的报告《稳中求进总结提高，以优异成绩迎接党的十八大胜利召开》。

② 相关数据来自于2013年1月25日人力资源和社会保障部举办的2012年工作情况新闻发布会上新闻发言人尹成基的介绍。

③ 相关数据来自于《2011年度人力资源和社会保障事业发展统计公报》。

患很快就会凸显出来。国有经济对社保基金的支持力度必须相应加大。

从理论上讲，利用国有资本及其收益填补社保资金缺口和个人账户“空账”，是一种对以往隐性负债的合理偿付，而不应简单理解为让国有资本替政府“买单”。计划经济时期，个人收入分配仅限于个人消费品分配，在个人收入分配之前，就已经扣除掉了“用来满足共同需要的部分”和“为丧失劳动能力的人等设立的基金”等社会保障支出部分。[①] 政府做了相应的扣除，就应该负担起相关劳动者养老、医疗等方面的保障义务。在实际经济循环中，对劳动者收入所做的社会保障“扣除”形成了国有资本。从更广泛的意义上讲，传统体制下重积累、轻消费的工业化模式和城乡二元分割体制，使得国家对当时的劳动者形成了庞大的隐性负债。一方面，城镇职工的工资被压制在一个较低水平上，他们所创造的价值大部分被用于生产性资本的积累；另一方面，通过工农产品价格“剪刀差”，农民所创造的相当一部分价值被转移到了工业和城市，最终形成了生产性积累。可见，目前庞大的国有资本存量在很大程度上是由长期以来城乡劳动者个人收入在社会保障方面所做的“扣除”、低工资下城镇职工的“剩余劳动”、工农产品价格“剪刀差”所转移的农产品价值积淀滚动而来的。这些劳动者在进入养老阶段享受由国有资本及其收益提供的养老、医疗等保险金，事实上也是在享用自己工作时为国家和社会所创造的价值。可见，将国有资本及其收益用于补充社保资金，在很大程度上是一种“从哪里来，回哪里去”的正常路径循环。并且，目前国有股“转减持”和国有企业红利拨付的力度还远未达到过去的“扣除”和“转移”水平。

因此，无论是从国有资本性质，还是从契约公平的角度出发，国有资本及其收益补充社保资金的力度都应继续加大。从实际操作层面上看，也确实存在巨大提升空间。在 2013 年第十二届全国人民代表大会第一次会议

---

① 马克思：《哥达纲领批判》，《马克思恩格斯文集》第 3 卷，人民出版社 2009 年 12 月，第 439 页。

上，财政部《关于2012年中央和地方预算执行情况与2013年中央和地方预算草案的报告》显示，2012年中央国有资本经营支出为929.79亿元，其中调入公共财政预算用于社会保障等民生支出为50亿元，国有股减持收入补充社保基金支出17.21亿元，二者合计仅占中央国有资本经营支出的7.23%。而2013年中央国有资本经营预算补充社保基金进一步降低为11.34亿元，较2012年降低了近35%。着眼当下，虽然全国整体性的社保支付困难尚未到来，但在个别省份，特别是历史负担较重的东北三省，社保资金吃紧的现象时有显现。对此，应该在中央和地方两个层面，通过向社保基金增拨国有股，变现国有股（特别是竞争性领域的国有股）和提高国有企业分红比例向社保基金注入更多现金流等措施，提高国有资本及其收益补充社会保障资金的力度，从而彰显国有资本全民所有的本质属性和国有经济在解决重大民生问题上的主导作用。

三、城镇土地国有、保障房建设与共同富裕

随着社会经济的发展，存量有限的城市土地资源日益稀缺，商品房的价格随之不断攀升。即使剔除泡沫因素，由市场决定的房价对于广大中低收入城镇居民也是难以承受的。目前，居民的财产，主要是房产的差距已很明显，低收入群体的居住条件甚至出现了恶化。《中国家庭金融调查报告》显示，中国家庭财富呈严重的右偏分布，财富占有高度不均，收入最高10%家庭的储蓄占当年总储蓄的74.9%，而大量低收入家庭储蓄很少。这就使得很多买得起房的城市家庭拥有不止一套住房，多余的住房主要用于投资甚至投机。与此同时，相当数量的城市低收入家庭连购买一套自住房都十分困难，基本生活居住需求难以得到保障。因此，解决中低收入城镇居民的住房问题，对于实现社会公平的意义十分重大，要求也十分

迫切。

为满足广大工薪阶层的基本生活住房需求，中央政府在全国范围启动了大规模的保障房建设工程。应该说，城镇土地国有为保障房建设奠定了制度优势，有助于满足低收入居民的基本住房需求。一方面，土地国有为保障房建设用地的获取提供了便利，中央和各地政府相继采取了建立保障房用地储备、优先低价供给保障房用地等优惠政策和措施。例如，国土资源部原部长、国家土地总督察徐绍史在2012 年 1 月 7 日召开的全国国土资源工作会议上表示，“今年供地指标要从严从紧投放。耕地保护要严而又严，没有讨价还价的余地”，但“保障性住房的用地要‘应保尽保’，计划指标单列”；2011 年 12 月修订的《广州市保障性住房土地储备办法》提出，一方面广州市住房保障办公室可以代表政府在土地市场上行使优先购买权，收购土地纳入保障性住房土地储备。另一方面，土地出让金是保障房建设的一项重要资金来源。2011 年，用于保障房建设的土地出让金总额为 1000 亿—1500 亿元，占政府出资规模的约 1/3。此外，有的地方还利用对公有土地的掌控，采取了其他一些促进保障房建设的措施。如 2011 年 9 月云南省人大常委会对云南城镇保障性住房建设专题询问会上，住房和建设厅厅长罗应光指出，对企业利用存量土地建设公租住房等保障性住房的，经规划部门批准将原用途变更为住宅用地后，无需补缴土地出让金。

但仍需看到，我国城镇保障房建设的资金压力依然较为紧张，城市生活的各种成本也在不断加大，人民生活的幸福感仍有待提升。为此，应大力推进对国有土地出让收益更加合理的使用，以满足保障房建设等民生事业的资金需求。

大部分国有土地出让收益划归地方支配，其中有相当部分并未得到合理的使用。2010 年审计署公布的对全国 11 个省区土地出让收入的审计结果显示，11 个城市改变土地出让收入用途 57 亿元，其中有 7 个市支出 2.1 亿元，用于弥补国土、城建等部门工作经费不足；有 4 个市违规支出 2.38 亿元，用于建设、购置办公楼、商务楼、职工住宅等；有 6 个市支出 39 亿元用于高校新校区、会展中心、剧院、软件园等公共工程建设；有 4 个市支出 9.68 亿元，用于增加政府投资企业注册资本。①

目前，土地出让收入一个重要的、合理的利用途径，就是用以填补保障房建设的巨额资金缺口，以满足广大中低收入人民群众的基本住房需要。据估计，2011 年 1000 万套保障房建设约需资金 1.3 万亿—1.4 万亿元，2010 年的土地出让金约为 2 万亿元。保障房建设资金构成方面，政府出资约 3500 亿—4500 亿元，其中，中央财政投入 1030 亿元，地方土地出让金投入 1000 亿—1500 亿元，地方发债及其他途径筹措资金 1500 亿—2000 亿元，社会筹措资金约 9000 亿元，这一部分主要由银行信贷解决。可见，银行贷款和发债等融资占了绝大部分。这一方面增加了资金来源的不稳定性，给保障房建设进度带来了制约和隐忧；另一方面提高了建设成本，增加了购买者和租用者的负担。

与此同时，全国土地出让金只有不到 10% 用于保障房建设，仅占保障房建设资金来源的 10% 左右。如果能进一步提高土地出让金用于保障房建设的比例，将极大地缓解保障房建设的资金压力。考虑到制度方面的原因，这一比例的提高可能是渐进的。一个过渡性的措施是，将划拨给保障房建设的土地出让金优先用于公租房和廉租房建设，以满足最低收入阶层的基本住房需求。此外，可以考虑延期支付乃至直接减免保障房建设所需缴纳的土地出让金，以缓解保障房建设的资金压力，降低建

① 2011 年以来中央各部门陆续下发文件，要求地方政府从土地出让净收益中提取 10% 用于保障房建设、10% 用于教育投入、10% 用于水利建设，加上 2004 年规定计提 15% 用于农业土地开发，目前已有 45% 的土地出让净收益被中央予以安排。

设成本。

从长远着眼，应改革现行国有土地出让收益的使用方向，提高用于保障房建设的比例，使人民群众作为国有土地的所有者，能够直接享受到国有土地财产的出让收益，而不是在购房置业的过程中被单向地抽取财富。这就需要对巨额土地出让收益的流向加强监管，避免国有财富用于行政滥消费和地方政府的工资福利超发，政绩工程和形象工程，以及不太急切的基础设施建设①，并公开必要的信息以便于社会监督。

（原载于《经济学动态》，2013年第9期；合作者：武鹏）

① 唐伟、黄双江：《我国基础设施建设中重复建设问题分析》，《现代商贸工业》，2011年第11期。

下卷

中国经济发展问题

当代中国发展的本质要求是坚持科学发展

党的十八大报告在全面总结中国社会主义现代化建设基本经验的基础上，深刻分析了新时期中国面临的世情、国情和党情，高瞻远瞩地做出了在当代中国坚持发展是硬道理的本质要求就是坚持科学发展的重大论断。这一论断，不仅深刻揭示了科学发展观的理论价值，而且深化了对科学发展观核心内涵的认识，为中国经济进入以科学发展为主题的崭新时代指明了方向。

一、发展是解决中国一切问题的“总钥匙”

发展，特别是经济发展，对于推进社会主义现代化具有决定性意义，始终是中国特色社会主义建设的核心问题。旧中国积贫积弱，备受列强欺侮，一个重要原因就是经济发展落后。社会主义新中国的成立，为中国谋求经济发展奠定了制度基础，打开了现代化的大门。新中国成立头 30 年，我国依靠计划经济体制集中力量推动工业化，在较短时间内建立了比较完整的国民经济体系，积累了在中国这样一个生产力水平十分落后的东方大国进行社会主义建设的重要经验。改革开放后，我们党认真总结经验，迅速地把党和国家的工作重心转移到经济建设上来，掀开了改革开放和现代化建设的新篇章。在 30 多年的改革开放中，我国建立了社会主义市场经济体制，使人民群众的生产积极性与创造精神如火山般迸发出来，成功实现了向经济大国的历史性转变。中国经济发展为人类文明进步做出了巨大的历史性贡献。

中国社会主义现代化建设成就斐然，最根本的原因在于我们党牢牢把握住了发展这个决定中华民族前途命运的主题。以邓小平同志为核心的党中央，领导全党和全国人民实现了工作重点向以经济建设为中心的重大战略转变，提出了“发展才是硬道理”“中国解决所有问题的关键是要靠自己的发展”的战略思想；以江泽民同志为核心的党中央，确立了社会主义市场经济体制改革目标，指出发展是党执政兴国的第一要务，要集中全国人民力量，聚精会神搞建设，一心一意谋发展；以胡锦涛为总书记的党的中央领导集体，提出了以人为本、全面协调可持续的科学发展观，强调“发展是解决中国一切问题的‘总钥匙’”。党的发展理论在实践基础上的不断丰富，标志着我们党对社会主义现代化建设规律认识的自觉，对中华民族伟大复兴历史重任的担当。

今天，发展仍然是解决中国所有问题的关键。全面客观地看，中国虽然已是经济大国，但还不是经济强国；虽然进入了总体小康，但人们的生活还不宽裕。从人均看，目前我国经济发展水平不仅与发达国家差距很大，甚至低于许多发展中国家。根据联合国开发计划署按2005年购买力平价进行的计算，2011年我国人均国民收入也只有7476美元，仅为高收入国家标准低限的60.9%，约为美国的17.4%、韩国的26.5%。从国内经济发展看，就业形势不容乐观，收入分配差距仍然过大，贫困人口规模不小。解决这些矛盾和问题，需要分配好现有“蛋糕”，但根本出路还是要加快经济发展，以做大“蛋糕”为保障。

对此，党中央冷静分析，对当代中国发展所处的历史方位与阶段做出了科学判断。提出了“三个没有变”的重大战略判断，即我国仍处于并将长期处于社会主义初级阶段的基本国情没有变，人民日益增长的物质文化需要同落后的社会生产之间的矛盾这一社会主要矛盾没有变，我国是世界上最大发展中国家的国际地位没有变。要逐步扭转这“三个没有变”，到21世纪中叶建成富强民主文明和谐的社会主义现代化国家，就必须坚持把发展作为党执政兴国的第一要务，不断夯实中国特色社会主义的物质基础。

二、 坚持科学发展是决定中国未来发展走向的关键

发展是一个不断暴露问题和解决问题的过程。由于我国在短短几十年中走过了发达国家几百年的历程，经济发展过程中遇到的环境资源压力在短时间内集中凸显，亟须从战略上推动经济发展方式转变，走又好又快的科学发展道路。国际金融危机爆发以来，世界各国特别是发达国家都在加紧调整发展战略，国际竞争不断加剧。特别是这次国际金融危机阴霾深重，迫使我国重新调整短期增长与长期发展关系，大大压缩了我们解决经济结构性矛盾的回旋余地。综合各方面因素看，当前中国经济发展面临着比以往任何时候都更为严峻的挑战，能否实现科学发展成为决定中国未来发展走向的关键。

首先，自主创新能力和动力不足成为制约我国经济发展的瓶颈。进入中等偏上收入阶段后，中国人民的生活需求和精神需求更加多样化，决定了我们所追求的发展已不应是单纯的GDP增长，而是讲求速度、质量与效益的科学发展。从经济发展规律看，人类从事有目的的经济活动，只有当其带来的收益超过为此付出的要素投入和资源环境成本时，才能为社会带来净收益，否则便会出现“有增长而无发展”的局面。我国在过去相当长的时间里主要依靠要素投入推动经济增长，创造了丰富的物质财富，人民群众生活得到巨大改善。但这种发展方式是以外延扩张为主的，当生产要素的质与量发生变化，市场需求结构改变时，它就失去了合理性，就不再是可持续的。当前，我国经济发展遇到的主要问题，根源就在于传统发展方式依然在经济生活中发挥着主导作用，经济活动创造的社会净收益在下

降，经济发展遇到了自主创新能力和动力不足这道门槛。

其次，单纯依靠市场换技术在现阶段已很难支撑我国经济增长。从30多年来经济发展轨迹不难看出，我国生产力的迅速提升在很大程度上是通过市场换技术和提高资源配置效率实现的。实践证明，通过市场换技术提高生产力水平，在经济起飞阶段是可取的。正是通过市场换技术，在短期内满足了我国企业对新技术和新设备的需求，使我国工业制造能力得以迅速提升。但同时，市场换技术也在一定程度上弱化了我国自主创新能力，绝大多数企业缺乏核心技术，缺少自主知识产权，缺少世界知名品牌，不得不成为生产低端产品的“世界工厂”。有研究表明，由于自主创新能力不强，中国全要素生产率对劳动生产率提高的贡献率在持续下降，从1978—1994年的46.7%下降到2005—2009年的31.8%。特别是在中国经济规模跃居世界第二的情况下，几乎不可能主要依靠技术引进来支撑长期增长，市场换技术的老路越走越窄。

再次，主要依靠投资推动经济增长已遇到了资源、环境和经济效率的硬约束。由于我国市场规模庞大，作为微观经济主体的企业，即使缺乏自主创新能力，只要将投资规模和生产规模维持在一定水平上，也能在市场竞争中立于不败之地。因此，无论是作为公有制经济的国有企业，还是作为非公经济的企业，为了赢得市场竞争优势均具有强烈的投资冲动。另一方面，由于长期以来以GDP增长挂帅，地方政府受政绩驱动，出现了投资饥渴症。这两种投资冲动相互叠加，使我国投资率长期居高不下，虽然推动了经济高速增长，但也带来日益严重的经济后果。最直接的表现就是投资效率低下、环境承载力下降，而且导致资本劳动比率出现了过早过快上升，这将带来更加深远的影响。劳动力资源丰富、劳动力要素成本低，本来是中国经济增长的比较优势，但由于资本劳动比率的持续提升，在一定程度上使劳动力成本过快上升，造成中国经济发展偏离了比较优势。随着我国经济规模扩大，资本、土地、劳动力等要素条件已出现重大变化，单纯依靠增加投资来实现快速增长变得越来越困难。

最后，当代中国经济发展的国际环境和外部条件发生了深刻变化。近年来，中国经济的崛起引起了一些发达国家的警惕，开始在许多产业的关键环节加强技术外溢管制，并在贸易领域设置技术壁垒。特别是对中国经济结构转型升级急需的高新技术，这些国家更是千方百计实施技术封锁。他们不仅在国家战略上遏制中国成为技术创新强国，而且从发展战略上尽其所能地从中国获取经济利益，试图使中国在技术上永远充当跟随者或依赖者的角色。此外，从资源供求关系看，中国经济发展对大宗矿产品需求持续增长，资源对外依存度将在高位徘徊。由于大宗矿产资源分布不均衡，世界上几个主要国家通过对这些资源探矿权的掌控，从而在矿产品贸易中实行垄断定价。这必将导致我国经济发展的资源成本居高不下。

中国经济发展要突破这些制约，就必须坚持以科学发展为主题，以转变经济发展方式为主线，这是关系我国发展全局的战略抉择，是决定中国未来发展走向的关键。

三、 坚定不移地走科学发展道路

综观国际国内大势，党的十八大做出了我国发展仍处于可以大有作为的重要战略机遇期的判断。虽然我国经济发展在国际金融危机的影响与拖累下，面临着下行压力，但从长远看，仍处在经济周期的上升阶段。只要我们自觉把科学发展观作为一切工作和行动的指针，努力把思想认识统一到坚持科学发展的时代主题上来，切实把经济发展转到依靠内生自主增长的科学发展轨道上来，再保持 20 年甚至更长时间的经济较快发展是完全有可能的。

坚持科学发展必须加快转变经济发展方式。加快转变经济发展方式是推动科学发展的必由之路。加快转变经济发展方式，其根本目的是要以自主创新为动力，尽快改变我国经济增长的粗放型特征，在推动经济实现集约化增长的基础上，着力统筹经济社会、城乡、区域、人与自然、对内改革和对外开放的全面协调可持续发展，逐步实现包括产业结构优化、收入分配公平、人民生活富足、资源能源节约、生态环境优美、社会稳定和谐的社会主义现代化目标，使社会主义在生产力发展上显示出比资本主义更大的优越性。在当前经济运行下行压力较大的情况下，加快转变经济发展方式要围绕稳增长的首要任务，坚持以经济结构调整为主攻方向，坚持以科技进步和创新为重要支撑，坚持以保障和改善民生为根本出发点和落脚点，坚持以建设资源节约型、环境友好型社会为重要着力点，坚持以改革开放为强大动力，促进国民经济尽快转向内生、自主、可持续的有效增长，实现速度、结构、质量与效益相统一。可以预见，只要我们下大力气推动经济发展方式实现根本性转变，就一定能够突破资源环境和核心技术的双重约束，在未来的国际生产力竞赛中赢得新优势，实现从经济大国向经济强国的转变。

坚持科学发展必须从战略上调整和优化经济结构。从战略上调整和优化经济结构，既是解决目前我国经济运行中深层次矛盾的重要着力点，也是拓展经济发展空间和增强经济发展后劲的有效手段。当前，调整和优化经济结构要将重点放在需求结构、产业结构、城乡和区域结构三个方面。需求结构，要在保持适度投资率和出口的同时，加快完善促进消费和提高居民收入的各项政策，着力提高消费对经济发展的贡献度，加快推动我国经济增长向依靠消费、投资和出口协调拉动转变。产业结构，要在加强农业基础地位和推动农业现代化的基础上，大力推进工业化和信息化深度融合，着力通过现代服务业发展来不断提升制造业核心竞争力，特别是要着眼于未来发展，鼓励和支持节能环保等战略性新兴产业快速增长，促进经济发展向依靠第一、第二、第三产业协同带动转变。城乡和区域结构，要大力推进城乡一体化进程，以城镇化带动新农村建设和区域协调发展，在优化提升东部沿海城市群及其产业协调发展的同时，要在中西部一些资源环境承载能力较强的区域，通过加快承接产业转移、有序集聚人口和完善公共服务，培育和发展一批城市群和现代化产业带，形成由东向西梯次拓展的良性经济增长态势。

坚持科学发展必须突出自主创新的战略核心。这些年来，我国在推动经济发展方式转变上做出了不懈努力，虽然取得了一定成效，但整体效果不理想，问题的症结主要在于自主创新乏力，对转方式调结构形成了硬约束。国内外经济发展的经验表明，在低成本竞争优势丧失后，只有努力提高自主创新能力，才能形成新的竞争优势。从2006年起开始实施的《国家中长期科学和技术发展规划纲要》，把加强自主创新作为我国科技发展的战略基点，提出建设创新型国家的总体目标和政策措施，这是党中央和国务院在深刻把握新阶段我国经济发展所处历史方位的基础上做出的长远战略部署。当前，要认真落实这一发展规划，一方面加大自主创新投入力度，重点支持基础研究、前沿技术研究、社会公益性技术研究和原始创新活动，着力突破制约经济社会发展的关键技术；另一方面以深化科技管理体制改革为着力点，加快建立以企业为主体、市场为导向、产学研结合的技术创新体系，引导和支持创新要素向企业集聚，促进科技成果向现实生产力转化。同时，要着力营造鼓励创新的社会环境和氛围，最大限度地激发全社会的创新智慧和创造热情，为中国经济发展提供强大的智力支撑。

坚持科学发展必须处理好市场与政府的关系。能否实现又好又快的科学发展，关键是要处理好市场与政府关系，建立有利于科学发展的体制机制。经过30多年改革发展，我国绝大多数产业已经具备了内生增长能力，市场机制渐趋成熟并对资源配置发挥着基础性作用。只要我们在制定经济政策时遵循市场规律，就能通过市场竞争促进创新性资源的最佳配置，使企业和每个人成为创新的源泉，并汇聚成推动科学发展的巨大动力。用市场机制来推动科学发展，需要继续深化重点领域和关键环节改革，加快政府自身改革和职能转变，使政府从直接控制资源、直接投资和直接干预微观经济中解脱出来，主要通过宏观调控政策引导各类市场主体的创新性活动。政府的主要职责要放到加强宏观决策、制定规划和政策、创造良好环境上来，重点支持基础与前沿研究、事关国家全局的战略技术研究和事关民生的公益性科技研究，引导和支持企业突破关键技术、共性技术，支持新技术新产品的推广应用。只有这样，才能既发挥市场机制对微观主体创新活动的激励作用，又充分发挥政府政策对制约我国经济发展的关键重大技术创新的引领作用，走出符合中国国情的科学发展道路。

（原载于《求是》，2012 年第 24 期；合作者：王兆斌）

市场机制激发经济活力

改革开放30多年来，中国经济经历了双重转型：一是从农业社会向工业社会、城市社会和现代社会转型，二是从计划经济向社会主义市场经济转型。双重转型取得了巨大的成就。改革开放后的前30多年，我国经济以年均近10%的速度增长，5亿人口摆脱贫困，贫困率由65%以上降到10%以下，所有千年发展目标都基本得以实现，成为世界第二大经济体，并成功迈入中上等收入国家行列，实现了经济发展的“奇迹”。

中国经济奇迹的主要原因在于经济体制改革所建立的社会主义市场经济体制实现了有效市场与有效政府的有机结合，激发了经济社会的活力和创造力，不断实现资源的优化配置和经济增长潜力。

一、 市场具有激发经济活力和创造力的内在机制

东西方国家的实践证明，市场机制是迄今为止人类所拥有的最为有效的资源配置工具，因为市场机制能够以最快的速度、最廉价的费用、最简单的形式把资源配置的信息传递给利益相关者，而利益相关者又能够自主决策并做出迅速的反应，从而使各类资源处于有效流动和动态优化配置之中。从功能上看，无论是消费品（包括重要消费品）的最优分配，还是生产要素的最优配置，亦或是动态的经济发展问题（包括结构调整），市场机制基本都可以很好地解决。

改革开放以来，我们党对市场机制在经济发展中作用的认识随着实践的发展而不断深化和理论化。开启中国改革开放大幕的党的十一届三中全会就明确提出“重视价值规律的作用”。党的十二届三中全会通过的《中共中央关于经济体制改革的决定》指出，“只有充分发展商品经济，才能把经济真正搞活”，“必须自觉依据和运用价值规律”。党的十四大报告明确提出，“经济体制改革的目标是建立社会主义市场经济体制”，“市场在社会主义国家宏观调控下对资源配置起基础性作用”。提出市场在资源配置中起基础性作用，是我们党对市场经济认识的一次飞跃，有力推动了我国的经济体制改革。以习近平同志为核心的党中央在新的历史条件下提出了新的论断，指出：“市场在资源配置中起决定性作用和更好发挥政府作用。市场决定资源配置是市场经济的一般规律，健全社会主义市场经济体制必须遵循这条规律。”这一新论断是对我国改革开放30多年实践经验和理论创新的科学总结，反映了世界各国在谋求经济发展和国家现代化过程中的成功经验，必将对我国完善社会主义市场经济体制起到至关重要的作用。

市场经济之所以能够激发经济社会的活力和创造力，主要原因是市场经济中有三条重要规律在起作用，即价值规律、供求规律和竞争规律。价值规律迫使企业不断进行技术、组织和管理创新，降低生产成本，最大限度地提高劳动生产率。供求规律则调节着不同商品的供求关系，从而促使生产要素在不同产品、不同产业、不同地区甚至不同国家之间不停歇地流动，保证各类资源投入到社会最需要的领域和环节。从长期来看，通过供求规律的动态调节，市场机制可以改善和优化经济结构。从这种意义上讲，市场机制可以缓解我国长期以来存在的重复投资和产能过剩这一经济顽疾。竞争规律迫使优胜劣汰，使资源流动到最能有效利用它们的人的手中和最能发挥作用的生产领域，最终使消费者得到物美价廉的产品和服务。西德总理、经济学家路德维希·艾哈德在《来自竞争的繁荣》一书中高度评价竞争作用，他说：“竞争是获得繁荣和保证繁荣最有效的手段。只有竞争才能使作为消费的人们从经济发展中受到实惠。”

从更深层次上讲，市场经济的最大优势在于，它通过市场中错综复杂的网络和千丝万缕的联系，动员起了潜藏在千百万人中的财富、资源、知识、信息、技能和各种潜在的创造力，使它们成为生产力发展的不竭源泉。人民群众是财富的创造者，而市场机制是动员人民群众参与财富创造的好机制。而且，在社会主义市场经济中，人民群众不仅创造着财富，同时也通过市场机制分享着财富，享受着选择的自由。

中国改革开放30多年的快速经济成长证明了市场经济的巨大力量。

第一，市场力量激发各类财产和社会财富的迅速增加。不仅国有资产大幅度增加，非公有资产也大幅度增加，居民家庭持有的房产、股票、债券以及银行存款和各种理财产品等财产也随之大幅度增加。社会财富在涌流，财富中国在成长。据国家统计局的数据，2013年我国各类工业企业总资产已达105万亿元；另据招商银行和贝恩公司的统计，2010年我国个人持有的可投资资产已达62万亿元。这既是以往财富的积累，又是新财富创造的基础。

第二，各类市场主体迅速成长起来。国有企业和集体企业等公有制企业，私营企业、个体工商户、港澳台企业和外资企业等非公有制企业都在发展壮大。2013年，我国各类企业已达241万户，其中国有企业2万户，私营企业176万户。各类企业扮演不同的角色，发挥不同的功能，相互竞争又相互补充，使中国经济呈现出勃勃生机。更为重要的是，以股份制企业为代表的混合所有制企业在市场经济中迅速成长起来，它融合各类资本的优势，成为新的资本力量和公有制经济的重要实现形式。

第三，市场经济激励了企业家的成长。约瑟夫·熊彼特在《经济发展理论》中把企业家才能视为经济增长和发展的原动力，正是企业家的“创造性毁灭”和不断创新推动着经济发展水平的波浪式上升。经过30多年的市场经济洗礼，我国已经成长起一支宏大的企业家队伍。他们在千变万化的市场中识别新机会，开辟新市场，寻找新资源，从事新投资，承担各种风险。他们创造财富，捍卫财富，也增长着自己作为企业家的才干。经济生活也在企业家的奋斗和成长中欣欣向荣。

第四，市场经济为低收入群体提供获取收入的机会。市场经济激励收入向资本转化，促进资本积累，鼓励人们创业，从而不断创造出大量的工作机会。尤其是市场经济能够创造出大量适合低收入群体的工作岗位，使他们有机会从事非农工作和获取较高的工资性收入。改革开放以来，我国数以亿计的农民从农村转移到沿海地区和城市的非农部门就业，极大地改善了他们的经济地位，激发了他们的经济潜力，同时使他们分享到了中国经济快速发展的成果。

第五，市场经济给予人们职业选择和消费选择的自由。人们根据自己的才能、兴趣和收入选择工作，职业的流动性提高，自我发展的空间扩大，自我价值在更大程度上得以实现。同时人们又根据自己的爱好和收入选择所喜欢的商品和服务，个性得到张扬，满足感得到提升，人生得以升华。人们的个性化选择转化为市场信号，诱导企业家决策，从而使生产活动和经济结构更加贴近人们的现实需要，整个经济进入良性循环的轨道。

二、有效市场和有效政府有机结合，促进经济社会持续健康发展

社会主义市场经济强调有效市场和有效政府的有机结合，这对于转型国家和经济快速成长国家尤为重要。市场机制将潜藏在人民群众中的财富、资源、知识、信息、技能、激情和创造力动员起来，激励大众创业、万众创新，孕育着生产力发展的不竭源泉。而政府则创造市场机制赖以顺畅运转的制度基础和宏观环境，确保人民群众不仅积极创造财富，而且能够公平分享财富。

政府与市场犹如鸟之双翼、车之双轮，缺一不可。历史经验表明，在经济发展和现代化的各个阶段都要充分发挥好政府和市场的作用，在德国、日本这样的发达国家和东亚一些发展较好的国家和地区，在其现代化建设或者现代产业发展过程中，政府都曾通过制定发展战略、集中优质资源、扶持主导产业等方式推动经济发展。我国改革开放以来的经验也证明了这一点，那就是，不断扩大市场机制作用，同时有效发挥好政府作用。

政府作用的有效发挥体现在以下几个方面：

第一，为社会主义市场经济提供制度基础。现代市场经济是建立在一套完备的支持性制度之上的，而制度建设是政府的基本职责。改革开放以来，政府在制度建设上取得了明显的成就。社会主义市场经济是法治经济，我们已经形成了一套比较完备的、与现代市场经济相吻合的法律体系，可以在法律层面上规范公民、市场主体和政府的行为，保障人民生命财产安全和良好的经济社会秩序。党的十八届四中全会通过的《中共中央关于全面推进依法治国若干重大问题的决定》必将推动我国法治国家、法治社会和法治政府建设迈向新阶段。产权是所有制的核心，它能够为各类经济主体提供正当的激励，鼓励人们积累财富和有效配置自己的资源，并展开充分的竞争。社会主义市场经济需要完善的产权制度，以清晰地界定产权和公平有效地保护产权。我国产权保护制度不断完善，为社会主义市场经济构建越来越坚实的产权基础和激励结构。对各类产权的保护程度不断提高，特别是非公有制经济产权获得公平保护的程度不断提高，使劳动的果实得到尊重。《中共中央关于全面深化改革若干重大问题的决定》指出，国家保护各种所有制经济产权和合法利益，保证各种所有制经济依法平等使用生产要素、公开公平公正参与市场竞争、同等受到法律保护。社会主义市场经济需要有效的市场监管制度，以建立统一开放、竞争有序的市场体系。以食品药品安全、生产场所安全、环境保护和市场竞争行为监管为代表的监管框架正在形成和发挥作用。

第二，提供稳定的宏观经济环境。宏观经济的稳定是市场充分发挥功能的基本条件，有利于形成合理的价格信号，引导资源的有序流动；有利于生产者和消费者形成稳定的经济预期，从而做出合理的生产和消费决策。稳定的宏观经济环境还是金融市场发挥作用的前提。改革开放以来，我国的宏观经济环境保持基本稳定，政府通过财政政策、货币政策和其他政策的组合，使物价总水平、增长率、就业率和国际收支状况等主要宏观经济指标保持在良好水平上。与其他转型国家相比，我国宏观经济的稳定性是显而易见的。

第三，基础设施快速发展，奠定长期经济发展的基础。良好的基础设施对于经济社会长期发展的重要性得到了中外经验的证实。政府规划、政府投资在我国基础设施发展中起到了至关重要的作用，目前已经形成较为发达的公路、铁路、航空等运输网，人流、物流和信息流比较顺畅，经济结构弹性增强。2014 年，我国新建铁路投产里程 8427 公里，高速铁路运营里程达 1. 6 万公里，占世界的 60% 以上，高速公路通车里程达 11 万公里，有 3 条世界最长的跨海大桥，世界十大集装箱港口我国拥有 6 个，宽带用户达 7. 8 亿户。良好的基础设施构成了市场经济运行和社会福利的骨架。

第四，编织安全可靠的社会安全网。分散社会成员的生活、工作风险，提高居民的福利水平，保证各个阶层的社会成员共享经济发展成果，是政府的基本职责。我国政府已经为城镇居民建立了包括养老、医疗、工伤等在内的较为完整的社会保障体系，通过新型合作医疗和新型农村社会养老保险等逐步将农村居民纳入社会保障体系。由政府兜底的社会保障体系提高了社会成员抗风险的能力和劳动力的流动性，激发了全社会的创业、创新和冒险精神。

在建立和完善社会主义市场经济体制的过程中，政府职能也在向与现代市场经济相契合的方向转变。政府的微观干预活动大幅度减少，政府直接参与资源配置的程度明显降低，政府在经济领域的投资大幅度下降，从而为各类市场主体释放了广阔的活动空间。政府职能向着保持宏观经济稳定，加强和优化公共服务，保障公平竞争，加强市场监管，维护市场秩序，推动可持续发展，促进共同富裕和弥补市场失灵等方面聚焦。

三、 适应经济发展新常态， 需要进一步释放市场经济活力

中国经济正进入“新常态”，创新和居民消费对经济发展的推动作用将更加重要，经济结构将更加复杂化、精细化，发展环境、市场需求的不确定性更大，资源优化配置的具体路径和效率改进的具体方式更加难以把握。适应经济发展“新常态”，需要重新划定政府和市场的边界和功能领域，让市场在资源配置中真正起决定性作用，让更多主体参与决策和承担风险，从而最大限度地释放市场经济的内在活力。

进一步释放市场经济活力，必须加快完善社会主义市场经济体制，通过全面深化改革来夯实市场经济的支持性制度。要进一步完善产权保护制度，使各类资本获得有效而平等的法律保护，让各类所有者享有运用财产的自由和享受创业、创新的果实，从而奠定市场经济最基本的激励基础；改革政府审批制度，通过制定市场准入的负面清单和政府的权力清单、责任清单来充分保证投资者的自由，使人们的创业、创新热情充分迸发；拆除各类市场壁垒，完善基础设施，特别是信息基础设施，形成全国统一大市场，促进消费品、生产要素和信息等在全国范围内的自由流动，保障人们在更大范围内的选择自由，实现资源在更深程度、更高层次的动态优化配置。

（原载于《人民日报》，2015 年 1 月 30 日；收入《人民日报》理论部编：《中国经济为什么行》，人民出版社 2015 年版）

论经济新常态下增长新动力的培育

经过 30 多年的高速经济增长，中国经济已经迈向新成长阶段。2013 年 10 月，习近平总书记在亚太经合组织工商领导人峰会演讲时就明确指出，“中国经济已经进入新的发展阶段”。2014 年 5 月，习近平总书记在河南考察时首次用“新常态”来概括中国经济发展的阶段性特征。2014 年 11 月，习近平总书记在 APEC 会议发表演讲时对中国经济新常态做了系统的论述，指出新常态的三个基本特征：一是从高速增长转为中高速增长；二是经济结构不断优化升级；三是从要素驱动、投资驱动转向创新驱动。中国经济进入新成长阶段的显著特征是经济增长速度明显放缓，本质则是经济增长动力的转换，从传统增长源泉转向新增长源泉。

一、 中国经济成长新阶段

改革开放 30 多年来，中国经济以年均近 10% 左右的速度增长，2010 年超过日本，成为仅次于美国的世界第二大经济体，贫困率由 65% 以上降至 10% 以下，所有千年发展目标均已基本实现。① 从世界视野看，第二次世界大战以后，除中国外连续 25 年以上保持年均 7% 以上速度增长的经济体只

① 世界银行和国务院发展研究中心（2013）：《2030 年的中国：建设现代、和谐、有创造力的社会》，中国财政经济出版社 2013 年版。

有13个[①]，因此，中国持续30多年的高速增长可谓世界经济增长史上的奇迹。但从2010年第三季度开始，中国经济增长速度开始明显下降，2014年降为7.4%，2015年降为6.9%。

中国经济增长速度的明显下降标志着中国经济开始进入新成长阶段，基本原因是传统增长动力减弱，有些甚至趋于消失，需要重塑增长动能和寻找新增长源泉。

改革开放后的前30年，中国的高速经济增长主要靠大规模要素投入驱动，属于典型的外延扩张和粗放型经济。第一，改革开放后的相当一段时期，中国有近乎无限供给的劳动力，大规模的劳动力从农业部门转移到工业部门、城市和沿海地区，带动了总体生产率的提高和GDP的增长。第二，大规模投资和资本积累是推动中国经济高速增长的基本力量。投资和物质资本积累之所以能够成为中国经济增长的基本驱动力，原因是多方面的。改革启动的1978年，中国仍处于前工业化阶段，直到2011年，才跨越工业化中期阶段。在这30多年间，中国正处于经济起飞和快速推进工业化过程之中，资本是其中的关键变量。这一时期，存在着大量简单、明了的投资机会，日常消费品、低端制造业、出口加工、住宅、基础设施等领域都存在大量的盈利项目，只要有资本，就能抓住这些盈利机会。这一时期，市场需求旺盛，巨大潜在需求等待满足，消费处于饥渴状态，且呈现出低层次、同质化和波浪式推进特征，产出基本不受需求侧的约束。从政府的角色看，这一时期，政府以经济建设为中心，广泛参与资源配置过程，利用手中所掌握的大量资源从事投资活动，以追求GDP高增长和政绩，在投资驱动经济增长中，政府性投资扮演着重要角色。第三，资源成本较低，环境容量相对宽松。土地、能源、水等资源性投入价格偏低，企业经营成本处于低位；与此同时，环境规制较松，企业等经营主体甚至可以无代价地

---

① 这13个成为高收入经济体的国家或地区是：赤道几内亚、希腊、爱尔兰、以色列、日本、毛里求斯、葡萄牙、波多黎各、新加坡、韩国、西班牙，以及中国香港、中国台湾。

排放废水、废气、固体废物等生产性废物。低资源成本和低污染代价刺激了资源、能源密集型产业的发展，同时也把中国经济引入高消耗、高排放、高污染和低附加值的轨道。第四，中国改革开放适逢世界产业转移、全球经济一体化加速和国际贸易快速增长，中国抓住了这一发展机遇，大量吸收外资，引进技术和管理经验，实施激励出口政策，外需成为高速增长的强有力引擎。

经过30多年的高速增长后，中国经济增长的基本条件发生了根本性变化。在理论上，一个国家的经济增长速度取决于供给与需求两个基本面。在供给面，自然资源、人力资本、物质资本、技术和管理水平以及制度供给决定着潜在增长率；在需求面，消费、投资和外需的规模和增长速度决定有效需求水平，进而决定潜在增长率能在多大程度上得到释放和实现。中国经济的供给面和需求面都发生了重大变化。从供给面看，要素禀赋结构已经大不相同。第一，劳动力无限供给的状况发生了根本性改变，劳动力对经济增长的制约作用开始显现。蔡昉测算，在高速增长中起“决定性作用”的人口红利消失了。① 根据第六次人口普查，中国15—59岁劳动年龄人口2010年达到峰值，之后逐年减少。可以预见，中国劳动力短缺现象会日益加剧，企业用工成本会显著提高。与此同时，人口老龄化步伐加快，65岁以上老龄人口占总人口的比例快速上升，近几年每3年左右就提高一个百分点，2007年达到8%以上，2011年达到9%以上，2013年达到近10%（9.7%）。老年抚养比随之快速提高，进入2000年以后提高到10%以上，2007年提高到11%以上，2011年提高到12%以上，2013年达到13.1%。人口老龄化在减少劳动力供给的同时，增加了与人口老龄化相关的养老、医疗和保健等方面的支出。劳动人口的减少和老龄人口的增加都会对总体储蓄率、投资回报率和原有的比较优势产生负向影响。第二，土地资源的供给趋紧，价格快速上涨。长期以来，政府通过低价征收土地推动

① 蔡昉：《以转方式调结构引领新常态》，《人民日报》2015年5月4日。

招商引资、房地产发展和城市摊大饼式扩张，2003—2008年，政府征用了140万公顷土地。但可转化为建设用地的土地越来越少，特别是东部沿海地区，因土地而产生的利益冲突越来越尖锐，甚至屡屡引发群体事件。第三，环境容量趋紧，已经不能再靠污染环境来求得快速经济增长。世界银行和国务院发展研究中心的研究报告指出，中国当前的增长模式已对土地、空气和水等环境因素产生了很大压力，对自然资源供给的压力也日益增加。①

从需求方面看，投资和外需高速增长的势头已经不复存在。第一，投资的增长速度呈现下降趋势。“十一五”期间，全社会固定资产投资平均增速为25.5%，“十二五”的头两年，增速仍维持在20%以上，但2013年降到19.3%，2014年再降为15.7%。投资增速下降从一个侧面说明投资机会发生了变化，原来的“简单、明了”的投资机会已经不复存在，新的投资机会需要通过技术创新、产品创新、产业创新、商业模式创新等新途径来开拓，难度和复杂度明显加大。在投资增速下降的同时，投资效率也明显下降了。新增资本产出比是衡量投资效率的一个指标，是指每增加一个单位的GDP所需要增加的投资额。2005年新增资本产出比是2.4，2008年为2.9，2009年为3.6，2014年达到了4.3的较高水平，有持续提高的势头。②投资增速的下降和新增资本产出比的提高使投资对中国经济增长的驱动力下降。第二，外需在中国经济增长中重要性下降。受传统比较优势的减弱、国际市场竞争加剧、新兴经济体对我国主要出口市场的侵蚀以及贸易保护主义抬头等因素的影响，我国的出口增长速度不可能维持在原有水平上。换一个角度看，中国也不需要继续追求过高的出口增长速度，因为过度的出口增长会造成宝贵资源的流失，加剧环境破坏、贸易摩擦、外贸环境恶化和巨额外汇储备风险等。

---

① 参见世界银行和国务院发展研究中心（2013）：《2030年的中国：建设现代、和谐、有创造力的社会》，中国财政经济出版社2013年版。

② 参见赵昌文、许召元、朱鸿鸣：《工业化后期的中国经济增长新动力》，《中国工业经济》2015年第6期。

由于供给面和需求面的基本因素发生了趋势性变化，加上人均收入水平已经达到中等偏上收入国家标准，中国已经开始迈向新成长阶段。美国经济学家华尔特·惠特曼·罗斯托把经济发展划分为五个阶段：传统社会、为起飞创造前提条件阶段、起飞阶段、向成熟推进阶段和高额群众消费时代。依据罗斯托标准，在向成熟推进阶段，正常成长的经济力图把现代技术推广到它的全部领域之中；国民收入中约有10%—20%经常用作投资；技术的改革、新工业加速发展而旧工业停滞，经济结构不断发生变化；对新的进口货物的需要增长；社会按照自己的意愿，迎合现代有效率生产的需要；用新的信念和制度来代替旧的信念和制度，使它能够帮助而不是阻碍成长过程。而在高额群众消费时代，经济的主导部门转移到耐用消费品和服务业，城市居民在总人口中的比例提高了，在办公室工作的人和熟练工作的人所占的比率提高了，越来越多的资源用于生产耐用消费品和服务。[①] 按照罗斯托的标准，我国目前已经明显呈现出向成熟推进阶段和高额群众消费阶段的某些特征。

二、 培育经济增长新动力

在新经济成长阶段，中国经济仍具有巨大的增长潜力。许多学者对中国未来的潜在增长率进行分析预测，依据蔡昉的预测，“十三五”时期中国经济潜在增长率为6.2%[②]；依据世界银行和国务院发展研究中心预测，“十三五”期间中国经济的潜在增长率为7%[③]；依据林毅夫预测，2008—2028年中国经济潜在增长率可以达到8%[④]。与高速增长时期相比，中国潜在增

① ［美］华尔特·惠特曼·罗斯托：《经济成长的阶段》，国际关系研究所编译室译，商务印书馆1962年版。

② 蔡昉：《增长潜能+改革红利》，《人民日报》2015年8月5日。

③ 世界银行和国务院发展研究中心（2013）：《2030年的中国：建设现代、和谐、有创造力的社会》，中国财政经济出版社2013年版。

④ 林毅夫：《中国经济持续增长潜力依然强劲》，《理论学习》2014年第6期。

长率确实下降了，但从国际范围内看，仍是很高的增长速度。实现潜在增长率，不能依靠传统的增长动力和源泉，必须培育新增长动力和源泉。这需要从供给和需求两个方面着手。

（一）从供给面看经济增长新动力的培育

根据马克思主义政治经济学原理，生产在社会再生产过程中起决定性作用，生产在向社会提供产品和服务的同时，也创造着对自身的需求。[①] 因此，从长期看，经济增长的根本动力是发展生产力和提升生产能力，这就需要从供给面来探讨经济增长新动力的培育。根据经济增长理论对经济增长动力的分析，结合我国经济成长新阶段的基本特征，可以看出，中国经济增长新动力将主要来自于创新、结构转型升级和人力资本积累三个主要方面。

1. 创新是经济增长的最重要驱动力

在要素供给、资源、环境约束日益趋紧的条件下，未来中国经济的中高速增长将主要依赖于全要素生产率的提升。改革开放以来，中国全要素生产率的增长率年均约 3.6%，2000 年以后则下降到不到 3%。[②] 随着中国与发达国家技术水平差距的缩小，直接引进先进设备和技术专利的难度不断加大，成本不断提高，全要素生产率提高要更多地转向模仿创新、集成创新，特别是原始创新，通过不断创新来开辟新技术、新产品、新产业、新商业模式和新生产组织形式。

目前全球正在掀起新一轮科学技术浪潮，信息网络、生物科技、清洁能源、新材料与先进制造等领域正孕育一批具有重大产业变革前景的颠覆性技术，特别是新一代信息技术的发展为实现从人与人、人与物、物与物、

---

① 在谈到生产对消费的作用时，马克思指出："生产出消费，是由于生产创造出消费的一定方式，其次是由于生产把消费的动力，消费的能力本身当作需要创造出来。"参见马克思：《1857—1858 年经济学手稿》导言，《马克思恩格斯文集》第 8 卷，人民出版社 2009 年版。

② 参见蔡昉：《破解中国经济发展之谜》，中国社会科学出版社 2015 年版。

人与服务互联向“互联网+”发展提供了丰富高效的工具与平台，全方位改变人类生产生活面貌。中国必须牢牢把握新一轮科技创新的战略机遇，加快推进创新驱动发展战略，使创新成为新成长阶段的动力源泉。

使创新成为经济增长强劲动力，需要建立创新资源高效配置和创造潜能充分发挥的体制机制。“创新依赖于经济自由、公平竞争环境、不同背景和社会地位的人能够为创新而竞争，新的创新企业能够不受制于老的创新企业。”① 因此，为了实施创新驱动战略，中国要加速深化经济体制改革，营造公平竞争的市场环境，运用市场机制动员创新要素和激发创新活力；完善知识产权制度，完善激励创新的机制；建立创新导向的金融体系，让金融体系去识别风险、分散风险、选择技术创新方向；在物联网、大数据、云计算、新能源汽车等新兴领域组建一批新型研发机构，取得一批原创性科研成果。

2. 产业结构转型升级孕育经济增长新动力

现代经济增长需要有现代产业结构作为支撑，中国的低端产业结构已越来越不适应现代经济增长。但低端的产业结构也潜藏着巨大的增长源泉，即通过产业结构升级能够使资源得以重新配置和流向高端用途，从而大幅度提高全要素生产率和整个社会的生产力。

产业结构转型升级首先要加快第三产业发展，特别是现代服务业的发展，包括研发、设计、检验检测、品牌、售后服务、金融等的发展，是推动产业结构升级的第一个着力点。产业结构转型升级的第二个着力点是改造传统制造业。传统制造业高投入、高排放、高污染，附加值低，且许多行业产能严重过剩。约瑟夫·熊彼特有一个著名论断，即经济发展过程是一个“不断地破坏旧结构，不断地创造新结构”的过程。传统制造业的“创造性破坏”，就是运用现代科学技术使其脱胎换骨。具体来讲，主要通过“互联网+”行动计划，将移动互联网、云计算、大数据、物联网等现

---

①［美］达龙·阿西莫格鲁：《制度视角下的中国未来经济增长》，张翊整理，《比较》2014年第74期。

代信息技术与制造业深度融合，实现制造业信息化和智能化。产业结构升级的第三个着力点是发展战略性新兴产业。以突破性技术和重大发明为支撑的战略性新兴产业是引领中国未来经济社会发展的重要力量，是新发展阶段经济增长的重要源泉。发展战略性新兴产业将生产的可能边界大幅度地向外推移，为经济中长期中高速增长奠定生产力基础，并改变整个社会的生产和生活面貌。

3. 挖掘人力资本红利

中国经济已经到了“刘易斯拐点”①，这意味着“人口红利”的消失，但劳动力仍是中国经济中长期增长的重要因素。从劳动力资源中继续获得经济增长的动力，需要提高人力资本质量，从获取“人口红利”转向获取“人力资本红利”。人力资本质量的提高，不仅有助于提高劳动生产率和劳动者收入水平，消化日益提高的劳动力成本，而且有助于推动制造业和服务业向价值链高端攀升。目前中国已经奠定了一定的人力资本基础。为了继续获得人力资本红利，需要进一步提高人力资本质量，这就需要进行教育改革，使教育与制造业转型升级、创新驱动发展战略和新一轮科技革命浪潮相适应。一是要改善教育结构，提高职业技术教育的比重和质量。2014年，中国中等职业教育的招生人数、在校生人数和毕业生人数都小于普通本专科人数，中等职业教育有萎缩的势头，这对于我国技能型人力资本的积累是不利的。这方面可借鉴德国、日本等制造业强国的经验。二是改善高等教育质量，提高学生的创新能力。包括淘汰过时的课程设置和教学内容，打破抑制创新精神的沉闷的教学方式和考试方式。这方面需要借鉴美国、英国等高等教育强国的经验。除了提高教育质量外，还需要完善医疗、失业保险等社会保障制度和劳动力市场制度，提高平等就业和创业的机会，增强劳动力在城乡之间、城镇之间、区域之间和行业之间的横向流动性，以及社会、经济和政治组织内的纵向流动性。

---

① 参见蔡昉：《破解中国经济发展之谜》，中国社会科学出版社2014年版。

（二）从需求面看经济增长新动力的培育

从需求面看，经济增长是由消费、投资和外需“三驾马车”拉动的。因此，从短期看，经济增长是由有效需求决定的，需求规模和结构决定着已有生产能力能够在多大程度上得到利用和释放。

1. 培育居民消费

居民消费是生产的最终目的，是幸福生活的源泉，因而是经济发展的永恒和不竭动力，其他需求（包括投资需求）则是派生需求或中间需求。为了充分发挥消费对经济增长的拉动作用，需要采取促进居民消费的政策措施。

第一，促进居民收入增长。收入是消费的基础，消费的增长取决于收入的增长。这就要求我们改变目前居民收入增长低于财政收入和企业收入增长的状况，做到藏富于民，让人民成为收入和财富的持有主体。可以采取的政策措施包括减轻个人所得税，健全工资正常增长机制和生产要素报酬由市场决定的机制，消除拖欠、压低农民工工资现象。从长期看，中国要尽快扩大社会消费的主力——中产阶层，形成“橄榄型”的社会结构。

第二，优化消费环境，提供更加丰富、更加多样化的消费选择。建立安全、透明、规范和低交易成本的消费品市场，强化市场监管，严厉打击假冒伪劣商品；顺应消费层次提高和消费选择的日趋个性化，通过产业结构的升级和改变进口政策，提供迎合消费者需要的新产品和服务；加快消费信贷发展，方便消费者基于收入周期和生命周期来安排消费计划，提高一生的福利总水平。

第三，培育消费新热点。排浪式消费已经过去，传统消费热点开始消退，需要培育和释放新的消费热点。要充分挖掘新的消费热点，如信息消费、高端消费、老年人消费以及教育、文化、健康、休闲、旅游等精神领域的消费需求等。

2. 培育新投资热点

投资是经济高速增长时期的第一拉动力，虽然新常态下投资的作用会下降，但中国还没有完成工业化过程，还处在城镇化加速推进和经济结构急剧转型期，投资仍将是中国经济增长的重要拉动力。不过，投资率会下降，投资方向需要调整。与消费不同，投资具有两面性：既构成当期的需求，又形成下一期的供给。因此，在新常态下，投资应主要投向那些与居民消费需求具有互补性，能改善生产力结构而又不会形成过剩产能的领域。

第一，信息基础设施投资。信息基础设施是信息社会和创新驱动发展的物质基础。中国信息服务水平滞后于社会需求，在很大程度上是受制于信息基础设施的落后。2014 年中国的平均网速为 4.25Mbps，而日本的网速为 15Mbps，韩国为 25.3Mbps。以宽带、无线互联网、云计算中心为代表的信息基础设施将成为新一轮投资的重要领域。

第二，传统基础设施领域投资。未来传统基础设施领域的投资重点包括：完善基础设施网络，提高基础设施互联互通水平；城市间高速铁路和城市地铁，提高城市群的一体化水平；农村公路、电力、通信设施建设，将广大农村地区和落后地区更好地嵌入到全国基础设施网络；长期被忽视的基础设施项目，如城市地下管网和道路微循环系统等。

第三，传统制造业转型升级投资。包括产能更新、产能转移和产能绿色化所需要的投资。中国的环境污染主要是由落后产能造成的，实现节能减排目标，需要用先进的技术设备更新落后产能，这需要大量投资。适应区域比较优势的变化和新增长极生成，产能需要在区域间转移，这会带来大量投资机会。

第四，战略性新兴产业投资。2010 年，国务院颁布了《关于加快培育和发展战略性新兴产业的决定》，将培育发展新兴产业提升到战略高度，并确立了节能环保、新一代信息技术、生物、高端装备制造、新能源、新材料、新能源汽车七个重点领域和 34 个重点方向。2012 年，国务院出台了

《“十二五”国家战略性新兴产业发展规划》，明确了七个重点领域2015—2020年的发展目标，以及相应的配套政策与重大工程。战略性新兴产业发展不仅需要政府进行大量投资来奠定基础和分散风险，而且需要大量民间投资配合和跟进。

第五，养老、医院、学校、文化、娱乐等公共设施投资。适应人口老龄化，需要投资兴建大量医疗机构、养老机构、康复机构、护理机构等；适应居民精神追求的需要，需要投资兴建大量公共文化、休闲、娱乐和旅游设施。

3. 以产能和资本输出引领外需稳定增长

出口高速增长的时代已经结束。2014年，中国出口仅增长4.9%，对GDP增长的贡献率仅为1.3%。面临新形势，中国必须提升对外经济发展战略，由原来以初级产品、一般加工品、微利产品出口为主转向更多依靠技术产品出口、产能输出和资本输出。“一带一路”倡议和国际产能合作等将拓展新的海外市场，有利于中国在全球市场中占据更多的主动。

三、 奠定新增长的体制基础

培育和释放新增长动力，需要有完善的现代市场经济体制作为制度基础。从这个意义上讲，全面深化改革是中国经济进入新增长阶段的根本动力。适应经济发展新常态，转换经济增长动力，关键在于真正让市场发挥决定性作用和更好发挥政府作用。全面深化改革应紧紧围绕这一关键环节展开，从科学处理好政府与市场关系、充分发挥非公有制经济作用、深化国有经济改革着手。

第一，处理好政府与市场关系。处理好政府与市场的关系，首先要明确，在经济发展的不同阶段，政府与市场的关系是不一样的。在经济起飞和模仿追赶阶段，由于发展瓶颈和投资缺口明显，且有发达国家作为经济技术追赶标杆，政府计划、政府投资和国有企业可以起到较大作用，政府主导的经济发展模式具有某种优势。但是，一旦经济结构复杂化，隐含知识、私人信息和冒险精神在经济发展中起更大作用，消费选择更加个性化和多样化，技术模仿空间变小，各种不确定性增强，市场的作用就会显得更加重要和关键，政府的角色就需要做根本性调整。在现代市场经济条件下，绝大部分资源配置活动和创新活动交给市场进行，市场通过错综复杂的网络和千丝万缕的联系，动员潜藏在千百万人中的财富、资源、知识、技能和各种创造力，使它们成为创新和生产力发展的源泉。政府的作用在于为市场经济运行创造支持性框架，包括建立现代市场经济的制度框架，特别是建立完善的产权制度；提供较为完善的基础设施服务，使各类生产要素能够顺畅、廉价地流动；构建完善的社会福利制度，分散社会成员的经济风险，保证个人选择自由和发挥冒险精神；完善宏观调控框架，稳定经济主体预期，防止经济大起大落。

第二，促进非公有制经济发展。在新常态下，政策的重点需要更多地转向非公有制经济的发展。促进非公有制经济发展，有两点非常重要。一是自由投资和自由企业制度。除少数必须由国有部门垄断经营的领域外，其他领域都应向非公有制经济开放，不仅是现有领域的开放，而且是新兴领域和未知领域的开放。二是平等的法律和竞争地位。为了保证各种所有制经济依法平等使用生产要素，必须改革现有的银行制度、资本市场制度、土地市场制度和劳动力市场制度，使市场机制在生产要素配置上起决定性作用，而真正的市场机制一般不会歧视某个特定的市场主体。

第三，深化国有经济改革。新常态下，国有经济的功能和分布领域会不同于以往，因此，要基于新发展阶段，准确界定国有资本和国有经济的功能，完善国有经济结构。为了适应新常态，培育经济增长新动力，应深入推进垄断行业改革，推动国有资本和国有经济回归公益性，向体现国家战略意图的基础性、战略性、前瞻性领域集中，同时实现国有经济领域产业和产权的广泛开放，使国有经济分布更合理，比重调整到与其功能定位相适应的水平。

（原载于《中州学刊》，2016 年 5 月第 5 期）

推动经济发展向新动力转换

中国过去的高速增长主要是靠投资和出口拉动的。投资，特别是政府投资一直是中国经济增长的重要引擎。根据国家统计局的数据，在 GDP 中，投资所占的比例一直很高，并且呈现上升的趋势；2010 年以后，将近 50% 的 GDP 被用于投资，远高于国际平均水平。投资对于基础设施建设和新的生产能力形成起到了至关重要的作用，但长期高水平投资也带来了诸多负面效应，如周期性的产能过剩导致宝贵资源的巨大浪费。

出口在中国经济高速增长中扮演了重要角色，为中国快速形成的生产能力找到了出路，并积累了巨额外汇。但是，国际金融危机告诉我们，国际市场充满了不确定性，过高的外贸依存度会把外部风险迅速引入国内。同时，过高的外汇储备也会演变成经济的拖累。更为重要的是，经济发展所带来的福利最终要由本国居民所享受，如果经济增长长期依赖出口，本国居民的福利将因此而打折扣。投资、出口在未来的中国经济增长中仍将发挥积极作用，但其重要性会下降。从投资来看，仍存在一些重要的投资领域，如公共品领域的基础设施投资（如信息基础设施、高铁、地铁、城市基础建设、防灾抗灾能力、农村的垃圾和水处理、空气质量改善等方面的投资）、养老基础设施投资、保障房建设投资等，这些投资将成为拉动经济增长的重要力量。但这些投资与以往的政府投资性质不一样，它主要是消费性的，直接关乎居民的福利，不会形成产能过剩。尽管如此，从总体上讲，政府投资占 GDP 的比例会下降，更多的资源将会直接用于老百姓的消费和提高他们的福利。

新常态下中国经济增长的动力将发生根本性转换，居民消费、创新、民营部门和中西部地区将逐渐成为经济增长的重要驱动力。

第一，居民消费对经济增长的拉动作用明显上升。我国居民消费在GDP用途中所占的比例偏低，改革开放以来呈下降的趋势，2006年以后下降到不足50%，远低于同等收入水平的其他国家。发展经济的终极目的是提高老百姓的消费水平，如果居民长期不能同步享受到经济增长的果实，增长就会失去它应有的意义。从经验数据来看，只有把居民消费提升到GDP的60%左右，消费作为经济增长基本驱动力的地位才能确立。

提高居民消费比例的前提是提高居民收入占国民收入的比例，这需要通过深化改革来实现。从宏观上讲，首先要调整政府、企业、居民在国民收入中的比例，让老百姓拥有更多的收入去选择自己所喜欢的商品和服务。提高居民收入的比重，也是发挥市场配置资源决定性作用的一个基础条件。居民有了较多收入，他们就有了较大的选择空间，他们的偏好就会诱导资源的流向，进而影响企业的生产行为和产业结构，产能过剩和结构失衡的问题就会从根源上得到较好的缓解。

第二，经济增长将转向创新驱动的轨道。中国的经济增长不可能再依靠生产要素和环境的低成本、生产技术的简单模仿等传统方法来获得，要更多地依靠技术创新。绿色发展和环境治理也需要通过技术创新来实现，创新具有至关重要的意义。要加快实施创新驱动发展战略，加快推动经济发展方式转变。重大的技术创新，特别是原始创新将开拓新的产业领域，形成新的经济增长点和消费热点，奠定增长的稳定基础，从总体上提升中国经济在全球价值链中的位置，从而把生产力推向新的水平。近年来，创新和技术进步的作用开始增强，在生物技术和新能源等新兴技术领域，技术创新和商业模式创新大量出现，原始创新初露端倪；在通信设备和装备制造等产业出现了一批有国际技术竞争力的创新型企业；互联网和信息技术向服务业和制造业加速渗透，促进了传统产业的组织和商业模式创新。但这还只是开始，以后创新的作用将会越来越大。国际竞争和国内的资源环境压力也会把我们逼向创新驱动的轨道。

创新驱动发展需要通过深化改革来实现。通过推动新一轮改革，形成公平竞争的市场环境，使创新能力成为企业的核心竞争力；加大知识产权保护力度，发展多层次资本市场，改革高等教育制度等，建立开放、合作、活跃、高效的国家创新体系。

第三，民营经济部门将扮演更重要的角色。民营经济为我国经济持续增长、就业岗位创造和居民收入增加做出了重要贡献。2012 年，我国私营企业注册资本达 31.1 万亿元，个体工商户注册资本 1.98 万亿元，非公有制经济固定资产投资占全社会固定资产投资的 61.3%，税收占全部税收的 73.1%，非公有制经济在多项指标上已经占有优势。特别值得强调的是，民营部门将在创新驱动发展上发挥着重要作用。它们面临着越来越激烈的市场竞争，创新的能量不断得到释放，它们将新技术转化为能带来商业利益的新产品的积极性更高，这将有力地推动新技术转化为现实生产力。

促进民营经济的发展，需要深化体制改革。审批制度改革将消除阻碍民营经济发展的诸多门槛，为它们开辟新的发展空间；要素市场改革，特别是金融市场改革，将使民营经济能够平等地获得生产要素。只有构建一系列的体制制度条件，民营经济的活力和创造力才能得以充分释放。

第四，中西部经济发展将成为总体经济发展的重要贡献者。从区域发展看，改革开放的前 30 多年，东部沿海是中国经济增长的发动机，资本、劳动力、技术向沿海地区大规模流动，沿海地区的资本积累水平、基础设施水平、生产能力、人均 GDP 和人均收入等领先于中西部地区，地区发展的差异非常明显。区域发展的不平衡，一方面制约着总体发展水平，另一方面又构成新阶段的发展机遇和动力。中西部地区生产要素，特别是土地和劳动力价格相对低廉，具有成本优势；中西部地区基础设施相对落后，潜藏大量的投资机会；中西部地区有大量特色资源，可以发展特色产业；中西部地区有广袤市场，存在巨大的潜在市场需求。这些都是后发优势，把这些后发优势转化为竞争优势和经济优势，中西部地区就会成为中国经济持续稳定增长的一支重要力量。

（原载于《经济日报》，2015 年 3 月 19 日）

在深化改革中推进经济发展方式的根本转变

党的十七届五中全会通过的《中共中央关于制定国民经济和社会发展第十二个五年规划的建议》（以下简称《建议》）高瞻远瞩，明确提出要坚持把改革开放作为加快转变经济发展方式的强大动力，确定了“十二五”时期的重大改革任务。当前，我们要按照《建议》的战略部署，既要充分认识加快经济发展方式转变的重大战略意义，更要十分重视实现这一战略目标面临的严峻挑战，做好长期攻坚的思想和政策准备。

一、 粗放式经济发展方式的历史根源和主要特征

经济发展方式通常划分为粗放式与集约式两种类型。前者主要依靠生产要素的数量扩张来实现经济增长，具有高投入、高消耗、低质量、低效益特征；后者主要依靠技术进步等手段来提高生产率，进而促进经济增长，具有消耗低、投入少、效益好、污染少的特征。从各国实践看，随着生产力的发展，经济发展方式呈现出从粗放向集约转变的趋势。

从历史角度看，我国粗放式经济发展方式的形成和存续具有必然性，它是由特定时期的发展战略和资源禀赋决定的。工业化初期，我国自然资源和人力资源相对丰富，资本和技术比较稀缺。在这种条件下快速推进工业化，只能依赖资源的大规模投入，并形成了与之相适应的资源动员体制。事实证明，这种外延式发展方式在特定历史条件下起到了积极作用，使我

国在较短的时间里建立起完整的工业体系，积累了加快经济发展所需的国民财富，奠定了世界格局中的中国地位。改革开放以来，我国的社会生产力和经济效益实现了高速增长。但受多种因素的制约，我国粗放式经济发展方式未得到根本性转变。随着经济增长的加速，资源环境压力增大，粗放式经济发展的弊端凸显。概括起来，我国经济发展的粗放型特征主要表现为“四重四轻”。

一是重投资轻消费。粗放式发展主要依靠资源投入拉动，导致投资与消费长期失衡。21 世纪以来，我国全社会固定资产投资年均增长 26% 以上，远高于国内生产总值和人均收入增长速度，投资率超过 40%；而消费率不断下降，目前约为 48%。投资与消费失衡的结果是，一方面强化了经济增长对投资的依赖，各地竞相争取大项目，表现出强烈的投资饥渴症；另一方面使居民收入在国民收入分配中的比例难以提高，国内有效需求持续不足，生产能力相对过剩。过剩的生产能力只能依靠扩大出口来消化，这又使整个国民经济对国际市场的依存度不断提高，易受国际经济波动的影响和冲击。

二是重规模扩张轻结构优化。粗放式发展方式注重总量增长。现阶段，我国经济结构的主要问题表现在：资源密集型重化工业占比偏大，生产集中度低，规模经济效益不明显；相当一部分企业从原材料采购到产品包装，大部分生产过程采取自包方式，体现出社会化大生产的专业化分工体系没有真正形成，制约着生产效率的提高；服务业发展严重滞后，尤其是信息、研发、设计等新兴服务业发展滞后，增加了企业非生产环节的经营成本，不利于提升我国产业和企业的国际竞争力。

三是重成本优势轻自主创新。长期以来，我国生产要素的低成本优势固化了经济的比较优势，使企业缺乏自主创新的激励。总体看，全社会创新经费投入不足，大中型企业研发活动不活跃、投入较少，长期缺乏自主品牌和自主核心技术——新技术主要依靠引进，既代价高昂，又受制于人。

自主创新能力较弱已成为影响我国经济发展方式转变和结构调整的重要因素。如果这种状况不尽快扭转，在后危机时期新的国际分工中，我国处在全球产业链和价值链低端的状况将很难改变。

四是重经济核算轻环境核算。在粗放式发展方式下，为实现总量增长目标，往往压低能源资源价格，容易造成资源紧张和环境破坏。由于有关资源消耗的损害成本未纳入产品价格决定因素当中，这使得那些落后产能仍有生存空间。近年来，仍有不少地方盲目从国外引进高能耗、高排放、高污染企业，只是赚取了低廉的代工费，而将能源耗竭和环境破坏等代价留在了当地。

二、 充分认识转变经济发展方式的长期性

党和国家历来高度重视在推动经济增长的同时提高经济效益。在改革开放初期，就提出要将经济增长转移到依靠科技进步和提高劳动者素质上来。在“九五”计划建议和“十一五”规划建议中，都强调必须加快经济增长方式转变。党的十七大将“经济增长”改为“经济发展”，指出加快经济发展方式转变是关系国民经济全局紧迫而重大的战略任务。今年年初，胡锦涛同志在省部级主要领导干部研讨班上的重要讲话中强调要毫不动摇地加快经济发展方式转变。《建议》中提出以加快转变经济发展方式为主线，既全面体现了贯彻落实科学发展观的根本要求，也充分反映了我国破解经济发展深层次矛盾的现实要求。

从实践来看，我国近两年来大力推进自主创新和经济结构调整，加快转变经济发展方式取得了明显成效。但要充分认识到，加快转变发展方式，从根本上实现国民经济又好又快发展，是一项长期而艰巨的战略任务。这主要是由两个原因决定的。

一方面，社会主义市场经济体制还不完善，资源性产品和要素价格机

制改革滞后于经济发展，成为制约经济发展方式转变的主要原因。经过30多年改革，我国大部分商品价格已实现了市场化，但作为基本生产要素的劳动力、能源等市场发育迟缓，其价格形成受多种因素影响而相对偏低，未能真实反映要素的稀缺性及利用带来的环境成本。过低的要素价格在造就了企业低成本优势的同时，也削弱了企业提高资源利用效率的压力，诱使其主要依靠资源投入来实现产出目标，而没有足够的动力在挖潜革新方面进行投资。因此，如果不从根本上改变生产要素的价格形成机制，就很难消除粗放式增长的微观激励。而要理顺要素价格，涉及利益关系的调整，需要付出努力与周密的政策安排。

另一方面，与政府职能转变缓慢相关的政绩评价机制存在惯性，区域间竞争又强化了地方追求国内生产总值的激励，改变这种状况需要一个过程。目前，仍有一些地区不惜开出各种“优惠”条件，大力吸引短期即可见效的投资项目，而在要素价格被普遍压低的情况下，这类项目很多都属于资源密集型项目。此外，我国市场准入规则和环保规则还不健全，地方保护主义又使得已有的规则执行不严，导致粗放式重复建设难以抑制，产业结构的同质化、低端化难以扭转。

因此，当前推动经济发展方式的根本性转变必须遵循经济发展规律，充分发挥市场在资源配置中的基础性作用，提高发展的全面性、协调性、可持续性，坚持在发展中促转变、在转变中谋发展，实现经济社会又好又快发展。

三、 加快转变经济发展方式的关键在于深化改革

加快经济发展方式转变是经济领域的一场深刻变革，涉及利益关系的重大调整，必须坚定不移地通过深化改革来推进。

加快构建符合科学发展观的政绩考核机制。加快转变经济发展方式，

必须摆脱既有思维方式的束缚和路径依赖，绝不能以牺牲环境和浪费资源为代价求得快速发展，绝不能以扩大社会矛盾为代价求得快速发展，绝不能以增加历史欠账为代价求得快速发展。这就要求我们不断拓宽发展评价体系，完善干部政绩考核机制，在重视经济增长速度的同时，更加重视经济增长质量和效益的统一，把结构优化、自主创新、资源节约、环境保护、就业和民生改善等指标纳入干部政绩考核，把它们放在与国内生产总值同等重要的地位。只有这样，才能对各级政府形成合理有效的激励约束机制，在实际工作中切实推动经济社会走上科学发展轨道。

加快完善生产要素价格形成机制。实践证明，只有形成公平竞争的制度环境，才能充分发挥市场机制的效率优势，从而促进经济发展持续地向集约型转变。因此，加快经济发展方式转变，当务之急是要加快完善市场经济体制，以更好地发挥市场在资源配置中的基础性作用，使各类企业在竞争压力下形成提高资源利用效率的内在动力。现阶段，加快完善市场经济体制的重点和难点在于理顺能源和资源性产品等基本要素价格，形成反映稀缺性和供求状况的定价机制。“十二五”时期，资源等要素价格改革任务十分繁重，不仅需要加快推进水、电、气等资源性产品的阶梯式价格改革，还要将环境税费改革提上议事日程，以理顺资源性产品价格，使其更加充分地反映资源稀缺程度和环境损害成本，从而更有效地促进资源节约和环境保护。

加快推进行政管理体制改革。从实践看，我国经济中出现的许多粗放经营现象与政府错位干预经济密切相关，加快转变经济发展方式需要正确处理政府与市场的关系，着力推进行政管理体制改革，加快转变政府职能。政府要坚决把不该管的事交给企业、市场和中介组织，专注于自身应该履行的职能，积极营造市场主体公平竞争的制度环境。当前推进行政管理体制改革的重点是继续深化投资体制改革，进一步减少和规范行政审批，更多地运用经济手段和法律手段，通过建立健全和严格实施市场准入制度，加强对全社会投资活动的引导、调控和监管，使政府集中精力全面履行经济调节、市场监管、社会管理和公共服务职能，建立起有效的宏观调控制度和体系，在加快转变经济发展方式中发挥应有作用。

加快深化财税体制改革。财税政策是促进经济发展方式转变的有力杠杆。要加快推行有利于科技进步和能源资源节约的财税制度。在税收政策方面，要调整和完善资源税，将税收与资源市场价格直接挂钩，着力形成有利于促进经济发展方式转变的税收结构，更好地发挥税收在促进自主创新、资源节约、环境保护和调节收入分配上的作用。在支出政策方面，要降低对一般竞争性领域的投入，增加对关键领域和重要产业的投入，使财政资金更多地用于促进就业、社会保障、教育、医疗卫生、科学研究、农村基础设施等公共服务领域，以更好地发挥在改善民生和扩大消费中的重要作用。此外，要在合理界定各级政府间事权的基础上，调整和规范中央与地方、地方各级政府间的收支关系，建立健全事权与财权相匹配的财税体制，切实让各级政府把主要精力用于谋求科学发展上来，为全面推动经济发展方式转变奠定体制基础。

（原载于《求是》，2010 年第 23 期；合作者：陈雪娟）

经济发展方式转变的政治经济学分析

一、引言

转变经济发展方式是1995年以来中国经济改革和发展进程中的热点和难点。即使不考虑20世纪80年代中期就开始出现的提高经济效益、加速科技进步的提法，1995年党的十四届五中全会上中央也明确提出：经济增长方式从粗放型向集约型转变，促进国民经济持续、快速、健康增长和社会全面进步。党的十七大在科学发展观的指导下正式提出“转变经济发展方式”以取代片面追求GDP指标增长的做法。众所周知，改革开放30多年来，中国的经济建设取得了举世瞩目的成就，但是经济的强劲增长主要是由传统的高投入、高消耗、高资本积累所带动的。这种经济发展方式已经引发一系列经济和社会的结构失衡，越来越受到环境和生产要素的制约，从而影响到国民经济的长期持续稳定发展。正是基于这样的情况，转变经济发展方式才会成为一个如此重要的问题，并引起各界的重视，从各个方面来探讨转变经济发展方式，包括从市场机制角度对经济发展方式与体制改革的相关性做出论述，如调整经济结构关系、改革投资体制、优化产业结构、追求科技进步和加强管理；由过度依赖资金、人力、资源和环境投入，转向更多依靠提高技术进步；由主要依靠工业转向工业、服务业共同增长；等等。

如果说2008年之前探讨经济发展方式的转变主要是针对国内的压力，那么，2008年的国际金融危机则使这种转变变得更加紧迫。金融危机之前，中国经济通过加入 WTO 等方式进一步融进了世界经济一体化进程，这固然进一步促进了经济发展。但是，由于中国处于国际经济分工产业链的下游，主要以国内丰富的劳动力和其他自然资源为优势参与国际分工，这又使得原有的高度依赖资金、人力、资源和环境投入的做法得以强化，使一些经济结构和要素的扭曲得以长期化。金融危机打破了以往中国偏重出口，以扭曲环境和要素价格来实现物美价廉的商品出口模式。因此，转变经济发展方式的呼声在金融危机之后变得更加强烈，并成为上下一致、达成高度共识的问题。

二、 政府是促进经济发展方式转变的核心

即使从 1995 年中央正式提出转变经济增长方式算起，迄今也有十七年时间，但效果仍不尽如人意，可见转变经济发展方式之难。这就要求我们进一步探讨，需要通过什么改革才能使转变经济发展方式落到实处。对于处于转型过程中的中国经济来说，政府的角色与定位是无法回避的，转变经济发展方式的一个重要着力点是政府的转型。如果绕开这一点，单从产业布局、加强管理，甚至科技进步等方面入手，肯定建立不起来符合科学发展观的体制机制，转变经济发展方式就很难落实。

长期以来，我国经济发展方式粗放及转变困难，在于各级政府具有很强的投资冲动，不少地方热衷于盲目发展高耗能、高污染的项目，因为这些项目能带来 GDP 短期的快速增长。因此，要转变传统的经济发展模式，一个不可回避的问题，就是要把行政主导的资源配置方式转变为以市场为基础的资源配置方式，而其中的关键就在于转变政府职能，弱化政府配置资源的功能，减少政府实际支配的资源，让市场机制发挥更大的作用。不少学者对此已有过论述。陈清泰强调政府主导经济增长应转向政府调控、市场主导的经济增长。[①] 张卓元强调政府要把资源配置主导权交给市场，致

① 陈清泰：《转变经济增长方式中的政府作用》，《中国政协》2005 年第 11 期。

力于履行应由政府履行的职能。[①] 这些思想代表了对如何切实转变经济发展方式的积极探索，也充分说明从改革政府的角度研究转变经济发展方式所具有的重要意义。因此，要实现发展方式的转变，重要的前提条件之一就是要合理划分政府与市场的界线，把资源配置的主导权交给市场，政府致力于自身应尽的职能，为市场提供良好的运行环境，而不能压制市场作用的空间，过多地涉足市场可以良好运转的领域。应把市场力量作为经济发展的引擎，通过市场的力量来促进技术进步、节能减排和优胜劣汰。

三、 利益集团对政府的影响

强调政府是促进经济发展方式转变的核心，需要我们进一步思索，为什么政府职能转换一直滞后。按照现代政治经济学的理论，政府本身并不是超然的，它的行为受到利益集团的影响[②]，因此，政府职能转型滞后背后的利益集团影响问题，需要做出进一步探索。

在当今中国，完整地界定特殊利益集团也许是困难的，但的确存在着一些明显的特殊利益集团，这些利益集团[③]主要有：

（一）依附权力的资本集团

当今中国，某些公共权力形成权力资本，与形形色色的利益集团相结合，最终还会衍生出各种各样的其他特殊利益集团。经过 30 多年的改革开放，中国的社会利益结构发生了分化、重组，新的利益群体、利益阶层和利益集团不断形成。某些利益集团趁社会转型、体制和制度尚未完善之机，通过贿赂、收买、腐蚀政府官员等途径，或者利用某些政府部门的不作为，

---

① 张卓元：《深化政府改革是转变经济增长方式的关键》，《经济纵横》2006 年第 5 期。

② Grossman G，Helpman E. 2001. *Special Interest Politics*［M］. Cambridge：MIT Press.

③ 杨靖：《对中国利益集团研究综述》，《理论与改革》2010 年第 4 期。

使自己的利益尽可能以大众的利益为代价进行扩张，这就是依附权力的资本集团。资本集团的出现，是改革的一个必然结果，但除了那些依靠正当经营积累资本之外的商人企业家，另一部分商人和企业家依靠的却是权钱交易而形成的势力。依附权力资本集团的成员通常会进行钱权交易等违法活动，助长集体腐败或组织性腐败。这里一个突出的领域是房地产。一部分房地产开发商是房地产市场的利益主体，在某些地方政府相关部门的支持下，成为高房价最为直接的受益者。2004 年以来，我国房地产价格在越来越大程度上由少数开发商决定，即少数开发商凭借其所处的垄断地位，哄抬房地产价格，而地方政府则给予纵容和支持。①

（二）某些国有企业

国有企业的改革从 20 世纪 90 年代中期开始。大量竞争型国有企业因为亏损累累，政府出于卸包袱的目的而实行了改制；但同时，出于保持国家对重要行业控制力的考虑，剩下的一些行业，主要是电力、电信、石化、金融、水电气供应、烟草等被改组成了国有垄断企业。这些垄断行业，多年来之所以能够以垄断的地位在市场存在，并能以非市场化的方式攫取巨大利润并得到发展，很大程度上是以经济安全为理论依据的。

特殊利益集团对中国经济运行产生的影响，从动态激励角度看，它可以通过游说或其他参与公共权力的活动为本集团找到政策寻租的空间，这是一种非生产性活动。像曼瑟尔·奥尔森所揭示的那样，这种影响在很多国家导致的是经济增长的停滞。但在中国，这种影响则比较特殊，追求 GDP 增长和以 GDP 增长考核政绩的倾向，使得中国各利益集团在表面上不可能明显阻碍 GDP 的增长，相反，它们所追求的是如何从 GDP 高速增长中谋取更多好处。其结果是，特殊利益集团导致的是经济的粗放式增长，这种经济增长往往单纯依靠生产要素的大量和廉价投入，即通过扩大生产场

① 还存在其他一些情形，如在改制中瓜分国有资产，公共投资中的暗箱操作等。

地、增加机器设备、增加劳动力等来实现。特殊利益集团寄希望于通过各种手段获得廉价资金、土地、劳动力和其他政策照顾，把这些生产要素用于粗放式经营上，而不是用在追求技术效率上。

众所周知，从 20 世纪 90 年代中期以来中国出现了“资本深化”现象①，也就是投资驱动型经济。这是由两方面因素引起的：一是包括土地、劳动力和资金在内的要素价格处于较低的水平；二是企业的盈利能力保持较高增长，致使企业对投资的预期利润率保持在较高的水平上。土地虽然是我国短缺的资源，但由于长期以来工业用地采取协议方式出让，价格一直偏低。其中很重要的因素就是地方政府为了吸引投资而竞相压低土地价格，各地兴建的开发区成为优惠地价的重要领域。同样，劳动者的利益得不到保障，导致劳动力成本长期维持在较低的水平。至于资金，在国有金融机构垄断和国家金融政策扶植下，以牺牲储户利息使资金成本大幅度降低，导致信贷规模不断膨胀。考虑到物价因素，实际利率水平经常处在较低的水平上，负利率状况也不罕见。与企业融资成本下降同时发生的是企业盈利能力和利润水平明显上升。其中很重要的一个组成部分就是一些国有垄断企业的利润大幅增长，同时又没有上缴财政，这些盈利额往往被用于扩大投资。当然，一些行业的暴利，如房地产等，也使依附权力的资本集团疯狂扩大投资。以上情况，都导致了粗放增长和产能过剩，使经济调整的风险被放大。而真正到了经济结构必须调整的时候，这些特殊利益集团又可以通过其强势地位寻求国家的各种政策和资金支持，而拒绝进行涉及自己利益的调整。

四、 实证分析

实证研究利益集团对政府转型和经济发展方式转变的影响，首先要对原有

① 张军：《改革以来中国的资本形成与经济增长：一些发现及解释》，《世界经济交汇》2002 年第 1 期。

的粗放发展方式做出量化定义。目前，以全要素生产率（TFP）的核算来衡量经济发展质量是一种较为普遍的做法。一般来说，经济增长的源泉有两个：一是要素投入的增加，如增加固定资产投资和就业人员数量；二是要素投入使用效率的提高。全要素增长率反映的是后者，它是指在扣除要素投入增加的影响后，由其他因素带来的经济增长，如技术进步和管理改进等。

本文采用数据包络分析方法（DEA）来做分析，利用非参数的 DEA - Malmquist 指数方法对全要素生产率的变化做出研究。利用 DEA - Malmquist 指数方法研究 TFP 的优点是，它属于非参数方法，不需要对生产函数的形式做出任何预设。

DEA - Malmquist 指数方法所涉及的投入产出变量选取，本文以 1978—2008 年除西藏、海南外的全国各省、市、自治区的相应指标为样本数据。其中，重庆与四川合并计算。产出指标为各省 GDP，数据取自《新中国 60 年统计资料汇编》，GDP 按 1952 年不变价计算，以 1952 年为基期，利用以 1952 年为基期的地区生产总值指数计算而得。投入指标分为资本和劳动。资本存量数据使用复旦大学中国市场经济研究中心张军、吴桂英、张吉鹏、张学良、陈刚等所编制的截止到 2005 年的各省资本存量数据，以同样方法补充到 2008 年。由于他们的资本存量数据是 1952 年价格的，2006 年以后的固定资本形成按照张军、吴桂英、张吉鹏所提供的固定资产投资价格指数折算成 1952 年不变价。劳动投入则按通行做法以各省就业人员数量度量，在《新中国 60 年统计资料汇编》中，缺少内蒙古 1979 年就业人员数据，以及重庆 1985 年之前的就业人员数据，对这些缺失数据按趋势做估算处理。计算软件为 DEAP2. 1。

DEA - Malmquist 指数核算 TFP 的一个作用是分解 TFP 的构成，把 TFP 增长分解成技术效率变化与技术进步。计算表明，TFP 增长率主要来源于技术进步，而来自技术效率变化的贡献几乎没有，这一结果与傅勇、白龙[①]的结论类似。这典型地表明了中国经济的粗放式增长。首先，经济增长中资本投资的贡献率比 TFP 的贡献率要大得多；其次，TFP 增长主要是靠技术进步带来的，技术效率变化的贡献不明显。至于技术进步，显然，中国的技术进步基本上还是依靠引进和吸收外来先进技术为主。因此，技术效率变化的低劣突出说明了中国经济粗放增长的特点。

接下来，我们在对政府转型和利益集团影响论述的基础上，对影响 TFP 增长[②]的因素进行相关分析。对 TFP 增长影响因素进行回归分析，我们选取 1995—2008 年时间区段。这样做是基于数据的易获得性，在下面涉及的影响因素中，有些在 20 世纪 90 年代才开始有统计数据。

在影响政府转型的利益集团的有关论述中，应该考虑到，正是由于地方政府规模膨胀和控制资源过多，干预和主导投资驱动型的经济，并存在各种腐败现象，各利益集团才有可寻之机，以自己对经济增长很重要为借口，进行政策寻租。这方面最直接的一个反映就是地方政府的行政成本。我们选取政府的行政管理费相对文教科卫事业费的比例作为地方政府行政成本的衡量，以该比例的变动率衡量地方政府行政成本的膨胀程度，用以反映地方政府的规模膨胀和干预经济程度。数据选自《新中国 60 年统计资料汇编》中各地地方财政收支额一栏，其中广西、宁夏缺 2007 年、2008 年的文教科卫事业费和行政管理费，重庆缺 1995 年的行政管理费，均按财政支出的同步比例进行推算。

对于国有企业利益集团，我们选取各地国有经济投资占全社会固定资产投资的比重来衡量。数据选自《中国统计年鉴》（1995—2009）“按经济类型分的全社会固定资产投资”一栏。选取国有投资占比，能够更好地反

---

① 傅勇、白龙：《中国改革开放以来的全要素生产率变动及其分解（1978—2006 年）——基于省际面板数据的 malmquist 指数分析》，《金融研究》2009 年第 7 期。

② 这里关注的是各因素对 TFP 提高的影响，即对 TFP 的边际影响。

映国有企业作为一个整体占用资源的程度。相比之下，国有经济的产值相比投入往往偏低，不能真正反映国有经济占用资源的程度。

在依附权力的资本集团中，我们选取了其中的代表即房地产利益集团，选取商品房销售额占 GDP 比重来反映房地产利益集团的扩张，及其对经济增长的影响。商品房销售额取决于商品房销售面积与房价，这两者，特别是房价的高涨，在商品房销售额中可以体现出来。虽然直接采取房价涨幅指标更为直观，但房价统计存在许多争议。至于房地产开发投资，它更多地反映房地产开发商对未来的预期，也就是未来房价的上涨，而不是现在。

除了以上这些影响变量，影响 TFP 增长的还有其他一些控制变量，一般来说，包括以下几方面：

1. 基础设施。良好的基础设施一般来说可以改善生产要素的使用效率，从而有利于 TFP 的提高。不过，需要注意的是，尽管一般来说基础设施有利于生产率的提高，但基础设施本身的高投入、低回报也是一个值得注意的问题。在指标选取上，我们将各省铁路和公路里程（前者以 14.7 的换算系数折合成公路里程）进行合并计算后，再除以各省 GDP，以体现相对于 GDP 的增长程度。基础设施相关数据取自《新中国 60 年统计资料汇编》中各省市自治区“运输线路长度和民用汽车拥有量”一栏。

2. 城镇化水平。城镇化水平的提高，一般来说反映的是与产业结构变动有关的经济聚集程度对生产率的影响。经济聚集程度的提高，一般表明需求市场规模的扩大，信息交流的便利和企业外部经济的改进。我们按《新中国 60 年统计资料汇编》中的各省市自治区“人口状况”一栏统计城镇人口比例。不过，由于中国户籍制度的存在，我们选取《汇编》中一些省市用非农人口比例替代。河北缺 1995—1999 年、2001—2002 年的城镇人口比例，按《河北统计年鉴》所能找到的 2000 年非农人口比例对这些年份进行推算。吉林所缺数据由《吉林统计年鉴》补充。福建缺失 2000 年前数据，以《福建统计年鉴》中所能找到的 1990 年人口普查城镇化率和 2000 年的人口普查城镇化率做平滑处理。广东缺乏

1995—1999年、2001—2004年数据，所缺各年份比重做平滑处理。四川缺乏数据较多，统计年鉴也不全，鉴于四川重庆合并计算以及省情类似，以重庆代替，但《重庆统计年鉴》只从1996年开始，不过1年之差不会有太大变化，所以四川重庆以重庆1996—2009年的城镇化率代替。

3. 产业结构。一般而言，生产要素从低附加值部门流向高附加值部门可以提高生产率，这是从要素配置改善的角度来分析产业结构调整对TFP的影响。考虑到中国处于工业化时期，产业结构变动可以用非农产业所占比重来衡量，这也是通常衡量产业结构变动的做法。数据取自《新中国60年统计资料汇编》中的各省市自治区生产总值中工业和第三产业加总所占比例。

4. 人力资本。人力资本是按教育程度衡量的有效劳动力。一般来说，人力资本由劳动人口与其受教育年限的乘积而得。不过，这里简单以《中国统计年鉴》中各年各省市自治区按性别和受教育程度分的人口中，6岁及以上有大专以上学历人口的比例来衡量人力资本，或者简单说受教育水平。其中，1995年数据是按照1996—1997年、1997—1998年两年的平均趋势推算，2000年的数据以相邻两年做平滑代替。

5. 进出口外贸。中国经济增长的一个重要特征是外向型。在理论上，对外贸易能促进比较优势产业，对中国而言是劳动密集产业优势的发挥，并通过市场的扩大促进规模效益的提高，以及学习先进技术和管理等。以《新中国60年统计资料汇编》中各省市自治区国内贸易和对外经济贸易中的进出口总额除以对应省市自治区GDP来衡量经济外向程度。

6. 外商直接投资（FDI）。一般来说，FDI能够显著补充正处于工业化进程的国家的资本，形成更快的经济增长。由于汇率基本不变，我们选择《新中国60年统计资料汇编》中各省市自治区国内贸易和对外经济贸易中的外商直接投资除以对应各省市自治区GDP来衡量各地引进外资的程度。青海缺1995年、1996年的FDI数据，从《青海统计年鉴》上补充。

7. 金融发展。金融深化对一国的经济增长有促进作用。在金融发展指标的选取上，以各省市自治区金融机构存贷款除以 GDP 表示金融发展水平。其中各省市金融机构存贷款取自《新中国 60 年统计资料汇编》中各省市自治区“金融机构人民币各项存款和贷款余额”一栏。

8. 研究与开发（R&D）支出。R&D 的指标选取，与计算人力资本存量一样，理论上应是根据逐年的研究与实验经费支出，按照永续盘存法计算得出。这里以各地的技术市场成交额代替，指标采取技术市场成交额除以对应各地固定资产投资额，反映科技投资的比重。这种代替是基于这样的考虑：技术市场成交额直接反映企业用于技术引进和开发上的部分投资。技术市场成交额数据取自《中国统计年鉴》各年“技术市场成交额”一栏。其中青海缺 2000 年数据，以相邻年份做平滑处理。

9. 市场化。中国的经济发展过程也是一个经济转型的过程，市场化以改善资源配置和强化激励促进了经济效率的提高。其中的一个具体表现就是，低效的国有企业占产出份额减少，相应的非国有企业份额提高。以历年除国有及其控股企业之外的企业产值占工业总产值的比重作为市场化的指标，数据选自《中国统计年鉴》工业部分。其中，山西 2002 年，青海 2005 年，新疆 2005 年，以相邻年份做平滑处理。

基于因变量 TFP 变化是增长指数，以上所有解释变量也为相应的增长指数，即在原有比率基础上计算出比率的变动率。采取增长指数相当于做了一次差分，数据时间区段上减少 1995 年这一年，为 1996—2008 年。在采用的面板数据计量回归中，由于数据做了差分，一般可以认为，在时间截面上，消除了非平稳的趋势。增长率的比较也无需考虑解释变量内生性的问题。在计量方法上，我们采用固定效应模型进行估计，考虑到各地存在的固有差异因素，以及各年份之间在诸如货币信贷政策、财政政策、土地政策、对外开放政策等宏观影响的固有差异因素，我们对个体和时间都采取固定效应做法，即时点个体固定效应回归模型。采用 EVIEWS7. 0 软件做回归分析，构建了5个回归模型。模型1包含了所有解释变量；鉴于基础设施和城市化通常高度相关，模型2和模型3分别省略了基础设施和城市化变量；另外，基于2001年中国加入WTO，以及进入新一轮经济景气周期（特别是房地产），模型4和5分别对1996—2001年和2002—2008年的时段做了回归。结果如下：

表1　影响TFP增长因素的时点个体固定效应模型

解释变量	模型1	模型2	模型3	模型4	模型5
行政管理费	-0.012335	-0.012832	-0.012354	-0.020253	-0.002918
文教科卫事业费	(-1.786971) *	(-1.888297) *	(-1.792622) *	(-0.965769)	(-0.399661)
国有投资	-0.004675	-0.004614	-0.004681	-0.013339	-0.001983
	(-1.785505) *	(-1.767031) *	(-1.790686) *	(-0.563700)	(-0.694901)
商品房销售	-0.001646	-0.001663	-0.001636	-0.004233	-0.006305
	(-0.514408)	(-0.520463)	(-0.512037)	(-0.593765)	(-1.813279) *
基础设施	-0.005240		-0.004864	-0.007289	-0.014330
	(-0.427479)		(-0.401711)	(-0.410889)	(-0.934821)
非农产业	-0.198546	-0.198931	-0.199933	-0.332017	-0.049416
	(-1.574710)	(-1.579865)	(-1.590311)	(-2.661585) * * *	(-0.214312)
进出口	0.013364	0.013256	0.013205	0.011168	0.023996
	(1.390193)	(1.381256)	(1.380062)	(0.818377)	(1.852882) *
FDI	-0.005180	-0.005152	-0.005191	-0.000324	-0.008045
	(-2.812196) * * *	(-2.802257) * * *	(-2.823464) * * *	(-0.183988)	(-1.462899)
教育水平	-0.006897	-0.006947	-0.006888	0.004042	-0.009066
	(-1.188751)	(-1.199270)	(-1.189138)	(0.602964)	(-1.119989)
城市化	-0.003752	-0.002641		-0.005511	-0.020363
	(-0.210373)	(-0.149856)		(-0.290863)	(-0.682718)
技术市场	-0.001154	-0.001179	-0.001165	0.000490	-0.002119
	(-1.504865)	(-1.542611)	(-1.525004)	(0.665218)	(-1.443504)
金融发展	0.012591	0.012591	0.012681	-0.035148	-0.026200
	(0.417482)	(0.418025)	(0.421143)	(-0.946228)	(-0.608833)
市场化	0.003044	0.002890	0.003011	0.005227	0.005151
	(0.563079)	(0.536461)	(0.558075)	(0.513140)	(0.858417)
调整 R^2	0.628474	0.629444	0.629609	0.807051	0.606185

注：括号中的数字为t值，*表示在10%的水平上显著，* *表示在5%的水平上显著，* * *表示在1%的水平上显著。

从计量结果可以看出，行政管理费和国有投资的系数都显著为负（模型 1），行政管理费对文教科卫事业费比率的增长提高一个百分点，TFP 增长率下降 1.2 个百分点。王小鲁等的研究①表明，行政成本的增长也对全要素生产率产生了显著的负面影响。类似地，国有投资对固定资产投资比重的增长提高 1 个百分点，TFP 增长率下降 0.4 个百分点。这证实了前面所指出的利益集团对经济增长质量的损害。对于以房地产利益集团为代表的依附权力的资本利益集团，以房地产销售代表的影响系数为负，表明对增长质量的损害，但并不显著。这初看起来似乎不支持房地产利益集团对增长质量有害的论断。但进一步分析可以发现，必须把房地产在 GDP 贡献中的特殊机制考虑进来，才能得出完整的结论。房地产业的暴利机制使得房价飞涨，GDP 随之增长，而房地产的投入并没有变化，这表明房地产似乎应显著地促进 TFP 增长才对。正是在这个意义上，我们无法用普通的系数显著与否来判断，而应该说，给定房价飞涨的事实，房地产对 TFP 增长的贡献，除非计量结果显著为正，使得我们无法证实房地产对 TFP 增长的负面作用，否则，就能断定其负面作用。因此，这一结果正说明了房地产利益集团的有害性质和房地产增长对经济增长的非实质作用。进一步，在模型 5 中，房地产在其极为景气的时期，贡献却显著为负，也加强了这一判断。

至于其他控制变量，FDI 占 GDP 比重衡量的 FDI 对 TFP 增长贡献显著为负，这说明 FDI 的技术外溢效应较弱，这与其他一些研究的结论是一致的，如孙辉煌、苏基溶的研究成果②。也说明，FDI 对经济增长的贡献可能主要是在廉价劳动力的配合下，通过扩大资本形成来实现的③。进出口对 TFP 的增长有促进作用，但不明显，这说明外贸增长促进企业技术效率的提高和技术进步效果可能还抵不上其他领域的低效。在模型 5 中，进出口的作

① 王小鲁、樊纲、刘鹏：《中国经济增长方式转换和增长可持续性》，《经济研究》2009 年第 1 期。

② 孙辉煌、苏基溶：《FDI，金融增长与经济增长：要素投入还是 TFP?》，《南方金融》2009 年第 9 期。

③ 需要指出的是，在有关中国利益集团现象的一些研究中，外资集团也被作为一个特殊利益集团而存在。从我们的结论看，这至少说明，地方政府的招商引资竞争与 FDI 的大量增长无助于经济发展方式的转变，着眼于外资来实现转变是不切实际的。

用显著为正，这可能更加说明入世的作用。基础设施的影响并不显著，基于基础设施变量是折合的公路里程对 GDP 比重的变化率，这可能表明基础设施相对 GDP 的超前发展，对 TFP 增长是否有促进作用可能无法一概而论，原因之一可能是基础设施本身的低回报，如果过于超前，它可能会抵消基础设施的正面作用。至于非农产业，对 TFP 增长的边际效应不显著，可能是计量的时间段是从 1996 年开始，通过产业结构变动提高 TFP 应该在这之前的时期较为显著，那时是中国初步工业化时期，要素配置结构的变动效应较为显著，而到 20 世纪 90 年代后期，中国经济，主要是非农产业的资本深化现象已经出现了。关于金融增长，实证结果看不出其对 TFP 增长有显著的促进作用，这也符合一般的看法。鉴于中国金融机构以国有银行为主，银行本身的粗放增长对 TFP 增长不可能有显著促进作用，这也再次证实国有企业带来的经济增长质量问题。以教育水平来体现的人力资本对 TFP 增长贡献并不显著，除了指标选取的问题，加上模型 5 的系数为负，我们猜想这可能和同期大学扩招，但就业并没有同步跟上有关。类似地，城镇化水平的变动对 TFP 增长贡献也不明显，这可能说明除了少数地区，多数地区通过经济聚集效应的边际增长（注意回归是增长率之间的回归）推动 TFP 增长的效果并不明显。如何提高城市间的群聚和带动效应，如“长三角”城市群那样，是一个需要继续深化研究的问题。最后，技术市场成交额的增长对 TFP 增长贡献不显著，这当然不是真正的 R&D 资本存量，不过，借用这个指标，也可能在一定程度上说明了科技成果使用效率的问题。至于市场化，作用也是不显著，这可能与样本的时间范围有关，这段时期国有企业经过重组，由于产业和政策（特别是信贷）上的有利因素，整体效益实现改善。①

总之，通过以上回归分析，实证支持了地方政府规模膨胀、国有企业利益集团和以房地产为代表的依附权力的资本利益集团对粗放经济增长方式所发挥的实质影响。因此，政府职能转变应从遏制这些利益集团的措施入手。

① 其他几个控制变量之间也可能存在多重共线性问题，从而使回归系数不显著。不过，由于这些解释变量都有明显的经济意义，加上已采用了差分面板数据，故不再做进一步改进。

五、 遏制利益集团影响， 促进政府转型

（一）减少政府控制的经济资源

政府手里控制着过多的经济资源，毫无疑问就是各利益集团特别是特殊利益集团眼里的盘中餐。改革开放以来，政府通过税收和正规收费所控制的资源份额明显下降了，但这并不意味着政府实际支配的资源量相应减少了，而且近年来政府财政收入增速始终大大超过经济增速。政府通过其他途径仍支配着大量资源，特别是民间资源。政府控制过多资源，使得政府难以从微观经济活动，特别是一般性资本形成活动中退出，同时为腐败和各个特殊利益集团寻租提供了肥沃的土壤。因此，特别需要注意政府合理职能界定的问题，控制的经济资源以其合理职能所需为界，以尽量减少利益集团的不良影响，这是遏制特殊利益集团活动的一个重要前提。

（二）降低政府行政成本

建设一个不仅廉洁而且节约的政府，是包括中国在内的世界许多国家的共同追求。降低政府行政成本，需要几个方面工作的配合。首先，是加快预算管理体制改革。目前，行政成本在某种程度上是由地方政府的自由裁量权造成的。正是在财政支出上缺乏合理可行的定额标准，不规范和不透明，导致公务费用超标严重，行政经费过快增长，财政资金严重浪费。政府的支出既然都应有预算编制进行管理，就应该进一步使预算管理体制真正发挥作用。政府预算必须有广泛的论证基础，要公开、透明，要着重发挥人大这样的机构对预算的监督与审批功能，促使财政预算分配的合理化。其次，要改变政府机构臃肿的局面。政府机构改革是政治体制改革和经济体制改革的重要交汇点。要提高政府的治理能力和行政效率，必须减少政府级次，精简机构和人员。

（三）严厉打击腐败

腐败、政府行政成本膨胀和国有经济强化往往是一种共同存在的现象，甚至在某种程度上是相互强化的。特别是在当前经济增长中起重要作用的几个领域，如基础设施建设、房地产开发等领域，权钱结合和贪污腐败的现象屡禁不止。周黎安、陶婧指出，政府规模的扩大会增加地区腐败案件的发生，特别在那些掌握着资源配置的关键权力部门更是如此。[①] 这是一个很直观的结论。此外，政府支出的规模越大，基建部分所占比重越大，腐败也更容易出现。这些结论与上面所谈到的在合理界定政府职能前提下必须减少政府控制的经济资源是一致的。目前，在对腐败的执法过程中，纪委、监察部门、检察机关等一系列反腐机构成立，党、政、司法各部门齐抓共管的局面形成，但还做不到违法必究。因此，要保证司法的公正性，避免行政干预。为了消除司法不公和司法腐败，除了完善司法制度，也要加强人民群众的监督和各级党委纪检部门的监督。对于政府而言，政府的政务活动要公开、透明，这样才能让人易于理解和让监督机构易于监察。

（四）建立准入开放和公平竞争的市场

切实建立市场的公平竞争秩序，打破一些国有垄断企业对市场的垄断和操纵，也是一个重要方面。在金融、通讯服务，以及各种自然资源及其产品市场等人们熟知的垄断市场上，由于垄断因素排斥竞争，新的企业难以进入。撇开垄断对消费者利益的损害不论，垄断造成的行业进入壁垒已经对行业自身的增长产生了极强的抑制作用，严重打压其他资本的合理进入，使市场竞争效率得不到体现。因此，打破垄断，在那些实际中不需要国有企业来体现国有经济控制力的领域，鼓励其他企业的进入。

---

① 周黎安、陶婧：《政府规模、市场化与地区腐败问题研究》，《经济研究》2009 年第 1 期。

（五）加强对房地产行业的调控

房地产本身的要害问题就是高房价所带来的问题。毫无疑问，地方政府及房地产开发商的利益在各种博弈中占了上风。加强房地产调控涉及两个方面。一方面是对房地产市场的调控。2009 年底和 2010 年国家出台了如“国四条”、“国十一条”、房产税试点，以及提高房贷利率等措施，这些做法有利于引导社会对房价上涨的预期，并把重点放在打击投机投资需求上，为抑制房价的过快增长提供了有力的政策工具。另一方面是要打破地方政府与房地产开发商的联盟。这主要是要打破地方政府推高房价的激励。中央为此进行的调控，除了需要遏制地方政府的部门利益外，也要切实解决目前分税制所带来的中央地方财权与事权不一致的问题。着眼于整个财税体制的改革有必要提上日程，以改变地方财权与事权不对称的状况。当然，从另一个角度说，地方过多介入经济活动，甚至依靠各种投资推动当地经济建设，也不应再纳入地方政府的职责范围，这也与前面提及的减少政府控制资源的论述是一致的。

（六）建立合理的政府治理结构

实现政府决策和执行的公开、公平、公正，免于受到特殊利益集团的干扰，对政府权力的监督与制衡是重要的。而要实现监督和制衡，必须要有一个制度化的安排，以便使社会各阶层、各利益团体，特别是弱势团体都能依据一种相对稳定和透明的规则来进行监督与制衡。这种制度化的安排一般而言就是法治。建立法治政府的核心，即在于通过法律的制度化安排，实现有效的政府治理结构，使各阶层的利益相关者都能够参与到政府决策中来，使政府真正成为有效政府。

（原载于《中国经济问题》，2012 年第 3 期；合作者：陈健）

《资本论》中的生态思想及其当代价值

一、引言

在人类所面临的生态问题日益严峻的背景下，对马克思《资本论》中所包含的生态思想的探究已成为《资本论》研究的一个新热点。相关成果已从多方面证明《资本论》中包含着丰富的生态思想，并从不同角度对《资本论》中的生态思想进行分析和解读。

一些学者从生态哲学的角度阐释《资本论》中的生态思想。有研究者认为，"实践""劳动""物质变换关系"是《资本论》中的重要概念，也是马克思生态思想的核心概念①；有学者认为，马克思主义自然观是以实践为基础、以人与自然关系为核心的自然哲学范式②。从人与自然关系出发阐释马克思生态思想已成为研究《资本论》中生态思想的一个主要角度。基于这一角度，研究者认为，马克思关于人与自然之间关系思想的核心是人与自然之间的物质变换，物质变换思想贯穿于包括劳动价值论、剩余价值论、地租理论等重要理论之中。

一些学者试图通过对《资本论》文本的研究，来系统梳理马克思的生态思想。朱炳元从人与自然、人与人的关系、资本主义制度对生态的影响

---

① 徐水华：《从"对象性关系"到"物质变换关系"——论马克思生态哲学思想的逻辑发展》，《生态经济》，2014 年第 1 期。

② 陈食霖：《论马克思恩格斯生态文明思想的理论特质》，《江汉论坛》，2014 年第 7 期。

和共产主义的生态问题等四个方面阐述《资本论》的生态思想①；黄瑞祺认为，研究资本论中的生态思想可以从物质代谢、资本主义批判和代际正义三个方面切入②；陈凡、杜秀娟③和李仙娥、万冬冬④等探究了《资本论》中所包含的循环经济思想、可持续发展思想等。

国外马克思主义者对《资本论》中生态思想关注较早。这方面的代表人物包括赫尔穆特·施密特、詹姆斯·奥康纳、安德烈·高兹、约翰·贝拉米·福斯特、岩佐茂等人，他们都对马克思《资本论》中的"物质变换关系"予以强调，并对资本主义生产方式下的"物质变换"所引起的技术与环境问题展开论述。约翰·贝拉米·福斯特在研究马克思物质变换思想的基础上，阐述了《资本论》关于资本主义生产方式造成人与自然之间"代谢断层"的思想⑤，指出"代谢断层"思想其实就是生态危机理论，它不仅适用于马克思所处的时代，也适用于当代。⑥

可见，现有成果对《资本论》中所蕴含的生态思想做了有益的研究，得出了有一些有价值的结论。如何在实现经济快速发展的同时保障生态安全，如何在发挥市场对资源配置起决定性作用的同时防止其诱发生态环境问题，需要我们对《资本论》中的生态思想做进一步的研究，以清晰归纳出《资本论》中所包含的生态逻辑，提炼出对我国生态文明建设有具体指导意义的思想方法和基本理论观点。

---

① 朱炳元：《关于〈资本论〉中的生态思想》，《马克思主义研究》2009 年第 1 期。

② 黄瑞祺、黄之栋：《〈资本论〉与生态学的交错：马克思思想的生态轨迹之三》，《鄱阳湖学刊》2009 年第 11 期。

③ 陈凡、杜秀娟：《论马克思〈资本论〉中的生态观》，《马克思主义与现实》2008 年第 2 期。

④ 李仙娥、万冬冬：《〈资本论〉中生态思想的逻辑蕴含与当代价值》，《学术交流》2011 年第 9 期。

⑤ [美] 约翰·贝拉米·福斯特、吴娓、刘帅：《失败的制度：资本主义全球化的世界危机及其对中国的影响》，《马克思主义与现实》，2009 年第 3 期。

⑥ Jone Bellamy Foster, *Marx and the Rift in the Universal Metabolism of Nature*, http://monthly review.org/2013/12/01/marx－rift－universal－metabolism－nature.

二、人类“生态文明”诉求

回归《资本论》经典著作的相关论述，梳理其基本理论脉络，有助于我们准确把握“生态”的内涵，为当代生态文明建设奠定认识论基础。

（一）“自在自然”意义上的自然生态系统

所谓“自在自然”，是指和人没有发生关系的自然界，即人类活动还没有作用过的自然界，包括人类世界出现之前的自然界以及人类产生以后其活动还没有涉足的那部分自然界，马克思称之为“自然界的自然界”[①]。“自在自然”意义上的自然生态系统是一个由存在于其中的所有生物与其环境所构成的统一整体。其中，非生物环境、生产者、消费者、分解者作为自然生态系统的主要组成成分，互相联系、互相作用，不断地进行物质循环和能量流动。虽然自然生态系统没有真正意义上的人类参与其中，但探究其内在的自然规律，有利于更好地阐释人类生态系统的应然状态。

自然生态系统是一个完全开放的系统，系统中每一组成成分与其他成分之间不断进行物质与能量循环。通常情况下，自然生态系统会通过具有负反馈的自我调节机制，实现系统的自我平衡，保持生态系统结构、功能和能量输入、能量输出上的稳定。生态系统的稳定是一种动态的稳定，系统中各组成成分在与其他成分进行能量输入与输出的过程中改变着自身，也使生态系统的结构和功能不断发生变化。这种按照自然生态系统本身规律发生的有序、可预见的动态变化过程是自然生态演替过程。

可见，在“自在自然”意义上的自然生态系统中，生物与生物之间、生物与环境之间通过能量流动、物质循环和信息传递，自发地实现生态系统自身的平衡，在自我恢复和调节中自发地实现生态系统演替。如果没有

---

①《马克思恩格斯全集》第42卷，人民出版社1979年版，第179页。

强大外力的作用，不会爆发生态危机。

（二）“人化自然”意义上的人类生态系统

马克思视野中的另一种自然即“人化自然”。“人化自然”是指已经被人类社会的劳动涉足、改造并打上了人类烙印的自然界。“在人类历史中即在人类社会的产生过程中形成的自然界是人的现实的自然界；因此，通过工业——尽管以异化的形式——形成的自然界，是真正的、人类学的自然界。”[①] 马克思所谓的“真正的、人类学的自然界”，即区别于“自在自然”生态系统的人类生态系统。

人类生态系统是在自然生态系统基础上随着人类劳动的发展而形成的，是一个由人类经济系统复合于自然生态系统之中而形成的开放系统。人类作为生态系统中的生物群体之一，与生态系统中其他组成成分之间进行物质与能量循环。人类生态系统与纯粹自然生态系统的区别在于，人类作为特殊的生物群体在生态系统中居于主动地位。为了生存和发展，人类有目的地从自然生态系统中获取物质和能量，通过经济系统的生产和消费，又向自然生态系统中输出物质和能量，从而实现人类自身的物质和能量循环。如果人类经济系统从自然生态系统的物质能量获取和向自然生态系统的物质能量排放尚没有干扰到自然生态的自我动态平衡，则人类生态系统会在自我调节中进行生态演替。

与自然生态系统中的其他生物不同，人类不是被动地适应自然，而是有意识地与自然生态系统进行物质和能量交换，人类的生产和消费活动会对生态系统的演替产生促进或抑制的作用，对生态系统进行改造或重建。这就意味着，原本属于自然生态系统组成成分之一的人类社会，在日益累积的社会生产力作用下所形成的人类经济系统，可能会成为自然生态系统的外在干扰因素。当这种外在干扰超过自然生态系统自我调节、自我恢复

---

①《马克思恩格斯全集》第42卷，人民出版社1979年版，第128页。

的限度时，就会出现生态失衡，甚至生态危机。

可见，生态危机本质上是由于人类行为所引起的自然生态系统结构和功能失调、生态系统动态平衡破坏、自然生态补偿能力减弱，从而威胁到人类的生存和发展。生态危机因人而生，因此，缓解生态矛盾、解决生态危机就需要改变人类经济行为，把人类对自然生态系统的干扰控制在自然生态系统自我调节的阈值之内。而在自然生态系统已经遭到破坏的情况下，则需要人类依靠和帮助自然生态系统恢复其自我调节能力。

（三）人类生态文明诉求

恩格斯认为，文明是人类社会历史发展的一个阶段，是与野蛮相区别的一个历史阶段。在《社会主义从空想到科学的发展》中，恩格斯非常赞同傅立叶把社会历史划分为蒙昧、野蛮、宗法和文明四个发展阶段的看法，并且指出文明阶段就相当于现在所谓的资产阶级社会，即从16世纪发展起来的社会制度。[①] 在《家庭、私有制和国家的起源》中，恩格斯又分析了摩尔根关于蒙昧时代、野蛮时代和文明时代的划分，指出，“蒙昧时代是以采集现成的天然产物为主的时期，人类的制造品主要是用作这种采集的辅助工具；野蛮时代是学会经营畜牧业和农业的时期，是学会靠人类的活动来增加天然产物生产的方法的时期；文明时代是学会对天然产物进一步加工的时期，是真正的工业和艺术产生的时期”[②]。由此可见，作为人类社会历史发展的一个阶段，文明时代是从野蛮时代过渡而来的，是和野蛮时代相区别的一个历史阶段，是人类利用文明所创造的工具在更大程度上干预自然的历史阶段。

随着文明时代的来临，人类对生态系统演替产生的影响越来越大。人类在蒙昧时代直接从自然界获取天然产物以满足自身消费，在野蛮时代为

①《马克思恩格斯全集》第19卷，人民出版社1963年版，第213页。
②《马克思恩格斯全集》第21卷，人民出版社1965年版，第38页。

了自身消费而进行生产，而在文明时代则会为了交换而生产。随着人类文明的发展，人类的生产活动和消费活动越来越分离。为了提高生产能力，人类发明了越来越先进的工具，从而在越来越大的程度上干预自然生态系统的演替。然而，人类愈是力图成为人类生态系统的中心，在生产和消费活动中形成的规律则愈是“作为异己的、起初甚至是莫名其妙的、其本性尚待努力研究和认识的力量，同各个生产者和交换的参加者相对立”①。

从16世纪至今的人类文明发展，在某种意义上可以视为工业文明的发展。工业文明程度的提高，伴随着人类支配自然能力的增强；而生产和消费的脱节，又伴随着人与自然之间物质变换关系某种程度的破坏。人类借助文明的力量从自然界获取物质产品的能力越强，人类经济系统对自然生态系统的干扰力就越大，自然生态系统的自我恢复能力就越被削弱。随着工业文明的发展，自然生态系统离生态动态平衡和自我实现的轨道就会越来越远。人类要维护自身赖以生存的生态系统，就必须在推动文明发展的过程中加入“生态”诉求，实现从“工业文明”向“生态文明”的飞跃。

三、《资本论》中的生态思想：逻辑和基本观点

人类要生存，就必须不断地生产出物质和精神产品。自然生态系统所发生的变化（除纯粹的自然生态系统自我循环之外）与人类劳动密切相关。人类所能支配的生产力通过生产过程和消费过程对自然生态系统产生影响，从而使其朝着有利于或不利于人类社会再生产的方向变化。下面将循着这样一条基本线索，剖析《资本论》中的生态思想，并从具体路径上探究如何实现生态文明和经济社会的可持续发展。

---

①《马克思恩格斯全集》第21卷，人民出版社1965年版，第199页。

（一）《资本论》中生产力概念的生态意蕴和科学技术的生态取向

生产力是政治经济学中的基本概念，它反映人与自然之间的关系。在《资本论》中，马克思通过劳动过程阐明人与自然之间的关系。“劳动首先是人和自然之间的过程，是人以自身的活动来中介、调整和控制人和自然之间的物质变换的过程。”① “劳动过程……是制造使用价值的有目的的活动，是为了人类的需要而对自然物的占有，是人和自然之间的物质变换的一般条件，是人类生活的永恒的自然条件。”② 可见，马克思是从“人和自然之间的物质变换”来理解人与自然之间的关系的。正是基于“物质变换”这一核心概念，马克思在《资本论》中既强调“社会生产力”，又强调“自然生产力”。

在马克思对劳动生产力影响因素③的分析中，前四个因素，即“工人的平均熟练程度，科学的发展水平和它在工艺上应用的程度，生产过程的社会结合，生产资料的规模和效能”，主要是对“社会生产力”产生作用的因素；而常被我们忽略的第五个因素即“自然条件”，则是决定“自然生产力”的最基本的因素。劳动的社会生产力，是指人类通过劳动和交往创造出来的生产力，具体表现为由发明创造④、生产中的协作⑤、社会劳动组织的发展⑥、贸易的发展⑦等所引起的物质产品生产能力的提高。劳动的自然

---

①《资本论》第1卷，人民出版社2004年版，第207—208页。

②《资本论》第1卷，人民出版社2004年版，第215页。

③《资本论》第1卷，人民出版社2004年版，第53页。

④“某个地方创造出来的生产力，特别是发明，在往后的发展中是否会失传，取决于交往扩展的情况。”（《马克思恩格斯全集》第3卷，人民出版社1960年版，第61页。）

⑤“协作是结合工作日的特殊生产力，是劳动的社会生产力。”（《马克思恩格斯全集》第16卷，人民出版社1964年版，第309页。）

⑥“局部工人在一个总机构中的分组和结合，造成了社会生产过程的质的划分和量的比例，从而创立了社会劳动的一定组织，这样就同时发展了新的、社会的劳动生产力。”（《资本论》第1卷，人民出版社2004年版，第421—422页。）

⑦“只有实行自由贸易，蒸汽、电力、机器的巨大生产力才能够获得充分的发展。”（《马克思恩格斯全集》第21卷，人民出版社1965年版，第416页。）

生产力，按照马克思的说法，是指由于利用了自然界本身所具有的自然力而表现出来的那种生产力，是“劳动在无机界发现的生产力”[①]，“受自然制约的劳动生产力”[②]。“如果发现富矿，同一劳动量就会表现为更多的金刚石”[③]，说明自然生产力与社会生产力共同构成生产力整体，同时说明自然生产力之于人类整体生产力的重要作用[④]。马克思在分析剩余劳动和剩余产品时明确指出，“剩余价值有一个自然基础”[⑤]，劳动生产率是同自然条件相联系的。马克思把外界自然条件在经济上分为两大类：生活资料的自然富源和劳动资料的自然富源，并且指出，“在文化初期，第一类自然富源具有决定性的意义；在较高的发展阶段，第二类自然富源具有决定性的意义”[⑥]。占有瀑布的那一部分工厂主，正是把瀑布作为一种自然界提供的劳动资料的自然富源，垄断性地利用这种“和一种自然力的利用结合在一起的来自劳动的较大的自然生产力”[⑦]，在生产中产生超额利润并转化为地租。可见，马克思非常重视自然生产力在生产过程中的作用，马克思的生产力概念是自然生产力和社会生产力结合起来的整体生产力。

自然力作为能够并入生产过程的要素，“它们发挥效能的程度取决于不花费资本家分文的各种方法和科学进步”[⑧]。在《政治经济学批判》中，马克思就曾明确指出“生产力中也包括科学”[⑨]，科学技术的发展水平越高，在工艺上的应用越广泛，就越能够渗透到劳动者、劳动对象、劳动资料中，提高工人的平均熟练程度，促进生产过程的社会结合，扩大生产资料的规

---

①《马克思恩格斯全集》第26卷（Ⅲ），人民出版社1974年版，第122页。

②《资本论》第1卷，人民出版社2004年版，第589页。

③《资本论》第1卷，人民出版社2004年版，第53页。

④ 廖福霖等把这种由社会生产力和自然生产力共同构成的整体生产力叫作生态生产力。（参见廖福霖：《生态生产力导论》，林业出版社2007年版，第1页。）

⑤《资本论》第1卷，人民出版社2004年版，第585页。

⑥《资本论》第1卷，人民出版社2004年版，第586页。

⑦《资本论》第3卷，人民出版社2004年版，第726页。

⑧《资本论》第2卷，人民出版社2004年版，第394页。

⑨《马克思恩格斯全集》第46卷〈下〉，人民出版社1980年版，第211页。

模和效能。因此，科学技术的发展，在人类利月自然生产力、提高社会生产力方面做出了巨大的贡献。不过，当我们从生态的角度研究《资本论》时，就不仅要认识到科学技术提高生产力、改善生态环境的作用，还要认识到忽略自然生产力的科学技术发展会破坏生态环境，进而延缓生产力的发展。科学技术能够提高生产力，废弃物的循环利用、资源的节约也依赖科学技术，但忽略自然生态环境变化的科学技术则会破坏生态环境并进而延缓生产力的提高。

（二）《资本论》中的农业生态思想

农业是直接以土地资源为劳动对象的生产部门，是人类通过劳动直接从自然界获取物质产品的部门，是自然生产力最能得以充分表现，也最能直接反映人与自然之间物质变换过程的生产部门。

在《资本论》中，马克思不仅阐明了农业生产中人与自然之间的物质变换，更重要的是指出了资本主义农业生产方式所导致的人与自然之间物质变换的断裂。“资本主义生产使它汇集在各大中心的城市人口上占优势，这样一来，它一方面聚集着社会的历史动力，另一方面又破坏着人和土地之间的物质变换，也就是使人以衣食形式消费掉的土地的组成部分不能回归土地，从而破坏土地持久肥力的永恒的自然条件。”① 一般来说人类消费排泄物“对农业来说最为重要”②，但是，正如马克思所描述的：“例如，在伦敦，450 万人的粪便，就没有什么好的处理方法，只好花很多钱来污染泰晤士河。”③

资本主义生产方式对农业生态环境的破坏作用，一方面表现在该归还土地的物质没有归还；另一方面还表现在农业生产力的提高使人类集约化

---

①《资本论》第 1 卷，人民出版社 2004 年版，第 579 页。

②《资本论》第 3 卷，人民出版社 2004 年版，第 115 页。

③《资本论》第 3 卷，人民出版社 2004 年版，第 115 页。

地利用土地，从而从土地上拿走更多的东西。机器的使用、化学肥料的发明及应用，大大提高了农业生产力，同时也加剧了土地营养物质流失的速度。在《资本论》中，马克思多处引用被他称为“从自然科学的观点出发阐明了现代农业的消极方面”① 的尤·李比希的思想，批判地指出资本主义农业生产是一种对土地的掠夺式使用方式。尤·李比希所主张的“归还原则”，即“土地好比是一个机器，要常将庄稼从土壤中拿走的东西归还给它，才能恢复它在生产中所消耗的力量”②。这一观点在马克思的物质变换思想中得到了充分体现，但资本主义农业生产方式却导致了人与自然之间物质变换的断裂。

在物质变换思想的基础上，马克思阐明了如何实现合理农业的发展。其一，排泄物的回收再利用对合理农业的发展非常重要。在大规模社会生产的条件下，集中地、大量地回收、再利用人类消费排泄物以增强土壤肥力，完成人与自然之间正常的物质变换，这是农业生产可持续发展的基本条件。其二，马克思认为，人类不应该是土地的所有者，而只是土地的占有者、受益者，“并且他们应该做为好家长把经过改良的土地传给后代”③。在这里，马克思实际提出了可持续发展的思想，即农业生产对土地的利用不能只满足当代人的需要，而且要满足后代人继续使用土地的需要，因而必须在发展合理农业的基础上对土地进行改良。为此，马克思提出，“合理的农业同资本主义制度不相容（虽然说资本主义制度促进农业技术的发展），合理农业所需要的，要么是自食其力的小农的手，要么是联合起来的生产者的控制”④。在马克思看来，联合起来的生产者，“将合理地调节他们和自然之间的物质变换，将它置于他们的共同控制之下，而不让它作为一种盲目的力量来统治自己；靠消耗最小的力量，在最无愧于和最适合于他

①《资本论》第1卷，人民出版社2004年版，第580页。

②［德］尤·李比希：《化学在农业和生理学上的应用》，刘更另译，农业出版社1983年版，第2页。

③《资本论》第3卷，人民出版社2004年版，第878页。

④《资本论》第3卷，人民出版社2004年版，第137页。

们的人类本性的条件下来进行这种物质变换”①。

（三）《资本论》中工业生产的循环经济思想

工业生产对自然生态系统产生的影响是通过如何从自然界获取物质原料和如何向自然界排放废弃物来实现的。因此，要减小工业生产对自然生态系统的负面影响，就应该从如何减少从自然界获取物质原料和如何减少向自然界排放废弃物这两方面入手，即节约资源和实现废弃物的资源化再利用。马克思在《资本论》中对此的论述，形成了“循环经济”思想。

生产资料的节约首先可以通过改良劳动过程的社会组织形式来实现。在分析“协作”问题时，马克思就指出，协作可以引起生产资料的节约。“总之，一部分生产资料，现在是在劳动过程中共同消费的。”② 生产资料的集中使用，可以减少因分别使用生产资料以及为生产资料而修建的各种建筑，同时也节省了因工厂分别使用生产资料而多占用的土地，在一定程度上减小因工业生产而对生态环境产生的干扰。当代，产业集群因其更紧密、细致的分工协作而大大提高了资源的利用效率，证实了马克思当年的分析。

马克思把生产废弃物的再利用作为生产条件节约的一个重要源泉。“我们所指的生产排泄物，即所谓的生产废料再转化为同一个产业部门或另一个产业的新的生产要素，就是这样一个过程，通过这个过程，这种所谓的排泄物就再回到生产从而消费（生产消费或个人消费）的循环中。”③ 关于生产废弃物，马克思举例说包括化学工业在小规模生产时损失掉的副产品，制造机器时废弃的但又作为原料进入铁的生产的铁屑，等等。

马克思看到，“原材料的日益昂贵，自然成为废物利用的刺激”④。当废弃物再利用的成本小于原材料的购买价格时，生产者会考虑以废弃物的回收利

①《资本论》第3卷，人民出版社2004年版，第928—929页。

②《资本论》第1卷，人民出版社2004年版，第377页。

③《资本论》第3卷，人民出版社2004年版，第94页。

④《资本论》第3卷，人民出版社2004年版，第115页。

用取代原材料。而原材料的日益昂贵正反映了人类从自然界获取物质资料的数量受到限制，这种限制显然不是来源于社会生产力不足，而是来源于自然生产力的下降。归根结底，是来源于人类耗竭性开发利用自然资源或者以超过自然界再生产的速度使用自然资源，从而导致原材料供给不足，价格上涨。

生产废弃物的回收再利用需要在大规模社会生产的条件下才能实现。马克思指出："这一类节约，也是大规模社会劳动的结果。由于大规模社会劳动所产生的废料数量很大，这些废料本身才重新成为贸易的对象，从而成为新的生产要素。这种废料，只有作为共同生产的废料因而只有作为大规模生产的废料，才对生产过程有这样重要的意义，才仍然是交换价值的承担者。"① 生产废料再转化为新的生产要素也需要科学技术的发展及其应用，"科学的进步，特别是化学的进步，发现了那些废物的有用性质"②。而只有在一个社会大量产生这种生产废料的情况下，进行这种转化的科技研发才是有意义的。因此，大规模的社会生产是循环经济发展的前提条件。不过，与马克思所处的机器大工业时代不同，当代的大规模社会生产既可以是大企业的生产，也可以是产业集群联结起来的众多企业的生产，更多的是通过市场交易网络紧密联结起来的许许多多不同规模企业的生产。

按照马克思的分析，无论是生产资料的节约还是生产废弃物的回收再利用，都需要以大规模的社会化生产为条件。大量的生产废料要作为同一个产业部门的新的生产要素，就需要有一定的产业集中度和上下游企业之间的产业链延伸。因此，产业集群和工业园区的发展，以及基于市场交易网络的生产废料回收体系的建立，是工业部门实现循环经济发展的途径。生产废弃物的资源化回收利用，一方面可以减少人类对日益减少的自然资源的需求，另一方面也减少了工业向自然界排放废弃物，从而可以缓解人与自然之间的矛盾。

---

①《资本论》第3卷，人民出版社2004年版，第94页。

②《资本论》第3卷，人民出版社2004年版，第115页。

（四）《资本论》中资源性产品开发与利用的生态反思

资源性产品的开发利用也是人类劳动直接作用于自然生态系统的活动。马克思在分析劳动对象时指出，劳动对象有两类：一类是天然存在的劳动对象；另一类是被以前的劳动“滤过”的劳动对象，即原料。天然存在的劳动对象是“未经人的协助，就作为人类劳动的一般对象而存在。所有那些通过劳动只是同土地脱离直接联系的东西，都是天然存在的劳动对象”①。对自然资源的开发和利用直接表现出人类对自然生态系统产生的影响。下面以采掘工业作为不可再生自然资源的代表，以林业作为可再生自然资源的代表，探究马克思在《资本论》中对自然资源开发利用影响生态的认识。

1. 资源性产品价格决定的生态意蕴。商品的价值是由生产商品的社会必要劳动时间决定的。马克思在《资本论》第 3 卷中从再生产的角度界定了社会必要劳动时间，指出“每一种商品的价值，都不是由这种商品本身包含的必要劳动时间决定的，而是由它的再生产所需要的社会必要劳动时间决定的。这种再生产可以在和原有生产条件不同的、更困难或更有利的条件下进行”②。从再生产的角度理解社会必要劳动时间，对于正确把握自然资源产品的价值非常重要。

以野生林为代表的可再生自然资源，其本身对于人类就有非常重要的生态功能。如果人类对其开发利用的速度超过自然界的再生速度，就会破坏自然再生产。为了满足人类日益增加的需求，林业作为一种依靠自然力而进行的生产活动便应运而生。在这种情况下，以林业为代表的可再生自然资源产品的价值就取决于人类为了再生产出该产品所付出的社会必要劳动时间。天然野生林虽然没有人类劳动凝结其中，但由于其数量有限且再生周期长，其产品与人工林的产品处于同一市场中，其市场价格决定如同

①《资本论》第 1 卷，人民出版社 2004 年版，第 209 页。

②《资本论》第 3 卷，人民出版社 2004 年版，第 157 页。

农产品价格决定一样，取决于人工林再生产中的劣等生产条件。

以矿产品为代表的不可再生资源，人类只能开发和利用它，而不能再生产它。过度开发和利用矿产资源，一方面会导致资源的枯竭，另一方面会导致矿产资源区的生态环境在开发过程中遭到严重破坏。如果矿产品价格没有体现资源稀缺性和生态环境成本，就会导致不可再生资源的过度开发和利用。遏制生态破坏和资源枯竭的趋势，需要进行资源性产品价格改革。不可再生自然资源的价格应体现自然资源的稀缺性、自然资源开发的生态补偿成本、自然资源开发加工劳动凝结的价值、不可再生资源替代品的研究开发劳动凝结的价值等。

总之，既体现自然资源的稀缺性，又体现其生态环境成本的资源性产品价格，一方面可以促使人们节约资源、保护生态环境；另一方面可以鼓励人们从事林业生产，改善生态环境，或寻找可取代不可再生资源的其他资源，减缓资源耗竭的速度。

2. 资源性产品的可持续开发利用。在自然资源的开发利用过程中，自然生产力发挥着重要作用。马克思指出，“同一劳动量用在富矿比用在贫矿能提供更多的金属”①。劳动生产率是同自然条件相联系的，这一点在自然资源产品生产过程中尤其突出。然而，马克思也对依赖资源发展生产提出了警示，“资本主义生产方式以人对自然的支配为前提，过于富饶的自然‘使人手离不开自然的手，就像小孩子离不开引带一样’”②。马克思所担心的一国经济发展过分依赖自然资源的状况，与后来一些国家在经济社会发展过程中陷入“资源诅咒陷阱”的状况是一样的。

在可再生资源和不可再生资源中，一国不可再生资源拥有量越大，越容易陷入“资源诅咒陷阱”。马克思指出，植物性材料和动物性材料的“生

①《资本论》第1卷，人民出版社2004年版，第53页。

②《资本论》第1卷，人民出版社2004年版，第587页。

长和生产必须服从一定的有机界规律，要经过一定的自然时段”①，这就意味着人类对这类资源的开发利用还会受到它们本身生长时间的限制；而煤炭、矿石等不可再生资源是自然界在历史时期形成的，一旦被人类探明其存在，“只要具备相应的自然条件”，其产量“在最短时间内就能增加”。②在这样的条件下，一国的劳动生产率越高，对自然资源的开发速度就越快。但是，“这些自然条件的丰饶度往往随着社会条件所决定的生产率的提高而相应地减低”③。自然条件随着开发的进行而恶化，最终导致劳动生产力发生相反的运动。马克思说：“我们只要想一想决定大部分原料产量的季节的影响，森林、煤矿、铁矿的枯竭等等，就明白了。”④ 因此，无论是可再生资源还是不可再生资源，良好的自然条件为人类进行生产提供了物质基础，但只有在人与自然和谐发展的基础上，可持续地而非破坏性地利用自然资源才能实现人类经济社会的可持续发展。

与矿产资源开发利用的生态负效应不同，林业发展和农业发展本身具有改善生态环境的作用。但如同前面对农业生产的分析一样，只有生态化的林业生产才能带来生态效益与经济效益的同时增加，而片面以经济效益为目标的林业生产在生态效益方面作用却是令人怀疑的。单纯为了经济利益而进行的不适合当地生态环境的林业生产将会导致对地力的掠夺和浪费。对此，马克思在分析对外贸易问题时曾指出，“先生们，你们也许认为生产咖啡和砂糖是西印度的自然禀赋吧。二百年以前，跟贸易毫无关系的自然界在那里连一棵咖啡树、一株甘蔗也没有生长出来。也许不出五十年，那里连一点咖啡、一点砂糖也找不到了，因为东印度正以其更廉价的生产得心应手地跟西印度虚假的自然禀赋做竞争。而这个自然禀赋异常富庶的西印度，对英国人说来，正如有史以来就有手工织布天赋的达卡地区的织工

①《资本论》第3卷，人民出版社2004年版，第134页。

②《资本论》第3卷，人民出版社2004年版，第134页。

③《资本论》第3卷，人民出版社2004年版，第289页。

④《资本论》第3卷，人民出版社2004年版，第289页。

一样，已是同样沉重的负担”①。这表明，资本主义生产者为了获取利润所进行的看似具有生态效益的林业生产，事实上与当地的生态系统并不融洽。

在对资本主义生产方式的批判中，马克思指出，“资本主义生产指望获得直接的眼前的货币利益的全部精神，都和维持人类世世代代不断需要的全部生活条件的农业有矛盾。森林是说明这一点的最好例子”②。如同合理农业的发展要求联合起来的生产者的手一样，马克思同样指出，“只有在森林不归私人所有，而归国家管理的情况下，森林的经营才会有时在某种程度上符合全体的利益”③。

这就告诉我们，林业是一个特殊的行业，林业对于人类生存与发展来说，所能够发挥的生态功能是最重要的。但由于林业的生态功能有外溢效应，又由于林业生产周期较长，私人经营者要么不愿意从事林业生产，要么也只在其投资回收期限内考虑如何进行林业生产，从而无法保证林业生态功能的持续发挥。因此，从全局出发，从人类代际传承出发，政府应在森林经营中发挥重要作用。

（五）《资本论》中的消费理论及其生态蕴含

消费，是人与自然之间物质变换的一个重要环节。消费是人类享受从自然界所获取的物质产品的过程，同时也是向自然界排放废物的过程。消费不仅因为消费过程本身会对自然生态环境产生影响，还因为对生产过程产生反作用而间接作用于自然生态环境。马克思在《〈政治经济学批判〉导言》及《资本论》等著作中，对消费以及消费与生产之间的关系进行了系统论述，其中所包含的生态思想对我们以消费的生态化来推进生态环境的改善有重要启示。

---

①《马克思恩格斯全集》第4卷，人民出版社1958年版，第457—458页。

②《资本论》第3卷，人民出版社2004年版，第697页。

③《资本论》第3卷，人民出版社2004年版，第697页。

1. 消费产生新的生产需要。“人从出现在地球舞台上的那一天起，每天都要消费，不管在他开始生产以前和在生产期间都是一样。”① 消费是人类再生产自身生产力的过程，是对生产过程中所生产的产品的占有和享受的过程。消费与生产具有直接同一性。“消费直接也是生产，正如自然界中的元素和化学物质的消费是植物的生产一样。例如，在吃喝这一种消费形式中，人生产自己的身体，这是明显的事。”② 生产决定着消费，消费也生产着生产。马克思认为，消费从两方面生产着生产：一方面，产品只有在消费中才成为现实的产品；另一方面，消费创造出新的生产的需要，因而创造出生产的观念上的内在动机，后者是生产的前提。“消费在观念上提出生产的对象，把它作为内心的图像、作为需要、作为动力和目的提出来。消费创造出还是在主观形式上的生产对象。没有需要，就没有生产。而消费则把需要再生产出来。”③

当我们把研究的视角放在生态影响的时候，就会发现，一定时期的自然生态环境不仅受到直接生产过程的影响，还受到由生产所决定的消费方式的影响；不仅受到消费方式本身对自然生态环境的直接影响，还受到消费反作用于生产所带来的间接影响。马克思在《资本论》中对资本主义消费模式的生态批判正是从这里开始的。

2. 资本主义消费模式的生态影响。资本逻辑即资本主义生产的决定性目的和动机，是在资本的不断运动中获取越来越多的剩余价值。为此，扩大再生产便成为资本主义生产的特征。尤其是随着资本有机构成的提高，规模扩大的再生产表现为用于再生产的生产资料数量的增加。这就意味着，在资本逻辑所决定的资本主义生产方式下，生产性消费不断扩大从自然界获取物质产品的数量，可能形成对自然资源的掠夺式使用及耗竭式开发。

---

①《资本论》第1卷，人民出版社2004年版，第196页。

②《马克思恩格斯全集》第46卷（上），人民出版社1979年版，第27—28页。

③《马克思恩格斯全集》第46卷（上），人民出版社1979年版，第29页。

资本要在不断地运动中实现价值增值，这就需要所生产的产品能够顺利实现价值补偿。马克思在分析资本循环时指出，“全部商品产品的消费是资本本身循环正常进行的条件”①。为了使商品顺利卖出，企业会想尽一切办法推销自己的商品。商业资本的出现更是在商品还没有到达消费者手中时，便给了生产者扩大再生产的信号。商品促销活动也促成了消费者在商品还没有完全报废之前就废弃它。

这种大量废弃的消费方式不但表现在生活消费中，也表现在生产消费中。为了避免无形磨损的损失，企业会加快固定资本折旧的速度，在机器设备等完全报废之前就更新机器设备，以提高劳动生产率，使自己生产商品的个别劳动时间低于社会必要劳动时间，从而获取超额利润。

由此可见，被后人概括为“大量生产——大量消费——大量废弃”的模式在《资本论》中已经为马克思所揭示，这种模式的每一个环节都包含着人类对自然生态环境的过度干扰，是人类超量从自然界获取物质产品和超负荷向自然界排放的过程。生产方式决定消费方式，但消费方式对生产方式有巨大的反作用。改变反生态的生产方式，需要消费环节的生态化。

四、《资本论》中生态思想与当代生态文明建设

自从人类作为自然生态系统的主动者，自从纯粹自然生态系统向人类生态系统发展以来，生态系统失衡的可能性就已经存在了。随着人类文明的发展，尤其是工业文明的发展，人类干预自然的能力增强了，而生态系统自我恢复能力遭到了削弱。由于忽略了人与自然之间正常的物质变换关系，人类的生产活动和消费活动在工业文明发展的帮助下更加大了人与自然之间物质变换的代谢断层。对此，马克思在经济学巨著《资本论》中就有论述，它所揭示的工业文明发展的生态演替后果，在100多年以后的今天

① 《资本论》第2卷，人民出版社2004年版，第108页。

正在更大程度上继续发展着。《资本论》中生态思想对于当代生态文明建设有着重要的启示意义。

（一）人类生态系统的失衡是可以避免的

人类生态系统的失衡源于人类从自然生态系统中输入物质能量和向自然界输出物质能量的过程破坏了自然生态系统的自我调节能力，恢复人类生态系统的动态平衡要求人类社会经济活动对自然生态系统所产生的影响不要超出自然生态系统自我恢复的生态阈值。只要人类对自然生态系统的干扰尚在这一阈值范围内，人类生态系统的失衡就是可以避免的。

马克思在《资本论》中对人与自然之间的“物质变换”关系进行了系统的分析，指出人与自然之间不是单向的征服与被征服的关系，而是一种双向的物质变换关系。对“生产力”概念不应该单纯地从人类改造和征服自然的能力这一角度来理解。生产力是由自然生产力和社会生产力构成的整体。科学技术的发展能够提高社会生产力，社会生产力的持续提高仍需要通过不断进行科技创新来实现。但忽略自然生产力的科学技术发展最终也会由于破坏自然力而导致整体生产力的提高受到限制。因此，从生态维度认识生产力的发展，就需要从生态维度客观认识科技创新。科学技术的生态取向，不仅是指发展有利于生态系统改善的科学技术，还要求人类经济社会发展中的科技创新活动及其成果应用应以不破坏人与自然之间的物质变换过程为原则。

但是，科学技术的生态取向并没有引起足够的重视。我们在专门为生态环境改善而进行的科技创新方面取得了显著成绩，但在为提高社会生产力而进行的科技创新方面，生态取向却存在欠缺。值得注意的是，为生态环保而进行的专门科技创新大多发挥着事后修补的作用。这就意味着，为了发展经济，我们一方面不断创新科学技术，提高从自然界获取物质产品的能力，加大了对自然界的掠夺和对生态系统的破坏；另一方面又通过技术创新来修复被破坏的生态系统。然而，对生态系统的改善和修复的速度赶不上对生态系统的破坏速度，从而使已取得的经济成果大打折扣。正如马克思在《资本论》中所言，“社会生产力的增长仅仅补偿或甚至补偿不了自然力的减低——这种补偿总是只能起暂时的作用”①。因此，从根本上改变科学技术的生态负效应，必须强调所有科学技术创新及其成果应用的生态化。

在市场经济条件下，多数应用型科技创新活动是由企业来完成的，市场是推动科技创新的决定性力量。同样，科学技术发展的生态取向，归根结底也需要通过市场来实现。正是在这个意义上，党的十八届三中全会通过的《中共中央关于全面深化改革若干重大问题的决定》指出，“建立主要由市场决定技术创新项目和经费分配、评价成果的机制”。由于科技创新的生态效益具有正外部性，当企业等经济主体进行技术创新实现的生态效益不能完全表现为经济效益的提高时，或为兼顾生态效益而在技术创新活动中额外支付的成本无从补偿时，企业等经济主体的科技创新便会忽略其所产生的生态影响，科学技术的生态取向就难以实现。这就需要在发挥市场决定性作用的同时，更好地发挥政府作用，通过建立一套能够激发生态取向科技创新的长效激励机制，为生态化科技创新活动提供有利的竞争环境。对于具有生态正效应或者没有生态负效应的科技创新及其应用，政府可以采取减税、补贴、优惠融资、政府采购等激励措施加以支持，以企业经济效益的提高来推动环境负外部性的减少和正外部性的增加。

（二）当代生态危机的缓解需要进行生态建设

生态危机是指人类赖以生存的生态环境遭到严重破坏，人类的生存和发展受到威胁。人类不当或过度的生产和消费活动已经造成了生态系统自我恢复能力的破坏。生态危机一旦出现，在一定时期内难以恢复。当代生态危机已成为全球性的现象，人类首先必须帮助自然界恢复其自我调节能

①《资本论》第3卷，人民出版社2004年版，第867页。

力，通过生态建设缓解生态危机。

生态建设包括生态重建和生态恢复。生态重建与生态恢复是不同程度的概念。生态重建是借助人类经济活动使已经被破坏的生态环境恢复到接近于以前的状况；生态恢复则是自然生态系统的自我回归，是自然生态系统自我调节能力的恢复，即通过减少人类经济系统对自然生态系统的破坏性干扰，使自然生态系统保持自我修复和调节。生态恢复和生态重建在时间尺度上有差别，生态恢复的时间尺度包括地质年代尺度（以千、万、亿年计）和自然生态系统世代演替尺度（以十、百、千年计），生态重建的时间尺度以一、十、百年计。① 在当代生态危机愈演愈烈的背景下，人类生态破坏的速度显然远远大于生态恢复的速度。因此，缓解生态危机必须进行生态重建。而从长远看，恢复自然生态系统的自我修复和自我调节能力则是解决生态问题的根本出路。

在马克思生活的年代，工业文明的发展对生态环境的破坏已经出现，但还远不像百年后的今天这么严重。那时，马克思就已明确指出在农业、工业、自然资源开发和利用等人类经济活动中保持人与自然之间正常的物质变换以维持自然生态系统自我调节能力的重要性。农业生产可持续发展的出路在于农业生态化发展。农业生产方式的转变必须实现农业生产的经济效益、社会效益和生态效益的协调统一。这就要求，更加注重能够恢复和改善农业生态系统的农业科学技术创新；推动城乡协调发展，保护农业生态环境；在大规模农业生产的基础上，实现农业生态化。

在工业领域，提倡建立生态化工业园区，在大规模社会化生产和提高市场化水平的基础上实现工业循环经济，通过不变资本的节约减少从自然生态系统的输入，同时一个企业的生产废弃物成为另一个企业的生产要素，减少向自然生态系统的排放，实现工业生产的生态化。

加快资源性产品价格改革，形成体现资源稀缺性和生态环境成本的资

① 张新时：《关于生态重建和生态恢复的思辨及其科学含义与发展途径》，《植物生态学报》2010 年第 1 期。

源性产品价格形成机制。一方面促使人们节约资源、保护生态环境；另一方面鼓励人们从事林业生产，改善生态环境，或寻找可取代不可再生资源的其他资源，减缓资源耗竭的速度。

绿色消费是现代消费生活的一种新趋势，这种生态化的消费方式以满足人类生存和发展本身对产品的消费为目的，减少甚至完全抛弃那种不顾自然生态系统承载力的奢侈型、浪费型、炫耀型消费。消费生态化仅仅有消费者转变观念还不够，还必须有保证消费者选择绿色产品的制度措施。这就需要有人们所信赖的非营利机构对生态化产品进行认证和标识。对生态化产品进行认证和标识，一方面能够使消费者容易识别绿色产品，扩大绿色产品消费市场；另一方面还能够为绿色生产者提供有利的市场竞争环境，以经济利益的提高诱使生产者从事绿色生产。

（三）《资本论》中生态思想指导下的生态文明建设

在《资本论》中，马克思从人与自然之间的关系，以及生产过程、消费过程等环节剖析了工业文明发展中的生态缺失，同时以人与自然之间的物质变换、合理农业、可持续发展、循环经济等思想指出如何实现人类生态系统的永续发展。工业文明正是由于其引起的生态系统动态平衡的破坏而使其进一步发展受到限制。通过生态文明建设推动工业文明向生态文明发展，是《资本论》中生态思想的期冀所在。

生态文明作为人类文明发展的一个新的阶段，是一种在遵循人与自然、人与人、人与社会和谐共存原则下的社会发展形态，是人类为了修复生态系统、保护生态环境而取得的一系列物质成果、精神成果、制度成果的总和。生态文明建设是克服工业文明弊端，探索资源节约型、环境友好型发展道路的过程。生态文明目标的实现需要“把生态文明建设融入经济建设、政治建设、文化建设、社会建设各方面和全过程”。

1. 转变经济发展方式，实现人与自然的和谐统一。工业文明大大提高了人类从自然界获取物质产品的能力，“大量生产——大量消费——大量废弃”成为工业文明经济循环的典型模式。工业文明在带来物质产品极大丰富的同时，一方面耗竭性地使用自然资源；另一方面生产过程和消费过程产生的废弃物、排泄物超出自然生态系统的自我净化能力。工业文明越发达，人类经济社会发展与自然生态系统平衡之间的矛盾往往就越尖锐。但生产力水平和消费水平的提高并不必然意味着生态环境的破坏，推动工业文明向生态文明转化，首先要求转变经济发展方式。

转变经济发展方式，就是要从忽略人与自然之间物质变换关系转向人与自然之间的协调，从过度强调经济效益转向强调经济效益与生态效益、社会效益兼顾。马克思《资本论》中的生态思想启发我们，经济发展方式的转变需要在正确对待人与自然关系的基础上，通过生产过程和消费过程的生态化来推进。首先，要正确判断人类经济活动对自然生态环境的影响，使社会生产力的发展不要破坏自然生产力，使人类对自然生态系统的干扰处于自然生态系统的阈值范围之内。其次，在生产社会化和经济市场化的条件下，实施生态循环经济模式，减少从自然生态系统的输入，减少向自然生态系统的非生态性输出。最后，消费的生态化会对生产的生态化发挥重要的引导作用，通过生态文明知识的普及以及产品标识制度的完善，引导消费者主动选择生态产品和生态化消费模式。

2. 完善领导干部政绩考核机制，强化地方政府保护和修复生态环境的责任。工业文明向生态文明过渡是对人类经济行为的一种反向校正过程，必须依靠强有力的制度支持。经济发展方式从反自然向生态化的转变，需要内化于经济主体的行为中。长期以来，单纯以 GDP 等经济总量指标为主的政绩考核机制，难免使地方政府主要以经济效益的提高来进行产业结构和政府扶持政策等方面的调整，容易导致重经济增长轻生态环境改善的后果。

完善政绩考核机制，要求“加大资源消耗、环境损害、生态效益、产能过剩、科技创新、安全生产、新增债务等指标的权重"[1]。当前，应该对各地方政府辖区内的自然资源、生态环境状况进行合理评估测算，把自然资源、生态环境统计数据定期向社会公布。在考核周期内对经济增长率和资源消耗量、生态环境变化状况进行比较，以此作为政绩考核的指标，实行生态环境问责制。

3. 建设生态文化，发挥文化对生态文明建设的导向功能。文化形成人们行为选择的软制度环境。生态文明建设需要人们认识到工业文明的生态缺陷，认识到生态环境对人类生存和发展的基础性作用。

工业文明史形成了"人定胜天"的文化意识，人类以掠夺性利用自然的行为向自然生态系统表明自己的主体地位，而马克思的"人与自然之间物质变换"思想和我国传统文化中的"天人合一"思想却在一定程度上被忽略了。形成生态文化，树立生态意识，从而使保护和改善生态环境成为人们的自发行为。

生态文明建设的制度化还要求加强生态立法建设。与我国工业文明发展相适应，我国生态保护立法偏重于事后的规范和治理，无法纠正"先污染、后治理"的工业化发展模式。生态保护立法要从事后治理转向事前规范，建立高污染、高耗能行业的市场准入制度以及通过生态立法保护生态化产品的市场权利。

4. 拥有良好的生态环境是最基本的民生。"良好生态环境是最公平的公共产品，是最普惠的民生福祉。"[2] 改善民生首先要改善人民的生存环境，让人民呼吸到新鲜的空气、喝上清洁的水、吃上放心的食物，而这正是生态建设和生态修复的目的所在，是生态文明建设的应有之义。

恩格斯在《国民经济学批判大纲》中提出了"人类同自然的和解以及

① 参见《中共中央关于全面深化改革若干重大问题的决定》，人民出版社2013年版。

②《习近平关于全面深化改革论述摘编》，中央文献出版社2014年版，第107页。

人类本身的和解”[1]，马克思在《1844年经济学哲学手稿》提出了“人和自然之间、人和人之间的矛盾的真正解决”[2]，人与自然、人与人之间的和谐，是和谐社会的两个基本方面。良好的生态环境、人与自然之间的和谐协调，是人与人之间和谐共存的基础。这需要生态文明制度化，界定自然资源产权，合理利用自然生态环境，实现人类社会生态可持续发展。

（原载于《经济学动态》，2015年第7期；合作者：李繁荣）

①《马克思恩格斯全集》第1卷，人民出版社1956年版，第603页。

②《马克思恩格斯全集》第42卷，人民出版社1979年版，第120页。